Dominikanische Republik
Zeit für das Beste

Highlights – Geheimtipps – Wohlfühladressen

»Ich nannte mich selber nach einer Insel.

Es ist der Name eines Sonntags –

einer geträumten Insel.«

Hilde Domin

Dominikanische Republik
Zeit für das Beste

Hans-Ulrich Dillmann
Rainer Hackenberg

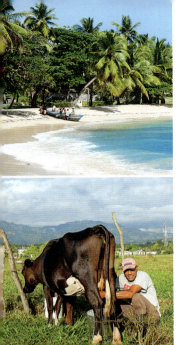

INHALTSVERZEICHNIS

Die Top Ten	6
Kennen Sie die Dominikanische Republik?	8

SANTO DOMINGO

1 Santo Domingo	28
2 Zona Colonial	36
3 Die klerikale Altstadt	44
4 Museen der Zona Colonial	52
5 Museo Casas Reales	60
6 Plaza de la Cultura	62
7 Der Osten von Santo Domingo	68
8 Der Malecón	74
9 Villa Mella	80
10 Die tanzende Stadt	82
11 Boca Chica	86
12 Die Route der Zuckermühlen	88

DER SÜDOSTEN

13 Juan Dolio und Guayacanes	92
14 San Pedro de Macoris	96
15 La Cueva de las Maravillas	98
16 La Romana	100
17 Altos de Chavón	104
18 Boca de Yuma	108
19 Bayahibe	112
20 Isla Saona	120

DER OSTEN

21 Higüey	128
22 Punta Cana und mehr	132
23 Punta Cana de luxe	138
24 Sabana la Mar – Los Haïtises	142
25 Cueva Fun Fun	150

DER NORDOSTEN

26 Samaná und die Wale	154
27 Halbinsel Samaná	156
28 Santa Bárbara de Samaná	164

Vorangehende Doppelseite: Die »Bacardi-Insel« Cayo Levantado ist schöner als jede Postkarte.
Oben: Strand auf Hispaniola
Mitte: Fruchtbare landwirtschaftliche Nutzflächen wechseln sich mit Naturschutzgebieten ab.
Unten: »Silberhafen« Puerto Plata

29 Las Terrenas	168
30 Las Galeras	174
31 Strände von Samaná	176

DER NORDEN
32 Río San Juan, Playa Grande	180
33 Cabarete	184
34 Sosúa	188
35 Puerto Plata	194
36 Luperón, Isla Paraiso, La Isabela	202
37 Montecristi und Dajabón	208

DAS ZENTRUM, CIBAO
38 Jarabacoa, Constanza, Pico Duarte	216
39 La Vega und la Vega Vieja	224
40 Karneval in La Vega und Santiago	228
41 Santiago de los Caballeros	232
42 Bonao	236
43 Salcedo	238

DER SÜDWESTEN
44 Azua, Baní und die Salinen	242
45 San Juan de la Maguana	244
46 Lago Enriquillo, La Descubierta	246
47 Die Grenze in Jimaní	250
48 Laguna de Rincón, Cabral, Polo	252
49 Barahona, Costa Azul	256
50 Pedernales, Bahía de las Aguilas	262

REISEINFOS
Dominikanische Republik von A bis Z	272
Dominikanische Republik für Kinder und Jugendliche	282
Kleiner Sprachführer	284
Register	286
Impressum	288

Oben: Kite-Surfen an der Nordküste in Cabarete
Mitte: Die Zigarrendreher probieren schon bei der Arbeit die Qualität ihrer Produkte aus.
Unten: Die künstlerische Verarbeitung eines Produkts aus Wolfsburg ist in Bonao zu besichtigen.

DIE TOP TEN

ALTSTADT SANTO DOMINGO (S. 36)
Die koloniale Altstadt ist das Herzstück von Santo Domingo. Über 500 Jahre alte Bauten zeugen von früherer Blüte. Museen, Kirchen und prachtvolle Paläste lassen den einstigen kulturellen Reichtum erahnen. Urige Kneipen, stilvolle Restaurants und Hotels in Kolonialhäusern runden den Besuch in der ersten Kolonialstadt Amerikas ab.

LOS HAÏTISES (S. 143)
Hunderte von Karsthügelchen geben dem Naturschutzgebiet aus der Luft das Aussehen eines grünen Eierkartons in Meernähe. Höhlen mit jahrtausendealten Zeichnungen in einer bizarren Karstlandschaft und eine einmalig artenreiche Fauna und Flora machen Los Haïtises zu einem außergewöhnlichen Ferienerlebnis.

CUEVA FUN FUN (S. 151)
Millionen von Jahren ist die Fun-Fun-Höhle alt und kilometerweit unter der Erde verzweigt. Das 20 Meter tiefe Abseilen schaffen auch Ungeübte. Danach geht es zwischen Stalagmiten und Stalaktiten hindurch. Sogar einen unterirdischen Fluss muss man auf dem Weg zum Höhlenausgang auf dem Rancho Capote durchschwimmen.

WALBEOBACHTUNG SAMANÁ (S. 154)
Nach der Jahreswende kommen die Riesensäuger. In den Monaten Januar bis März tummeln sich mehrere Hundert Buckelwale in der Bucht von Samaná. Die Meeresschwergewichte lieben die warmen Karibikgewässer. Hier paaren sie sich und bringen ihre Jungen zur Welt.

MI CORAZÓN (S. 169)
Die Küche des Restaurants »Mi Corazón« in Las Terrenas ist ohne Zweifel Sterne-verdächtig. Unscheinbar gibt sich die Lokalität, dafür ist das angebotene Menü umso beeindruckender. Für die Gerichte der Fusion-Cuisine werden nur frische Naturprodukte aus der Region verwendet. Einfach Spitzenqualität.

CABARETE (S. 184)
Das frühere Fischerdorf an der Nordküste ist ein Zentrum für Surfer par excellence. In der lang gezogenen Sandbucht tummeln sich im Ortskern die Windsurfer und Paddler; die Kiter mit ihren Steuerschirmen üben ihre Sprünge am Kitebeach, und an der Playa Encuentro lauern die Wellenreiter auf die optimale Welle.

CHARCOS DE DAMAJAGUA (S. 199)
Nass wird man garantiert beim Besuch der 27 Wasserfälle von Damajagua. Ausgerüstet mit Helm, Schwimmwesten und Wasserschuhen müssen die Kaskaden zuerst erklettert werden. Danach geht es rutschend, springend und jauchzend über Felsvorsprünge, durch ausgewaschene Wasserrinnen und Naturbecken zum Ausgangspunkt zurück.

EL MORRO ECO ADVENTURE HOTEL (S. 209)
Luxuriöse Entspannung offeriert das »Morro Eco Adventure Hotel« in Montecristi. Die Ökounterkunft liegt mitten in einem Naturschutzpark am Fuße des Dominikanischen Tafelberges. Ausflüge in die Mangrovenwälder, durch die Naturkanäle rund um den Morro-Hügel und zu den Inselgruppen vor der Küste bieten Naturerlebnis pur.

COSTA AZUL, BAORUCO (S. 258)
Panoramaparkplätze auf Hügeln an der Südküste bieten im Westen spektakuläre Aussichten auf die dominikanische Riviera. Sie zieht sich mit ihren felsigen Buchten zwischen San Rafael und Los Patos über Kilometer hinweg entlang der Costa Azul in der Region Baoruco.

BAHÍA DE LAS AGUILAS (S. 268)
Ein einmaliges Strandparadies liegt im Südwesten in der Nähe von Pedernales. Die Adlerbucht mit ihrem zwölf Kilometer langen Strand aus Korallensand hat die UNESCO zum Weltnaturerbe erklärt. Die Unzugänglichkeit garantiert, dass man an der Playa weitgehend allein die Schönheit der Gegend genießen kann.

Oben: Gäste der All-Inklusive-Hotels können häufig kostenlos die resort-eigenen Boote nutzen.
Mitte: »Roba la Galina« (»Klau-das-Huhn«): traditionelle Karnevalsfigur im Museum von Santiago
Unten: Die Karibik-Architektur nutzt bunt gestrichenes Holz als Deko.

Kennen Sie die Dominikanische Republik?

Die Dominikanische Republik hat alles, was ein Urlauberherz begehrt: Kilometerlange Strände mit weißem Korallensand, aber auch schmale Bergwanderpfade, einsame Buchten und belebte Shopping Malls. Palmen, die sich in der Meerbrise wiegen, während in den Nebelwäldern der dominikanischen Alpen die Heimat der Orchideen ist. Unterkünfte für Rucksacktouristen ebenso wie Boutiquehotels mit allem erdenklichen Luxus. Den höchsten Gipfel der Karibik und Tauchgebiete mit Piratenwrack. Die älteste Kolonialstadt des Kontinents und gleichzeitig die einzige Metro der Region. Kleine Garküchen ebenso wie Restaurants mit Sterne-Köchen.

Die Dominikanische Republik nimmt im Osten zwei Drittel der zweitgrößten Antilleninsel ein, im Westen liegt Haiti. Vor ihrer Entdeckung wurde sie von den Taíno-Ureinwohnern, nach haitianischer Lesart Ayiti (»Land der Berge«), nach dominikanischer Geschichtsschreibung Quisqueya (»Mutter Erde«) genannt. Den Amerika-Entdecker Christoph Kolumbus interessierte das nicht. Er taufte die Insel, die er mit Schwert und Kreuz »für die spanische Krone in Besitz nahm« auf »La Española« (»die Spanische«). Hispaniola, so der heutige Name der Insel, erstreckt sich über 76 480 Quadratkilometer, der kleinere Teil des Eilandes im Westen gehört zur Republik Haiti (27 750 Quadratkilometer), die 1804 unabhängig wurde. Erst vier Jahrzehnte später befreite sich der spanischsprachige Teil von der haitianischen Dominanz und konstituierte sich am 27. Februar 1844 als Dominikanische Republik (48 730 Quadratkilometer).

Steckbrief Dominikanische Republik

Lage: Die Dominikanische Republik und das westlich gelegene Haiti teilen sich die zweitgrößte Karibikinsel Hispaniola. Sie gehört zur Inselgruppe der Großen Antillen.

Fläche: Das Staatsgebiet umfasst 48 730 Quadratkilometer, die Insel hat insgesamt 76 480 Quadratkilometer.

Küste: 1288 Kilometer, Hispaniola gesamt 1470 Kilometer

Hauptstadt: Santo Domingo de Gúzman

Flagge:

Amtssprache: Spanisch

Einwohner: 10,5 Mio. Menschen. Die größte Stadt ist Santo Domingo (3,8 Mio. Einwohner), gefolgt von Santiago de los Caballeros (900 000 Einwohner).

Religion: Etwa 80 Prozent katholisch, 15 Prozent evangelikal und protestantisch, Schutzpatronin des Landes ist die »Virgen de La Altagracia«.

Währung: Dominikanischer Peso (DOP), im Alltag RD $ ausgezeichnet.

Zeitzone: Die Zeitdifferenz beträgt im Winter 5 Stunden, im Sommer 6 Stunden (GMT – 4/GMT – 5).

Geografie: Weite Teile des Landes sind gebirgig. Lediglich der Osten und das Cibao-Tal im Zentrum sind flach. Die Kordilleren durchziehen das Land von Ost nach West und trennen die Landschaft in zwei Zonen, wobei der Norden regenreicher, der Südwesten trockener ist. In den Zentralkordilleren liegen die höchsten Gipfel der Region und mit dem Pico Duarte (3098 Meter) der höchste Berg der Karibik.

Staat und Verwaltung: Die Dominikanische Republik ist eine Präsidialdemokratie, in der der Präsident sowohl Staatsoberhaupt als auch Regierungschef ist. Das Parlament bilden die Deputiertenkammer mit 178 Mitgliedern und der Senat mit 32 Sitzen. Die Senatoren sind die Repräsentanten der insgesamt 31 Provinzen und des Hauptstadtbezirks. Die Provinzen sind in Gemeinden unterteilt.

Wirtschaft und Tourismus: Wichtigste Deviseneinnahmequellen sind die Lohnveredelung in den Freihandelszonen, der Tourismus und die Überweisungen der im Ausland lebenden Dominikaner. Die Inflationsrate liegt bei 8,5 Prozent. Das durchschnittliche Pro-Kopf-Einkommen beträgt rund 380 Euro, der gesetzliche Mindestlohn umgerechnet 130 Euro. Im Jahr 2013 besuchten 4,1 Mio. Touristen die »DomRep«, davon 214 000 Deutsche, 7800 Österreicher und 25 700 Schweizer.

Bevölkerung: 73 Prozent sogenannte Mulatten, 15 Prozent Weiße, 11 Prozent Schwarze, Bevölkerungsdichte 204,3 Einwohner pro Quadratkilometer, etwa 67 Prozent der Bevölkerung leben in den Städten.

Steinzeitmenschen

Besiedelt wurde das Eiland in der Karibik zwischen 4000 und 2610 v. Chr. von Ciboney, mesoamerikanischen Indigenen, die von Zentralamerika aus Teile von Kuba und Hispaniola erreicht hatten. Die Ciboney waren sogenannte Steinzeitmenschen, die als Jäger und Sammler überlebten und nur einfache Werkzeuge aus Stein, Knochen und Muscheln kannten. Als Kolumbus das erste Mal seinen Fuß auf die Insel setzte, waren diese aber bereits weitgehend von Arawaken verdrängt worden.

Die Ureinwohner: Arawaken

Die Taínos genannten Ureinwohner gehören zu den Arawak-Völkern und waren aus dem Orinokobecken, dem heutigen Venezuela, über die Kleinen Antillen bis in die Großen Antillen eingewandert. Das als sehr friedfertig bekannte Völkchen war zum Zeitpunkt der »Amerika-Entdeckung« allerdings nicht mehr alleiniger Bewohner der Insel. Aus dem Süden drängten Kalihna-Stämme nach, die aufgrund ihrer kriegerischen Haltung und weil sie rituelle Menschenopfer kannten, von den Taínos gefürchtet wurden. Von Kolumbus erhielten sie deshalb einen Namen, der bis heute für Kannibalismus steht: Kariben. Lediglich auf der Insel

Oben: Vorgelagert: Eine kleine Insel in der Bucht von Puerto Plata
Mitte: Süße Limoncillo-Früchte (*Melicoccus bijugatus*) warten auf die Käufer.
Unten: Im Taíno-Museo in Samaná wird die Geschichte der Inselbewohner gezeigt.

Dominikanische Republik

Dominica lebt heute noch eine kleine Minderheit dieser Ethnie. Auf Hispaniola selbst lebten zur Zeit der Eroberung nach Schätzungen von Historikern etwa 300 000 Menschen. Knapp drei Jahrzehnte später war deren Zahl aufgrund von Sklavenarbeit, Misshandlung und Krankheit auf rund 500 Menschen reduziert worden. Nur sehr wenige Dominikanerinnen und Dominikaner können sich heute darauf berufen, genetisch von den Ureinwohnern abzustammen.

Eine Insel, zwei Länder

Es gibt nur wenige kleine Inseln auf der Welt, auf denen, wie auf Hispaniola, zwei Staaten existieren. Die Geschichte dieser Entwicklung ist das Ergebnis einer Jahrhunderte dauernden kolonialen Entwicklung. Santo Domingo war zum Beginn der Kolonialzeit eine blühende und reiche Stadt, in der das Raubgold bis zu seiner Verschiffung nach Spanien zwischengelagert wurde. Das neu eroberte Land geriet aber in dem Maße an den Rand der wirtschaftlichen Entwicklung, je mehr Länder auf dem »neuen Kontinent« der spanischen Krone unterworfen wurden. Als Verteilungshafen lag Havanna wesentlich zentraler. Auf der Insel selbst führte diese zunehmende Bedeutungslosigkeit dazu, dass sich das Leben auf die Stadt Santo Domingo konzentrierte. Glücksritter und Freibeuter nutzten das Machtvakuum im Nordwesten des Eilandes dazu, dort ihre eigenen Gesetze und Regeln durchzusetzen.

Bald dominierte das Frankofone. In die unkontrollierbare Piratenenklave flüchteten sich der spanischen Herrschaft entkommene Ureinwohner und aus Afrika verschleppte Sklaven. Die schwächelnde Kolonialherrschaft bezahlte Spanien erst mit dem teilweisen, später dann dem totalen Verlust der Herrschaft über die Insel an Frankreich. Aller-

Oben: 32 Prozent der Landesfläche wurden von der Regierung unter Naturschutz gestellt.
Unten: Aufgespießt: Gegrillt wird häufig über offenen Blechtonnen mit Holzkohle.

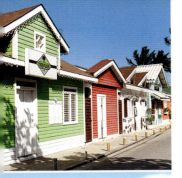

Oben: In Touristengebieten sind die Einkaufszentren oft in traditionellem Baustil errichtet.
Mitte: Den Kämpfern gegen die Trujillo-Diktatur sind zahlreiche Denkmäler gewidmet.
Unten: Wandmalereien an Mauern dienen der Gesundheitsbildung.

dings blieb die sprachliche und kulturelle Trennung in der Geografie bestehen. Im Osten bildete sich eine hispanisch orientierte Gesellschaft, im Westen dominierte das Französische. Während im Osten die verstärkte Vermischung eine Mulattenbevölkerung zur Folge hatte, blieb die Gesellschaft im Westen separiert. Sogar sprachlich entwickelten die afrikanischen Sklaven ihr eigenes Idiom. Das Kreyól, das noch heute in Haiti gesprochen wird, ist eine Mischung aus französischer und afrikanischer Sprache.

Zwei Staaten

Die haitianische Unabhängigkeit 1804 hat die Divergenz vertieft. Denn die Machthaber in der ersten befreiten Sklavenrepublik scherten sich wenig um die Interessen ihrer östlichen Nachbarn und deren kulturellen Werte. Dass sich die Dominikanische Republik nicht von spanischer Kolonialherrschaft befreien musste, sondern vom westlichen Nachbarn, ist noch heute an dem angespannten Verhältnis der beiden Inselteile zueinander ablesbar. Dazu hat auch beigetragen, dass der dominikanische Diktator Rafael Leónides Trujillo Molina (1891–1961) 1937 ein Massaker an der haitianischen Bevölkerung auf dominikanischem Territorium anordnete, um die Grenzregion »ethnisch zu säubern«. Mindestens 17 000 Haitianos, so nennt man die Nachbarn, wurden dabei ermordet, das Verbrechen nie gesühnt.

Haitianische Einwanderer

Das hat aber Trujillo und auch spätere Regierungen nie daran gehindert, auf ungelernte haitianische Erntearbeiter als Tagelöhner für die Zuckerrohrplantagen und in der Landwirtschaft zurückzugreifen. Noch heute kann in der Dominikanischen Republik ohne diese Billiglohnarbeiter

die Ernte nicht eingefahren, kein Wolkenkratzer gebaut und kein frisch gepresster Fruchtsaft am Straßenrand getrunken werden. Zwischen 500 000 und einer Million meist illegale Einwanderer aus Haiti sollen sich im Land aufhalten. Niemand kennt allerdings die genauen Zahlen der Menschen, von denen manche bereits seit drei oder vier Generationen im Land leben, nicht wenige inzwischen sogar mit dominikanischer Staatsbürgerschaft.

Die Trujillo-Diktatur

Auch 50 Jahre nach dem Ende der Diktatur von Rafael Trujillo leidet das Land an dem Trauma der 31-jährigen Diktatur, spielt die Vergangenheitsbewältigung eine bedeutende Rolle im politischen und gesellschaftlichen Leben. Dies lässt sich in der dominikanischen Literatur ebenso wie in den Sachbüchern ab- und nachlesen. Biografische Erinnerungen von Gegnern, die die blutige Unterdrückung überlebt haben, dominieren die Schaufenster der wenigen Buchhandlungen. Aber auch Befürworter und Anhänger des 1961 erschossenen Potentaten melden sich in Buchform zu Wort. Trujillo stammte aus kleinen Verhältnissen, sein Vater war Soldat. Zuerst arbeitete er als Telegrafist, danach lebte er mit seinem Bruder von Betrügereien, Überfällen und vom Viehraub. Als

Oben: Erst nach Sonnenuntergang kommen Besucher auf die Plaza España zum Dämmerschoppen.
Unten: Aus bunten Läppchen werden Teppiche für die Wohnung auf der Straße genäht und verkauft.

AUTORENTIPP!

ABENTEUERLAND
Abenteuer erwarten einen an jeder Ecke in der Dominikanischen Republik. Nicht nur über Tage geht es hoch hinaus, sondern auch unter der Erde zeigt das Land, was es an Attraktionen zu bieten hat.

Surfen in Cabarete. Wellenreiten, Windsurfen oder sich mit einem Gleitschirm übers Wasser ziehen zu lassen, das ehemalige Fischerdorf ist Zentrum für Liebhaber dieser Wassersportarten. Cabarete Windsports Club, Calle Principal, Cabarete, Tel. 1809/571 07 84, www.cabaretewindsportsclub.com

Rafting auf dem Yaque del Norte. Durch die Wildwasser im Oberlauf des Yaque del Norte führt die Raftingtour. Rancho Baiguate. Carretera Jarabacoa-Constanza km 1,5, La Hoya, Jarabacoa, Tel. 1809/574 68 90, www.ranchobaiguate.com

Wassersport wird an allen Stränden praktiziert.

1916 die US-Marines das Land besetzten, diente er sich den Besatzern als Nationalgardist an. Vom einfachen Militärpolizisten stieg er zum skrupellosen Offizier auf.

Der »Wohltäter des Vaterlandes«

Die Präsidentschaftswahlen 1930 entschied er für sich, weil sich kein anderer Politiker mehr traute, gegen ihn zu kandidieren. Kaum im Amt, ließ er seine Gegner liquidieren und alle Posten mit Gefolgsleuten besetzen. 1936 wurde die Hauptstadt nach ihm in Ciudad Trujillo umbenannt, auch der höchste Berg des Landes musste seinen Namen tragen. Bald gehörten ihm alle Industrieunternehmen. Wer ihm die Gefolgschaft verweigerte, starb bei einem Unfall, bei der Beerdigung machte Trujillo gerne selbst der Witwe seine Traueraufwartung. Auch vor den Frauen seiner Minister machte der in der Bevölkerung hinter vorgehaltener Hand nur als »Ziegenbock« Titulierte nicht halt. Trujillo, ein Bewunderer Hitlers, war ein brutaler Herrscher. Erst als er Anfang der 1960er-Jahre in den USA in Ungnade fiel, gelang einer Gruppe konservativer Bürger mit US-Geheimdiensthilfe ein Attentat.

Unruhige Zeiten nach Trujillos Tod

Den Terrorjahrzehnten folgten politisch und gesellschaftlich unruhige Zeiten. Der erste, Ende 1962 demokratisch gewählte sozialdemokratische Präsident Juan Bosch (1909–2001) wurde ein Dreivierteljahr danach gestürzt. Gegen das folgende Militärregime rebellierten verfassungstreue Offiziere im April 1965, was mit einer Invasion von US-Truppen beantwortet wurde. Die folgenden Jahre der Regentschaft von Joaquín Balaguer (1906–2002), eines alten Trujillo-Getreuen, sind in

Die Hängebrücke führt zu den 27 Wasserfällen von Damajagua.

die Geschichte als die »blutigen 12 Jahre« eingegangen. 1996 trat der inzwischen erblindete Caudillo von der politischen Bühne ab, und erst mit seinem Tod endete sein Einfluss auf die dominikanische Politik.

Auf dem Weg in die Modernisierung

Der Tod Balaguers bildete auch einen Umbruch in der politischen und wirtschaftlichen Entwicklung und Kultur des Landes. Die staatlichen Institutionen wurden modernisiert, Steuern werden inzwischen online angemeldet, sofern man Steuern zahlt, und wer einen Pass braucht, kann ihn nach wenigen Stunden schon abholen. Makroökonomisch gehört das Land inzwischen zu den kleinen Tigerstaaten, die schon seit Jahren mit einem beachtlichen Wirtschaftswachstum von fünf und mehr Prozenten beim Bruttoinlandsprodukt auch lateinamerikanische Industrienationen abgehängt haben. Wichtig für den Export ist die Kakao- und Bananenproduktion, wobei Bioprodukte »Made In Dominican Republic« eine zunehmende Bedeutung einnehmen. Ansonsten gibt es aber keine Großindustrie im Land.

Lediglich die Freihandelszonen, in denen ausländische Lohnveredelungsbetriebe vor allem im Textilbereich von der steuerlichen Befreiung profitieren, sorgen für Zehntausende von Arbeitsplätzen. Den

AUTORENTIPP!

Wasserfälle von Damajagua. Super, erst klettert man 27 Wasserfälle hinauf und dann rutscht man sie wieder runter. Los 27 Charcos de la Damajagua. Tägl. 8–15 Uhr, Llanos de Pérez, Municipio de Imbert, Carretera 5 km 30, Tel. 1809/739 20 41, www.27charcos.com

Bergwandern zum Pico Duarte. Die mehrtägige Trekkingtour auf das Dach der Karibik ist ein einmaliges Erlebnis. Dom Rep Tour. Auf der Platte 22/1, 88284 Wolpertswende, Tel. 08000/500 10 60, www.domreptours.eu

Höhlenklettern in der Cueva Fun Fun. 20 Meter tief muss man sich in den Bauch der Erde abseilen, danach geht es unterirdisch bis zum Höhlenausgang. Rancho Capote. Nach Voranmeldung, Ausflugspreis 131 US $ pro Person, für Kinder unter 12 Jahren nicht geeignet, Carretera 78, 28 km westlich von Hato Mayor, Tel. 1809/481 77 73, www.cuevafunfun.net

Oben: Ein eiskaltes Bier erfrischt auf der Terrasse des Café Colón.
Mitte: Spanische Kacheln sind in der Altstadt zur Dekoration sehr beliebt.
Unten: Schuhputzer sorgen für glänzende Schuhe.

Wohlstand, der in den Hochhäusern und SUV-Fahrzeugen der letzten Generation sichtbar wird, spürt die Mehrheit der Bevölkerung nicht. Nach wie vor verfügen mehr als 50 Prozent über kein regelmäßiges Einkommen. Die Mehrheit ist nach wie vor auf Gelegenheitsarbeiten angewiesen oder profitiert von den Devisenüberweisungen der im Ausland lebenden Verwandten, die jährlich knapp 3,3 Milliarden Euro (2013) ausmachen.

Die »kaminlose Industrie«

Wichtigster Wirtschaftsfaktor ist aber die »kaminlose Industrie«, der Tourismus. Er generiert jährlich rund fünf Milliarden US-Dollar Einnahmen für das Land. Mit dem dominikanischen touristischen Paradiesvogel kann in der Karibik längst niemand mehr mithalten. Während in den 1960er- und 1970er-Jahren Haiti das erste und populärste Ferienzentrum der Karibik war, landen heute 95 Prozent aller Touristen, die nach Hispaniola kommen, auf dominikanischen Flughäfen. Nicht von ungefähr – und zu Recht – rühmt sich das Land auch als die kompletteste Feriendestination. Mehr als 4,1 Millionen Urlauber haben 2013 das Land besucht. Das Ziel, das sich die dominikanische Regierung gesteckt hat, ist ambitioniert. Bis 2022 soll die Zahl von zehn Millionen Touristen im Jahr erreicht werden.

La Capital, die Hauptstadt

Das politische und wirtschaftliche Zentrum ist Santo Domingo. Die im Süden gelegene »La Capital« genannte Karibikmetropole zählt über 3,8 Millionen Menschen und ist inzwischen so groß, dass sie in drei Verwaltungsbezirke aufgeteilt werden musste. Zwei Großhäfen garantieren die Versorgung der Stadt, deren Hochhausskyline ungewöhnlich für eine Großstadt der Antillen ist.

Dominikanische Republik

Außergewöhnlich auch ein 2009 in Betrieb genommenes U-Bahnnetz mit zwei Linien, die die Stadt von Norden nach Süden und von Westen nach Osten unterqueren. Klimatisierte Einkaufszentren, Bankenzentralen und internationale Unternehmen haben sich im modernen Teil der Stadt angesiedelt. Aber auch Touristisches hat die Hauptstadt mit ihrem kolonialen Zentrum an der Mündung des Ozama-Flusses zu bieten.

Die koloniale Altstadt

Von ihrer Gründung im Jahr 1496 bis in die 1960er-Jahre war die Zona Colonial das städtische Zentrum des Landes. Erst danach ist die Stadt in atemberaubender Geschwindigkeit ihren Mauern entwachsen und hat sich nach Ost und West, aber auch in nördliche Richtung ausgebreitet. Die von den Spaniern gegründete »Erste Stadt Amerikas« ist das touristische Aushängeschild. Die älteste Kathedrale steht im Zentrum, die Ruine des ersten Krankenhauses, die erste Universität des entdeckten Kontinents, sogar Teile der ursprünglichen Kanalisation sind erhalten geblieben. Wer die koloniale Vergangenheit des Landes kennenlernen will, für den gehört ein Besuch zum Pflichtprogramm.

Die Südküste

Kleinere Badeorte wie Boca Chica oder Juan Dolio liegen östlich der Hauptstadt und waren auch schon, bevor Touristen aus aller Welt kamen, für Wochenendausflüge der Großstädter beliebt. Boca Chica, aufgrund des flachen Küstengewässers die größte Badewanne in der Karibik genannt, ist noch heute an Sams- und Sonntagen stark frequentiert. Im Südosten bietet das Fischerdorf Bayahibe am Rande des Naturschutzparks Parque Nacional de Este ideale Ausgangspositionen für Naturfreunde. Auch bei Tauchern sind die Küsten-

Oben: In der Fußgängerzone El Conde liegen Cafés, Souvenirläden und Bekleidungsgeschäfte.
Unten: Den Botanischen Garten schafft man nur im Bummelzug zu besuchen.

gewässer der Region wegen der schönen Riffe sehr beliebt. Einige Schiffswracks in Küstennähe verleihen dem Tauchgang einen zusätzlichen Reiz.

Touristenzentrum Ost

Der Osten der Insel ist das unbestrittene Zentrum des Tourismus. Zwei Drittel aller »DomRep«-Reisenden landen jedes Jahr auf dem größten Privatflughafen der Welt, Punta Cana. Obwohl sich hier unzählige Hotels dicht an dicht drängen, ist die rund 60 Kilometer lange Sandstrandküste immer noch ein kleines Karibikparadies. Auch mehrgeschossige Bauten verschwinden zwischen Palmen und Grünanlagen. In einigen der Luxushotels sind Stars und Politiker regelmäßig zu Gast. Wer für zwei oder drei Wochen den Alltag und den beruflichen Stress vergessen möchte, findet im Küstenbereich zwischen Cap Cana und Macao unter Garantie die für ihn beste Ferienanlage.

Die Halbinsel Samaná

Wer Aktiv- und Naturlaub liebt, ist auf der Halbinsel Samaná besser aufgehoben. In den ersten drei Monaten des Jahres bilden die Buckelwale, die in die Bucht von Samaná kommen, die größte Attraktion. Daneben locken kleine, schwer zugängliche Buchten und Strände, Wasserfälle und Kokospalmen so weit das Auge reicht Individualtouristen, zumal große Hotelanlagen eine Rarität sind. Besonders Las Galeras und die multikulturell geprägte Ortschaft Las Terrenas bieten die nötige Infrastruktur, um sich seinen Urlaub selbst zu organisieren. Auch wenn Samaná regenreich ist, ein kleiner Schauer ist aber oft eine willkommene Abkühlung bei karibischen Temperaturen. Wer nicht nur die Natur, sondern auch die Bewohner des Landes kennenlernen will, hat auf der Peninsula de Samaná die besten Voraussetzungen.

Oben: Ein Strandbesuch ist bei Jung und Alt ein beliebtes Wochenendvergnügen.
Mitte: Ananas wachsen auf riesigen Plantagen auf Sträuchern.
Unten: Die Schwanzflosse eines Buckelwals sieht man erst bei seinem Abtauchen.

Nordküste

Sportlicher geht es an der Nordküste zu. Cabarete ist das Zentrum jugendlicher Wellenreiter und Surfer. Wer sich von einer guten Brise über das Wasser tragen lassen will oder Lenkdrachensegeln liebt, findet in der Ortschaft Gesinnungsfreunde, mit denen man auch das vielfältige Nachtleben am Strand genießen kann. Die Hotelanlagen rund um Puerto Plata und Sosúa waren früher das Hauptreiseziel in der Dominikanischen Republik.

Aber in dem einstigen »Ballermann der Karibik« ist es ruhiger geworden, längst geht Qualität vor lautstarker Masse. Die Hotels wurden aufwendig renoviert und umgebaut, Auswüchse ungehemmter Urlaubsseligkeit beseitigt. Während man an der Ostküste kaum auf eigene Faust die nähere Umgebung erkunden kann, hat man im Norden viele Möglichkeiten. Die viktorianischen Häuser von Puerto Plata, die historischen Wurzeln der von deutschen und österreichischen Juden gegründeten Gemeinde Sosúa sind ebenso attraktiv wie ein Ausflug mit der Seilbahn auf den Hausberg von Puerto Plata. Der Pico Isabel de Torres ist auch für nicht Spanisch sprechende Touristen leicht mit öffentlichen Verkehrsmitteln zu erreichen. Und wer sich einen Wagen mietet, ist schnell am nordwestlichen Ende des Landes in Montecristi und kann unberührte Naturflecken erkunden und paradiesische Inseln entdecken.

Oben: Raum für endlose Spaziergänge am Strand
Mitte: Sich mit dem Gleitschirm übers Wasser ziehen zu lassen, trauen sich nicht viele.
Unten: Die dominikanischen Strände zählen nach wie vor zu den schönsten der Karibik.

AUTORENTIPP!

STRANDLANDSCHAFT
Dominikanische Republik ohne Strände – undenkbar. Diese Playas auf Hispaniola sollte man während seiner Urlaubsreise auf keinen Fall versäumen:

Bahia de las Aguilas. Zwölf Kilometer Strand und kaum Menschen, ein einzigartiges Paradies findet man im äußersten Südwesten in der Nähe von Pedernales. Die Bucht wurde von der UNESCO zum Weltnaturerbe erklärt. Bootstour dorthin durch Rancho Tipico Restaurante Cueva de las Aguilas, Cabo Rojo, Tel. 1809/753 80 58.

Playa Rincón. Um den einsamen Strand zu erreichen, muss man eine Querfeldeinfahrt in Kauf nehmen oder mit dem Boot ab Las Galeras fahren. Ein kleines Strandrestaurant bietet frischen Fisch und Meeresfrüchte. Carretera Playa Rincón, Las Galeras, Samaná.

Surfen ist ein Zeitvertreib am Strand, der nicht nur junge Leute fasziniert.

Die »dominikanischen Alpen«

Die sogenannten dominikanischen Alpen sind Abenteuerland. Nicht nur, dass man bei mehrtägigen Trecks auf den höchsten Gipfel des Landes, der zugleich der höchste der Karibik ist, wandern kann, Wildwasserflüsse und tiefe Schluchten lassen Raftingfreunden und Canyonkletterern das Adrenalin in die Blutbahnen schießen. Die Hochebene rund um die höchsten Berge ist der Obst- und Gemüsegarten des Landes, in dem sich zahlreiche Ökolodges und Abenteuerunternehmen angesiedelt haben, die Unterkünfte in abgelegenen Wald- und Bergregionen ebenso bieten wie Paragliding, Extremklettererlebnisse und anderes.

Südwesten

Der Südwesten unterscheidet sich landschaftlich grundlegend von den anderen Regionen. Wer in Richtung haitianische Grenze fährt, erlebt ein Land, dessen grüne Üppigkeit (37 Prozent des Landes sind zusammenhängend bewaldet) sich in eine karge Trockenlandschaft verwandelt, wo Dornensträucher und Kakteen dominieren und Regen selten ist. Mit dem Lago Enriquillo verfügt die Region über einen Salzsee, der rund 40 Meter unter dem Meeresspiegel liegt und mit der Sierra de Baoruco über ein Wandergebiet mit einem breiten Angebot von einfachen Übernachtungsmöglichkeiten. Dazu kommen landschaftliche Highlights wie die Costa Azul, die dominikanische Riviera und die Bahía de las Aguilas, eine der schönsten Buchten der Karibik.

Essen und Trinken

Als die spanischen Eroberer zum ersten Mal ihren Fuß auf die Karibikinsel setzten, lebten die Ureinwohner sehr bescheiden. Sie bauten Bohnen,

Dominikanische Republik

Mais, Ingwer, Erdnüsse, Süßkartoffeln, Paprika, Maniokwurzeln und andere Wurzeln wie Yautía und Mapuey, die in Europa unbekannt waren, an. Ihre Mahlzeiten bereicherten sie mit dem Fleisch, das die Jäger lieferten. Aus Maniok produzierten sie ein Fladenbrot, Casabe. Es wird noch heute in dominikanischen Lebensmittelgeschäften angeboten. Die geschälte Wurzel wurde klein gerieben, der bittere Saft herausgepresst, die übrige Masse wurde dann dünn auf einer Tonform gebacken. Die Zubereitung heute unterscheidet sich kaum von der damaligen Herstellung. Die heutige dominikanische Küche dagegen ist eine Kombination indigener, afrikanischer und hispanischer Einflüsse. Erst im 19. Jahrhundert haben italienische, arabische und asiatische Einwanderer Einfluss auf die Ernährungsgewohnheiten im Land genommen. Besonders die Kochbananen, die in dicken Scheiben vorgegart, platt gedrückt und dann noch einmal frittiert werden, dürfen auf keinem Essenstisch fehlen.

Reis, Bohnen, Fleisch

Das typische Mittagsgericht »La Bandera« ist das Nationalgericht, bestehend aus den drei Farben der dominikanischen Fahne: Weiß, Rot und Blau. Reis (weiß), Bohnen (blau), Salat aus Weißkohl (weiß) und ein Stückchen Fleisch (rot). Man findet es auf fast jeder Speisekarte. Die kleinen Garküchen, Comedores genannt, haben meist nur zur Mittagszeit auf und bieten den Kunden die Möglichkeit, ihre Mahlzeit selbst zusammenzustellen. Besondere Spezialitäten der dominikanischen Küche sind Ziegenfleischragout (*Chivo guisado*), Lambí (pikant gewürztes Riesenschneckenragout), Perlhuhn (*Guinea guisado*) oder »Ropa vieja«, luftgetrocknetes Fleisch, dass zerfasert zubereitet wird. Und natürlich sollte man sich Sancocho servieren lassen. Der Fleischeintopf wird aus sieben

AUTORENTIPP!

Isla Saona. Auf der Insel an der Südspitze ist ein Strand schöner als der andere. In das Naturschutzgebiet kommt man aber nur mit einem lizenzierten Bootsführer. In Bayahibe wartet Stefano mit dem Boot darauf, einen zum allerschönsten, dem Canto de Playa, zu bringen. Baya Tours, Bayahibe, Tel. 1809/710 73 36.

Playa Bonita und Playa Cusón. Vielen bekannt und doch immer noch einsam gelegen: Playa Cosón, sechs Kilometer lang, und der 1,5 Kilometer lange Strand von Playa Bonita in Las Terrenas. Hotel Atlantis. Playa Bonita, Las Terrenas, Tel. 1809/240 61 11, www.atlantis-hotel.com

Punta Cana und Bávaro. 60 Kilometer Strände so weit das Auge reicht und egal, in welchem Hotel man gebucht hat. Für All-Inklusive-Reisende hat diese Region nur die besten feinsandigen Korallenstrände zu bieten. Puntacana Resort & Club. Playa Punta Cana, Punta Cana, Tel. 1809/959 22 62, www.puntacana.com

Am Bahía de las Àguilas trifft man selten Touristen.

Oben: In der Dominikanischen Republik wachsen die besten Tabaksorten der Welt.
Mitte: Friedlich warten die gedrehten Zigarren auf einen Käufer.
Unten: Laut geht es zu vor Publikum beim Schachspiel auf der Straße.

Fleischsorten mit Wurzelgemüse und Kochbananen zubereitet.

Ein süßer Traum

Süßigkeiten in der Dominikanischen Republik sind wirklich sehr süß, manchmal ungewöhnlich stark für europäische Geschmäcker gezuckert. Aber in Zuckerwasser geschmorte Bananen oder in gezuckerter Flüssigkeit gekochte und eingelegte Früchte wie die Früchte der Cashew-Nuss oder die Schalen der Apfelsinen sind einfach ein Erlebnis kreolischer Kochkunst. Dazu werden Süßigkeiten aus Karamell, mit tropischen Früchten gemischt, angeboten.

Auch die Cocktails sind legendär. Piña Colada wurde zwar auf der Nachbarinsel Puerto Rico erfunden, bekannt gemacht haben das rumhaltige Getränk allerdings die Barkeeper in den Hotelanlagen auf Hispaniola. Gegen den Durst und die Hitze bevorzugen die Einwohner des Landes eisiges Bier, die bekannteste Marke »Presidente« hat es aufgrund der vielen Besucher zu internationaler Bekanntheit gebracht. Aber das Nationalgetränk ist ohne Zweifel der Rum. Der hochprozentig destillierte Zuckerrohrsaft wird mit und ohne Eis, mit Fruchtsäften und Softgetränken verdünnt oder pur getrunken. Kenner schwören auf »Ron« pur mit einem Spritzer Limette.

Maße und Gewichte

Auch bei Maßen und Gewichten geht das Land eigene Wege. Flächen werden in Tareas gemessen, 629 Quadratmeter machen eine Tarea aus, Gewichte in Libras (Pfund = 436 Gramm) und Onzas (Unzen = 28,5 Gramm) angegeben. Auch bei den Längen gelten englische Maßeinheiten. Eine Pulgada (Zoll) entspricht 2,54 Zentimetern, ein Pie

Dominikanische Republik

entspricht einem Fuß = 30,5 Zentimetern, Entfernungen werden in Kilometern angegeben.

Vieles tickt anders

Und in der Dominikanischen Republik gehen nicht nur im Sommer (–6 Stunden) und im Winter (–5 Stunden) die Uhren anders. Auf Hispaniola spielt Zeit im Leben der Bevölkerung eine andere Rolle. Die Menschen haben Zeit. Geduld ist eine Tugend, während Pünktlichkeit nicht zur Alltagszierde gehört. Mañana ist nicht nur morgen, es kann auch übermorgen, zu einem anderen, nie definierten Zeitpunkt oder nie bedeuten. Auch schon lange im Land lebende Ausländer beginnen nur langsam ein Gefühl für dieses landeseigene Zeitmaß zu entwickeln – verstehen werden sie es wohl nie. Wer unsicher über den weiteren Straßenverlauf ist, tut gut daran, lieber mehrere Personen nach dem richtigen Weg zu fragen als sich auf die möglicherweise mangelnde geografische Kenntnis eines Einzelnen zu verlassen.

Una Sonrisa – ein Lächeln hilft immer

Ein Lächeln gehört zum dominikanischen Alltag. Freundlichkeit ist den Landesbewohnern Zierde und Tugend. Dies sollten Besucher beachten. Beim Streit über Zimmerservice, Essensqualität oder Rechnungshöhe löst freundliche Bestimmtheit gepaart mit einem Lächeln schneller den Konflikt als lautstarkes Klagen und bietet zudem dem Gegenüber die Möglichkeit, die Situation ohne Gesichtsverlust zu entschärfen. Wo findet man auf der Welt Grenzbeamte, die einen schon bei der Passkontrolle wie einen alten Bekannten mit »mein Freund« anreden? Freundlichkeit öffnet Türen. Und die Dominikanerinnen und Dominikaner haben immer ein Lachen für Freunde übrig.

Oben: Die viktorianischen Häuser sind eine Sehenswürdigkeit von Puerto Plata.
Mitte: Erfrischungsgetränke, Snacks und Obst werden auf der Straße am Wegesrand verkauft.
Unten: Das Angebot an exotischen Früchten ist reichhaltig.

Geschichte im Überblick

Um 200 n. Chr. Ciboney, aus dem heutigen Zentralamerika stammende Indios, bevölkern den Südwesten der Insel. Die Jäger und Sammler werden von einem Arawaken-Volk, den Taínos, verdrängt. Sie kennen bereits den Ackerbau und stellen Töpferware her und sind über die Kleinen Antillen eingewandert.

Ab 11. Jh. Kriegerische Kariben besiedeln die Kleinen Antilllen und reduzieren den Lebensraum der Taínos.

12. Oktober 1492 Christoph Kolumbus entdeckt die erste Karibik-Insel.

5. Dezember 1492 Die spanische Entdecker-Armada landet an der Küste einer Insel, die sie La Española/Hispaniola nennt.

1502 Die heutige Hauptstadt Santo Domingo wird gegründet.

1509 Weil die Taínos reihenweise in den Goldminen sterben, werden die ersten Sklaven aus Afrika geholt.

1519–1535 Rebellion der Ureinwohner unter der Führung von Enriquillo.

1586 Der Brite Francis Drake überfällt Santo Domingo.

1697 Frankreich und Spanien streiten um die Vorherrschaft auf der Insel. Im Friedensvertrag von Rijswijk wird die Teilung Hispaniolas vereinbart. Der Westteil fällt an Frankreich, der Osten bleibt spanisch.

1. Januar 1804 Der französische Teil der Insel erklärt seine Unabhängigkeit als République d'Haïti.

4. November 1821 Der spanische Teil erklärt sich unabhängig von Spanien.

1822 Haiti besetzt den Osten.

27. Februar 1844 Francisco Sánchez, Juan Pablo Duarte und Ramón Mella Sánchez erklären die Unabhängigkeit der Dominikanischen Republik.

1861 Der amtierende Präsident Santana stellt das Land unter spanische Kontrolle.

16. August 1865 Erneute, endgültige Unabhängigkeit des Landes.

1905 Die USA übernehmen in dem überschuldeten Land die Zoll- und gesamte Finanzkontrolle.

1916–1924 Besetzung des Landes durch US-Marines

1930 Als Alleinkandidat gewinnt der General Rafael Léonides Trujillo in den Präsidentschaftswahlen die Macht.

24. November 1960 Trujillo lässt drei Frauen aus der Oppositionsbewegung, Minerva, Patria und Maria Teresa Mirabal, ermorden und die Tat als Unfall tarnen. Der Tag der Ermordung wird 1999 durch die Vereinten Nationen zum Internationalen Tag zur Beseitigung von Gewalt gegen Frauen erklärt.

30. Mai 1961 Trujillo wird am Malecón von Oppositionellen erschossen, der Umsturzversuch scheitert.

November 1961 Sein Sohn Ramfis Trujillo (1929–1969) ermordet die Attentäter und flieht mit der Staatskasse.

1962 Nach den ersten demokratischen Wahlen im Dezember 1961 wird der Sozialdemokrat Juan Bosch in sein Amt als Staatspräsident eingeführt, ein halbes Jahr später nach einem von den USA unterstützten Putsch abgesetzt.

1965 Der Aufstand verfassungstreuer Militärs zur Wiedereinsetzung des gewählten Präsidenten führt zur zweiten US-Invasion und einem monatelangen blutigen Bürgerkrieg.

1966 Joaquín Balaguer (1906–2002) regiert über drei Wahlperioden. Nach Angaben von Amnesty International wurden während der »blutigen zwölf Jahre« mehr Menschen ermordet als unter Trujillo.

1978 Der Sozialdemokrat Antonio Guzmán (1911–1982) wird zum Präsidenten gewählt. Kurz vor seinem Amtsende begeht er Selbstmord nach Korruptionsvorwürfen.

1982 Der Sozialdemokrat Salvador Jorge Blanco (1926–2010) wird zum Präsidenten gewählt.

1986 Nach einem blutigen Wahlkampf und trotz Vorwürfen von Wahlbetrug

wird Balaguer wieder zum Präsidenten vereidigt.

1994 Nach massivem Wahlbetrug wird der inzwischen völlig erblindete Balaguer von den USA gezwungen, einer Verkürzung der Amtszeit auf zwei Jahre zuzustimmen.

1996 Nach einer Stichwahl setzt sich der neoliberale Ex-Linke Leonel Fernández gegen den Sozialdemokraten Peña Gómez bei den Präsidentschaftswahlen durch.

2000 Als neuer Staatschef wird der Sozialdemokrat Hipólito Mejia vereidigt, ein riesiger Bankencrash führt das Land zwei Jahre später an den Rand des Staatsbankrotts.

2004 Erneute Präsidentschaft (2004–2012) von Leonel Fernández, das Land hat die höchsten Wirtschaftswachstumsraten in Zentralamerika und der Karibik.

2009 In Santo Domingo wird die erste Metro der Karibik eingeweiht.

2012 Danielo Medina übernimmt von seinem Parteikollegen das Präsidentenamt.

2013 Erstmals besuchen mehr als vier Millionen Touristen das Land.

2014 Mit einem Millionenaufwand wird die koloniale Altstadt von Santo Domingo modernisiert.

SANTO DOMINGO

1 Santo Domingo
Die Karibikmetropole 28

2 Zona Colonial
Die erste spanische Kolonialstadt 36

3 Die klerikale Altstadt
Der Brückenkopf für die Mission 44

4 Museen der Zona Colonial
Ein kunsthistorischer Blick 52

5 Museo Casas Reales
Koloniale Geschichte in der Altstadt 60

6 Plaza de la Cultura
Theater-, Kunst- und Naturkundezentrum 62

7 Der Osten von Santo Domingo
Vom Aquarium zum Unterwassersee 68

8 Der Malecón
Die Uferpromenade der Stadt 74

9 Villa Mella
Stadt der Trommeln 80

10 Die tanzende Stadt
Merengue, Bachata, Son 82

11 Boca Chica
Die Großbadewanne an der Südküste 86

12 Die Route der Zuckermühlen
Auf den Spuren des Zuckers 88

SANTO DOMINGO

1 Santo Domingo
Die Karibikmetropole

Santo Domingo ist eine Stadt der Superlative. Rund 40 Kilometer zieht sich das städtische Ballungsgebiet entlang des Karibischen Meeres hin, in der Südnordachse fast 20 Kilometer. In der größten Stadt der Karibik leben zwischen 3,5 und vier Millionen Menschen. Täglich kommen neue hinzu. Die Neustadt hat die höchsten Häuser der Karibik, in ihr verkehrt die erste U-Bahn der Region, und mit der Zahl der Shopping Malls kann keiner konkurrieren.

Die Stadt Santo Domingo de Gúzman, offiziell benannt nach dem Gründer des Dominikanerordens, Domingo de Gúzman (1170–1221), verdankt ihre Existenz dem jüngsten Bruder von Christoph Kolumbus, Bartolomé (1461–1515). Der Kosmograf und Seefahrer, nach dem die Karibikinsel Saint Barth benannt ist, legte 1496 den Grundstein für eine Stadt mit dem Namen La Nueva Isabela, am Ostufer des Ozama-Flusses. 1502, im gleichen

Vorangehende Doppelseite: Die Besucherbrücken am Malecón bieten einen einmaligen Ausblick oberhalb der Klippen.
Oben: Seit Jahrzehnten ist die Calle El Conde eine beliebte Flaniermeile.

> ## MAL EHRLICH
> **RARITÄTEN**
> Wirkliche Sehenswürdigkeiten hat die moderne Stadt Santo Domingo nicht zu bieten. Shoppen kann man auch in heimischen Gefilden – ohne Probleme mit dem Übergepäck beim Rückflug. Dementsprechend ist der Neubauteil der Stadt so gut wie touristenfreie Zone. Die wenigen, wirklichen Attraktionen wie den Botanischen Garten und das Archäologische García-Arevalo kann man ja trotzdem mit dem Taxi aufsuchen und dann schnell in die wirklich sehenswerte Altstadt zurückkehren.

Santo Domingo

Jahr, als der Kolumbus-Clan am spanischen Hofe in Ungnade fiel, wurde die Siedlung von einem Hurrikan dem Erdboden gleichgemacht. Aus dieser Zeit ist als einziges Gebäude die steinerne Rosario-Kapelle übrig geblieben.

Die Neugründung der Stadt

Kolumbus' Kontrahent und Nachfolger Nicolás de Ovando nutzte die Gelegenheit, um städtebaulich einen Neuanfang einzuleiten. Er ordnete den Bau der Siedlung mit Steinhäusern am Westufer des Flusses an und gab ihr, weil es Sonntag war, den Namen Santo Domingo. Dem Abgesandten Spaniens verdankt die Altstadt weitgehend ihr heutiges Straßenbild, das auch beibehalten wurde, als der Sohn von Kolumbus wieder das Regiment in der Stadt übernahm. Die Blütezeit Santo Domingos währte aber nicht lange, zumal die Goldvorkommen im Land nur gering waren. 1519 wurde der Hafen von Havanna wegen seiner günstigen Lage an der Schiffsroute zwischen Spanien und dem »neuen Kontinent« zur Drehscheibe für die spanischen Konquistadoren. Die spanischen Bewohner verließen die Insel, um weiter westlich ihr Glück bei der Suche nach mehr Gold zu finden.

Die koloniale Stadt

Mitte des 16. Jahrhunderts häuften sich die Piratenüberfälle auf die Zurückgebliebenen derart, dass mit dem Bau einer ersten Befestigung begonnen wurde. Diese konnte jedoch die Korsaren im Dienst der britischen Majestät und unter dem Kommando von Francis Drake 1586 nicht davon abhalten, die Stadt zu besetzen. Sie verwüsteten sie, hängten alle Kleriker auf und raubten sämtliche Wertgegenstände. Nur gegen Zahlung eines Lösegeldes zogen sie ab, nicht ohne einen Teil der Stadt niederzubrennen. Einem zweiten Beset-

AUTORENTIPP!

BLICK HINTER DIE KULISSEN

Der Amtssitz des Staatspräsidenten ist zwar Hochsicherheitszone, trotzdem gewährt die Verwaltung des Nationalpalastes interessierten Besuchern nach Voranmeldung bei einer sogenannten VIP-Tour einen Blick hinter die Kulissen dieses imposanten Gebäudes. Erbaut wurde es zwischen 1944 und 1947 von dem italienischen Architekten Guido D'Alessandro. Im ersten Stock befinden sich die prachtvollen Empfangssäle des Gebäudes, dessen Architektur sich am US-Kapitol orientiert. Die Kuppel misst 18 Meter im Durchmesser. Über eine repräsentative Freitreppe erreicht man im Gebäude unter anderem den Salon La Cariatides mit 44 als Frauen skulpturierten Säulen, die Wände schmücken französische Spiegel und Baccaratleuchter. Der Grüne Salon ist mit Mobiliar im Stil Luis XV. eingerichtet.

Palacio Nacional. VIP-Tour, Mo, Mi, Fr, Eintritt frei, Tel. 1809/695 80 00, schriftliche Anmeldung mit Personendaten an: edecances@presidencia.gob.do, www.presidencia.gob.do

Der Präsidentenpalast ist seit den 1940ern Regierungssitz.

AUTORENTIPP!

AUF DEN ARCHÄOLOGISCHEN SPUREN DER TAÍNOS

Für archäologisch Interessierte bietet das private Museo Fundación García-Arevalo die wohl beste und umfangreichste Sammlung an Altertumsfunden der Taínos. Den Grundstein für die Sammlung der zum Teil einmaligen Artefakte hat der Unternehmer und Historiker Manuel García Arévalo gelegt, der seit seiner Jugend an den Siedlungsstätten der Ureinwohner gegraben und die prähispanischen Fundstücke restauriert hat. Faustkeile werden hier hinter Glas präsentiert, ebenso die Entwicklung der Tonverarbeitung. Dazu gehören Raritäten wie Kultgegenstände, die die Arawaken für ihren Caoba-Kult gebrauchten, um mit den Göttern in Verbindung treten zu können.

Museo Fundación García-Arevalo. Mo–Fr 9–12, 14–17 Uhr, nur nach vorheriger Anmeldung, Eintritt frei, Avenida San Martín 279, Ecke Avenida John F. Kennedy, Edificio Pepsi, Ensanche La Fé, Santo Domingo, D.N., Tel. 1809/620 77 77.

Wohnhäuser und Hotels dominieren die Skyline von Santo Domingo.

SANTO DOMINGO

zungsversuch durch britische Truppen 70 Jahre später hielt die verstärkte Stadtmauer jedoch stand, weil sie weiter ausgebaut worden war. Dieser Teil bildet noch heute die koloniale Altstadt von Santo Domingo de Guzmán.

Der Fall der Mauer

Erst Mitte des 19. Jahrhunderts wurde der Wehrwall zu eng. Außerhalb der Mauern entstand mit San Carlos eine erste Siedlung, es folgte die heutige Ciudad Nueva, direkt am Malecón. Während der ersten US-Invasion breitete sich Santo Domingo weiter nach Westen aus. Der Stadtteil Gazcue war dann während der Trujillo-Epoche das Nobelviertel der Stadt, die 1936 nach dem Diktator umbenannt worden war. Mit dem Tod des Diktators fiel das Verbot, in der Stadt ohne Genehmigung wohnen zu dürfen. Wirtschaftliche Veränderungen und Armut führten zur Landflucht. Fast täglich wächst die Zahl der Einwohner, die sich im Osten und Westen, im Industriegürtel und in den so entstandenen Elendsquartieren ansiedeln.

Luxus in der Oberstadt

In der Stadt gibt es eine unsichtbare Grenze. Entlang der Uferpromenade bis zur Grünzone des südlichen Stadtparks Mirador de Sur hat sich der Mittelstand einquartiert, dahinter leben zu Wohlstand Gekommene in Apartmenthochhäusern. Ähnlich sieht es hinter der Ostwestachse aus, die die Avenida 27 de Februar bildet. In den Stadtvierteln Naco und Piantini konzentrieren sich elegante Geschäfte und Banken. Die wirklich begüterten Dominikaner haben auf diese Entwicklung damit reagiert, dass sie in den hügeligen Norden gezogen sind. Die so entstandenen, zum Teil hermetisch abgeriegelten und abgeschotteten Siedlungen rund um Arroyo Hondo darf man als

Santo Domingo

Nichtbewohner nur nach Eingangskontrolle und mit Einladung betreten. Absurditäten des Lebens sind so entstanden: Während die »Herrschaften« auf grünen Anhöhen mit Parks, Vorgärten, Bürgersteigen, geregelter Müllabfuhr sowie Strom- und Wasserversorgung wohnen, hausen deren Bedienstete in den Bergfalten dazwischen in Hütten, die sie selbst zusammengeschustert haben. Gesellschaftliche Widersprüche, die man auch in anderen Landesregionen wiederfindet.

Der Mirador del Sur

Der Park Mirador del Sur liegt auf einer Klippe, die vor Jahrtausenden vom Meer umspült war. Das neun Kilometer lange Parkgelände wird von einer Durchgangsstraße geteilt. Sie wird jeden Morgen und Abend gesperrt, damit Jogger, Skater, Biker und Freizeitsportler, viele davon junge, gut ausgebildete Dominikaner sowie Kinder das städtische Naherholungsgebiet nutzen können.

Das Einkaufs- und Bankenviertel

Die Stadtteile Naco und Piantini gelten als die Banken- und Geschäftszentren der Stadt, komplimentiert von den entsprechenden Versorgungseinrichtungen wie Läden mit hipper Mode, Einkaufszentren und Supermärkten, in denen es an nichts fehlt, was man auch in Europa kennt. Daneben stehen »Torres Altos«, wie die Wolkenkratzer im Land genannt werden, in denen IT-Unternehmen, Kommunikationsanbieter und auch Bankenzentralen ihren Sitz haben oder sich Hotels befinden. Entsprechend elegant und mondän sind dadurch auch die Restaurants und Vergnügungseinrichtungen. Allerdings sind die Gegenden aufgrund ihrer Weitläufigkeit nicht dazu geeignet, spazieren zu gehen oder einen touristischen Schaufensterbummel zu unternehmen. Wer tags-

Oben: Hochhäuser am Park Mirador del Sur ermöglichen exklusives Wohnen mit Parkanbindung.
Unten: Für Jogger hat die Parkverwaltung des Mirador del Sur gut sichtbare Kilometersteine erbaut.

SANTO DOMINGO

Oben: Das Kulturzentrum Palacio Bellas Artes ist ein Prachtbau im neoklassizistischen Stil.
Mitte: Eine Blumenuhr begrüßt die Besucher des Jardín Botànico in Arroyo Hondo.
Unten: Der Japanische Garten ist eine Attraktion für Jung und Alt.

über einkaufen oder abends in die Kneipe »geht«, muss schon den Wagen benutzen.

Das Museum Bellapart

Mitten in diesem Hochhaus-Ambiente befindet sich an der Avendia John F. Kennedy das Museum Bellaparte im fünften Stockwerk eines Bürohauses. Der katalanische Unternehmer Juan José Bellapart hat 1999 seine Sammlung dominikanischer Maler des 19. und 20. Jahrhunderts ausgestellt – eine beeindruckende und vor allem sehr repräsentative Gemäldesammlung. Insgesamt gehören zur Sammlung 2000 Meisterwerke von einheimischen Künstlern. Sie zeigt unter anderem auch Werke des jüdisch-deutschen Malers Georg Hausdorf (1894–1959), der auf der Flucht vor den Nazis im Land Zuflucht fand und an der dominikanischen Kunstakademie lehrte.

Palacio Bellas Artes

Der Kultur ist auch der Palast der Schönen Künste verbunden. Das neoklassizistische Gebäude wurde auf Veranlassung von Trujillo 1956 erbaut und verfügt über einen Theatersaal mit über 600 Sitzplätzen. In dem Kunstpalast sind das klassische und folkloristische Nationalballett, der Nationalchor, das Symphonieorchester des Landes sowie die staatliche Tanz- und Theaterschule untergebracht.

Der Botanische Garten

Der Jardín Botánico Nacional ist ein einmaliges, städtisches Juwel, das in der nördlichen Verlängerung der Avenida Churchill liegt. Der nach dem bekanntesten Botaniker des Landes, Rafael María Moscoso (1874–1951), benannte Botanische Garten breitet sich über mehr als 200 Hektar aus und

Santo Domingo

bietet nicht nur einen einmaligen Eindruck der Flora des Landes, sondern eine Kulturlandschaft, die man mit einem kleinen Zug mit fachkundiger Begleitung durchfahren und genießen kann. Das 1976 geschaffene Gelände gehört zu den zehn schönsten Botanischen Gärten in der Welt. Im Eingangsbereich befindet sich eine riesige blumenbegrünte Uhr.

Im Garten befindet sich die vermutlich kompletteste Sammlung einheimischer Bäume und Sträucher, darunter auch Exemplare des Mahagonibaumes, dem Nationalbaum des Landes sowie Fruchtbäume und Nutzpflanzen. Mit 8000 Quadratmetern ist der Palmengarten mit über 200 verschiedenen Arten der größte zusammenhängende Bereich, in dem neben den wenigen endemischen Palmen Exemplare dieser Spezies aus aller Welt gezeigt werden. Schmuckstück des Gartens ist sicherlich der Japanische Garten als Sinnbild der Harmonie zwischen Mensch und Natur und das großzügig angelegte Orchideenhaus, in dem neben Bromelien, Farnen und Wasserpflanzen über 300 einheimische Orchideenarten zu bewundern sind.

Zoologischer Garten

Auch der Parque Zoológico Nacional Dr. Manuel Valverde Podestá ist mit 1,25 Quadratkilometern ein Park der Superlative, in dem man sich während eines ganzen Tages verlieren kann. In der großzügigen Anlage mit insgesamt acht Kilometern Wegen steht ein Räderzug für die Besucher zur Verfügung. Neben exotischen afrikanischen Tieren wie Löwen und Affen, bengalischen Tigern, Jaguaren und Bären präsentiert der 1974 eröffnete Zoologische Garten in seinen Freigehegen eine umfangreiche Sammlung von einheimischen Tieren.

AUTORENTIPP!

EL CONUCO

Diese dominikanische Erlebnisgastronomie mit Büfett und Folkloreshow sollte sich niemand entgehen lassen beim Besuch der Stadt. Touristisch es ist zugegebenermaßen, trotzdem verdichtet sich in dem Restaurant alles, was dominikanische Lebensfreude auszeichnet: Musik, Tanz, feiern und genießen. Gestaltet ist das Lokal im zentrumsnahen, idyllisch gelegenen Stadtteil Gazcue wie ein Bauernhof auf dem Land. »Conuco« ist der Obst- und Gemüsegarten der Dominikaner. Und so empfindet man auch die Umgebung mit der Tante-Emma-Laden-Kulisse und dem bäuerlichen Angebot. Dazu kommen folgende Kellnerinnen und Kellner, die nicht nur typische Tänze präsentieren, sondern die Besucher auch auffordern, zwischen Vorspeise und Hauptgericht das Tanzbein zu schwingen.

El Conuco. Tägl. Mo–Fr 7–24, Sa, So 11–24 Uhr, Calle Casimiro de Moya 152, Gazcue, Santo Domingo, D.N., Tel. 1809/686 01 29, www.elconuco.com.do

Im Zoologischen Garten gibt es auch Exoten wie den Leoparden.

Infos und Adressen

SEHENSWÜRDIGKEITEN

Jardín Botànico Nacional Dr. Rafael María Moscoso. Mo–So 9–17 Uhr, Erwachsene 70, Kinder 50 €, Avenida República de Argentina, Santo Domingo, D.N., Tel. 1809/385 26 11, www.jbn.gob.do

Museo Bellapart. Mo–Fr 9–18, Sa 9–12 Uhr, Edificio Honda, 5. Stock, Avenida J. F. Kennedy, Ecke Calle Dr. Lembert Peguero, Ensanche Naco, Santo Domingo, D.N., Tel. 1809/541 77 21, App. 296, www.museobellapart.com

Palacio de Bellas Artes. Avenida Máximo Gómez, Ecke Avenida Independencia, Tel. 1809/682 13 25

Parque Zoológico Nacional Dr. Manuel Valverde Podestá. Di–So 9–17 Uhr, Kinder 60, Erwachsene 100,- RD$, Avenida La Vega Real Arroyo Hondo, Santo Domingo, D.N., Tel. 1809/378 21 49, www.zoodom.gov.do

Im Parque Zoológico lebt eine bedeutende Flamingo-Kolonie.

Durch den Jardín Botànico fährt regelmäßig ein Shuttlezug.

ESSEN UND TRINKEN

Adrian Tropical Food. Gestampfte Kochbananen mit Schweineschwarte oder Garnelen sind neben Bratwurst die Spezialität. So–Do 7–24, Fr, Sa 7–2 Uhr, Avenida 27 de Febrero 429, Ecke Nuñez de Caceres, Ensanche Quisqueya, Santo Domingo, D.N., Tel. 1809/472 17 63

Adrian Tropical Lincóln. So–Do 7–24, Fr, Sa 7–2 Uhr, Avenida Abraham Lincoln 304, Ecke Rafael Augusto Sánchez, Ensanche Piantini, Santo Domingo, D.N., Tel. 1809/565 92 36

Arrozsal und **El Higüero.** Dominikanische Küche in dem einen, internationale Gerichte in dem anderen am Seepark. Mo–Do 12–24, Fr–Sa 12–1, So 10.30–24 Uhr, Avenida Anacaona 24, Parque Mirador Sur, Los Cacicazgos, Tel. 1809/338 52 46, www.arrozsal.do

El Mesón de La Cava. 15 Meter unter der Erde, in einer Höhle, werden die internationalen Speisen aufgetragen. So–Do 11–12, Fr, Sa 11–2 Uhr, Avenida Mirador del Sur 1, Mirador del Sur, Santo Domingo, D.N., Tel. 1809/953 28 18, www.elmesondelacava.com

Kisch Tropical Experience. Deutsches Bier und deutsche Würstchen. Mo–Do 17–24, Fr, Sa 17–1 Uhr, Calle Jacinto Mañón, Ecke Calle Manuel de Jesús Troncoso, Ensanche Paraíso, Santo Domingo, D.N., Tel. 1809/565 72 78

Scherezade. Arabische Küche in dominikanischer Adaption. Mo–Sa 11–24, So 11–18 Uhr, Avenida Ingeniero Roberto Pastoriza 226, Santo Domingo, D.N., Tel. 1809/227 23 23

ÜBERNACHTEN

Dominican Fiesta Hotel. Exklusives Hotel in exklusiver Umgebung. Avenida Anacaona 101, Los Cacicazgos, Santo Domingo, D.N., Tel. 1809/482 89 39, www.dominicanfiesta hotelcasino.com

Santo Domingo

Hotel Hispaniola & Casino. Avenida Independencia, Ecke Avenida Abraham Lincoln, Santo Domingo, D.N., Tel. 1809/221 71 11, www.hotelhispaniola.com

Hotel Plaza Naco. Hotel mitten in der Geschäftszone der neuen Stadt. Calle Presidente González 10, Santo Domingo, D.N., Tel. 1809/541 62 26, www.hotelplazanaco.com

Occidental El Embajador Hotel. Im Garten des sehr gediegenen Hotels lebt eine Kolonie von Cotora-Papageien. Calle Embajador 65, Avenida Sarasota, Bella Vista, Santo Domingo, D.N., Tel. 1809/221 21 31, www.occidentalhotels.com

AUSGEHEN

Hard Rock Café. Das renommierte Café bietet regelmäßig Livekonzerte. So–Do 12–24, Fr, Sa 12–1 Uhr, Blue Mall, 4. Stock, Avenida Winstón Churchill 80, Santo Domingo, D.N., Tel. 1809/686 77 71, www.hardrock.com/cafes/santo-domingo

EINKAUFEN

Acrópolis Center. Shopping Mall. Mo–Sa 10–20, So 11–18 Uhr, Avenida Winston Churchill, Ecke Calle Rafael Augusto Sánchez, Ensanche Piantini, Altos del Galá, Santo Domingo, D.N., Tel. 1809/955 20 20, www.acropolisdr.com

Ágora Mall. Shopping Mall. Mo–Sa 8–21, So 10–24 Uhr, Avenida Abraham Lincoln, Ecke Avenida John F. Kennedy, Santo Domingo, D.N., Tel. 1809/472 20 76, www.agora.com.do

Bella Vista Mall. Shopping Mall. Mo–Sa 8–21, So 10–22 Uhr, Calle Los Arrayanes 62, Ecke Avenida Sarasota, Ensanche Bella Vista, Santo Domingo, D.N., Tel. 1809/255 06 64, www.bellavistamall.net

Blue Mall. Shopping Mall. Mo–Sa 10–21, So 12–20 Uhr, Avenida Winston Churchill 80, Santo Domingo, D.N., Tel. 1809/955 30 00, www.bluemall.com.do

Diamond Mall. Shopping Mall. Mo–Sa 10–21, So 12–20 Uhr Avenida Los Próceres, Ecke Calle Euclides Morillo, Arroyo Hondo Viejo, Santo Domingo, D.N., Tel. 1809/334 62 56, www.diamondmall.com.do

Francisco Nader Art Gallery. Calle Rafael Augusto Sánchez, Ecke Frederico Geraldino, Santo Domingo, D.N.

Galería Cándido Bidó. Calle Dr. Báez, Santo Domingo, D.N.

Sambil. Shopping Mall. Mo–Sa 10–21, So 12–24 Uhr, Avenida John F. Kennedy, Ecke Paseo Los Aviadores, Santo Domingo, D.N., Tel. 1809/234 56 78, App. 30 01/30 02, www.sambil.com

AKTIVITÄTEN

Stadtrundfahrt. Vierstündige Tour durch Santo Domingo in Kleinbussen. Sprachen: Englisch, Spanisch, Französisch, Italienisch, Portugiesisch. Di–Sa 9–9.15, 14–14.15, So 9–9.15 Uhr, Abholung im Hotel 33 US$, Avenida George Washington 365, Santo Domingo, Tel. 1809/688 31 95, www.graylinedr.com

INFORMATION

www.santodomingotourism.com

Blitzblank zu jeder Tageszeit: Schuhputzer bieten im Parque Colón ihre Dienste an.

35

SANTO DOMINGO

2 Zona Colonial
Die erste spanische Kolonialstadt

Santo Domingo de Gúzman ist die älteste Kolonialstadt Amerikas und inzwischen auch die größte in der gesamten Karibik. Aber nur das kleine Zentrum mit den Kolonialbauten direkt am Karibischen Meer versprüht mit seinen zahlreichen historischen Häusern und Palästen aus der Gründerzeit des 16. Jahrhunderts noch so etwas wie den Charme vergangener Zeiten. Die Zona Colonial wurde 1990 von der UNESCO zum erhaltenswerten Weltkulturerbe erklärt.

In der Altstadt von Santo Domingo lässt einen die Schönheit der kolonialen Paläste mit ihren verträumten spanischen Innenhöfen (Patios), in denen Springbrunnen plätschern, und die Vielzahl der Sehenswürdigkeiten schnell die Zeit vergessen. Wer dieses 93 Hektar große Areal bis in seine letzten Winkel kennenlernen will, muss sich Zeit nehmen, um beim Bummel durch die Gassen und

Mitte: Zahlreiche Zeugnisse der Kolonisation sind hier erhalten.
Unten: Eine Kutschfahrt durch die Altstadt in einem Kunstobjekt: Von namhaften Künstlern wurden die Kutschen gestaltet.

> ## MAL EHRLICH
> **PARADIES FÜR SCHNÄPPCHENJÄGER**
> Wer nicht gut feilschen kann, wird auf dem Mercado Modelo unglücklich. Die meisten angebotenen Erinnerungsstücke an den Urlaub sind eher billigerer Natur zu manchmal saftigen Preisen. Nur wer sucht, kann auch hinter die Kulissen und den Malern der billigen Massenware an haitianischer, naiver Malerei über die Schulter schauen. Wer sich auf die Rückseite des Marktes vorwagt, findet sogar Blumen, Gemüse, Heilkräuter und Ritualprodukte für die Heiligenverehrung.

Zona Colonial

Gässchen noch die Aura der Kolonialepoche zu spüren und die Lebensfreude der Altstadtbewohner zu erleben. Über 300 Gebäude stehen unter Denkmalschutz, viele von ihnen wurden in den letzten Jahren aufwendig restauriert und zu Kulturzentren oder Hotels umgebaut. Von den Bauten der ersten Siedlungsgründung östlich des Ozama ist nur die steinerne Rosario-Kapelle stehen geblieben. Vom Balkon des Kolumbushauses auf der Plaza España kann man sehr gut aus der Ferne die für den spanischen Baustil typische Kirche betrachten. Das Gebäude selbst steht auf Privatgelände, Besucher sind nicht erwünscht.

Der Bau der Stadtmauer

Einstmals umfriedete die 1543 begonnene dicke, früher rund 4,5 Kilometer lange Stadtmauer aus Kalk- und Korallenstein ein Gebiet von rund 130 Fußballfeldern: Rund zehn verstärkte Eingangstore boten Zugang zur Siedlung, die in diesen Jahren immer wieder Angriffsziel von Piraten war. Kaum fertiggestellt, zerstörten mehrere Erdbeben 1562 die Festungsmauern. Der Neubau hielt bis Mitte des 19. Jahrhunderts, als die Stadt aus den Nähten platzte. Wichtigste Zugangspforten waren die Puerta del Conde, die Teil der Festung San Genaro an der Westseite war und die Puerta Don Diego im Osten, hinter der sich auch die Warenhäuser der Kolonialstadt befanden. Die rund 20 Meter hohe, mit Zinnen bewehrte Mauer in der südlichen Verlängerung stammt jedoch aus dem Jahr 1935 und sollte die Altstadt auf dem Felsen über dem Malecón sichtbar begrenzen.

Die Festungen

An den Ecken der nicht genau rechtwinkligen Verteidigungsanlage befanden sich dickwandige Befestigungsanlagen: Im Südosten die Fortaleza

AUTORENTIPP!

LUXUS MIT WOHLFÜHLFAKTOR
Ganz unscheinbar präsentiert sich das Boutiquehotel und kommt ohne große Fassadenreklame aus. Dafür hat der Besitzer darauf geachtet, dass die Inneneinrichtung die richtige Mischung zwischen Luxus und Wohlfühlfaktor gefunden hat. Im lang gezogenen Patio ist sogar Platz für einen Pool. Jedes Zimmer hat seinen eigenen individuellen Touch. Dazu kommt, gegenüber des Gebäudes gelegen, ein Internet- und Businesscenter. Wer nicht ausgelastet ist, kann sich in der hoteleigenen Muckibude fit halten. Große Werbung für Casa Sánchez muss nicht gemacht werden, denn das wunderbare, hell gestaltete Hotel lebt von der Mundpropaganda seiner Gäste, von denen viele immer wiederkommen.

Casa Sanchez Boutique Hotel.
Calle Sánchez 260, Zona Colonial,
Santo Domingo, D.N.,
Tel. 1809/682 73 21,
www.casasanchezhotel.com

Das Boutiquehotel »Casa Sanchez« bietet Pool und Wellness an.

AUTORENTIPP!

DREI JAHRZEHNTE KULTURZENTRUM

Es gibt nur wenige dominikanische Künstler, die nicht auf der Bühne der Casa de Teatro ihre ersten Karriereschritte gemacht haben. Seit drei Jahrzehnten betreibt der Bohemien und PR-Unternehmer Fredy Ginebra in dem ehemaligen kolonialen Wohnhaus eine Kulturstätte für Musik, Theater, Poesie, Malerei sowie Foto und Film. Juan Luis Guerra hat hier seine Karriere begonnen, ebenso wie Xiomara Fortuna, Maridalia, Ilka Mateo und Duluc sowie die verstorbenen Sonja Silvestre und Luis Díaz. Die kubanischen Vertreter der Nueva Trova Silvio Rodríguez und Pablo Milanés sind ständige Gäste. Die jährlichen Foto-, Mal-, Poesie- und Literaturpreise des Kulturtheaters sind hoch begehrt. Und abends ist die Hinterhofbar mit Livemusik ein beliebter Treffpunkt.

Casa de Teatro. Mo–Do 9–13, 14.30–1, Fr 9–13, 14.30–3, Sa 10–13, 14.30–3 Uhr, Calle Arzobispo Meriño 110, Zona Colonial, Santo Domingo, D.N., Tel. 1809/689 34 30.

Die Casa de Teatro ist ein besuchenswertes Kulturzentrum.

SANTO DOMINGO

Ozama, im Südwesten das Fort San Gill, im Nordwesten der Fuerte de la Concepción, von dem noch Aufbauten vorhanden sind. Die Grundstruktur sieht man auf der Straße mit Korallensteinen markiert. Im Nordosten wachte die Festung Angulo über die Sicherheit der Stadt. Die Puerta de la Misericordia, das Tor der Barmherzigkeit, wurde 1543 gebaut. Barmherzig ging es hier nicht zu, denn über Jahrzehnte wurde der Platz vor dem Westtor als Hinrichtungsstätte genutzt. Die Stadtmauer an dem beliebten Nachbarschaftstreffpunkt verliert sich in den angrenzenden Häusern als Grundmauer.

Trujillo und die Altstadt

Während der Trujillo-Ära war die Zona Colonial Regierungsviertel, längs der Calle Isabela La Católica befand sich in den Casas Reales der Präsidentenpalast, an der Plaza Colón das Parlament. Mit dem Ende der Diktatur verlor das Viertel diese Bedeutung. Trujillo hatte vorher schon den Palacio Nacional bauen lassen. Der spätere Aufstand verfassungstreuer Offiziere und die US-Besetzung im April 1965 richteten schwere Schäden an, denn in der Altstadt hatten sich die Aufständischen über Monate verschanzt. Später verfielen die Kolonialgebäude zusehends. Die Rettung kam 1990 mit der Erklärung zum Weltkulturerbe und in den letzten Jahren mit aufwendigen Restaurationsprojekten in den kolonialen Gassen.

Konzertplatz Plaza España

Die große Freifläche vor dem Kolumbus-Palast auf der Plaza España ist ein guter Ausgangspunkt für die Besichtigung der fast 525 Jahre alten kolonialen Stadt. Sie ist besonders am Wochenende Ziel von Ausflüglern. Abends finden oft Konzerte statt, bei denen man in den Open-Air-Restaurants am

Zona Colonial

Westrand in der ersten Reihe sitzt. Im Norden des Platzes liegt die Calle Atarazana. In der Straße befanden sich zu Gründungszeiten die Warenhäuser, heute Restaurants und Bars.

Die Straße der Damen

Die Calle Las Damas ist nicht nur die älteste Straße, sondern war schon frühzeitig befestigt, damit die Damen der Eroberer, die Ovando aus Spanien nachkommen ließ, sich trockenen Fußes bewegen konnten. In der Straße befindet sich das Pantheon Nacional: Gegenüber steht der Palast der spanischen Adelsfamilie Dávila, deren Wappen noch heute an der Fassade zu sehen ist. Daneben ließ sich der Stadtgründer Nicolás de Ovando einen Palast errichten. In beiden Gebäuden befindet sich ein Hotel, von dessen Poolterrasse man einen schönen Blick auf den Fluss und das Ostufer hat.

Die Fortaleza Ozama

Die Festung oberhalb des Ozama-Flusses ist die älteste Militäranlage des Kontinents und Teil der Gebäude, die bei der Gründung errichtet wurden. Der 18 Meter hohe »Huldigungsturm« (Torre de Hommenaje) entstand zwischen 1503 und 1507 und ist ebenso wie die unteren Verteidigungsplattformen mit Zinnen gekrönt. Rechter Hand liegt das ehemalige Pulver- und Waffenlager, ein solide gebautes Haus mit drei Meter dicken Mauern. Im Hof des Geländes, das noch bis in die 1960er-Jahre als Gefängnis genutzt wurde, steht die Bronzestatue von Gonzalo Fernández de Oviedo, der die erste umfassende historische Dokumentensammlung veröffentlicht hat. Erst fast 300 Jahre später wurde das neuklassizistische Eingangsportal der Festung gebaut, die verschiedene, nicht unbedingt gelungene Umbauten erfahren hat. Zur Entspannung kann man danach über den

Oben: Die Torre de Homenaje in der Fortaleza Ozama war Wehrburg und Gefängnis.
Mitte: In der Fußgängerzone El Conde
Unten: Restaurants auf der Plaza de España sind tagsüber und abends zum Essen beliebt.

SANTO DOMINGO

kleinen Platz am Ende der Las Damas vorbei am spanischen Kulturzentrum und durch die Calle Arzobispo Portes schlendern mit ihren kleinen Familienhäusern, in deren Hauseingang am Nachmittag die Menschen sitzen und mit den Nachbarn plaudern oder Domino spielen.

Parque Independencia und Puerta del Conde

An dem ehemaligen Haupteingang in die Kolonialstadt wurde am 27. Februar 1844 mit ein paar Schüssen und dem Hissen der Nationalfahne der neuen Republik die dominikanische Unabhängigkeit ausgerufen. Das 2014 aufwendig renovierte und neu verputzte Grafentor führt in den Parque Independencia. Teile des eingezäunten Areals gehörten früher zur innerstädtischen Verteidigungsanlage. Heute befindet sich dort der Altar de la Patria. In dem Nationaldenkmal brennt die ewige Flamme und sind die sterblichen Überreste der Staatsgründer, Juan Pablo Duarte (1813–1876), Matías Ramón Mella (1816–1864) und Francisco del Rosario Sánchez (1817–1861) beigesetzt. Im Parque Independencia befindet sich auch der sogenannte Kilometer Cero, von dem aus die Entfernungen zu allen Ortschaften und Plätzen im Land gemessen werden.

Friedhof Independencia

Hinter dem Platz liegt am westlichen Ende der ehemalige Stadtfriedhof. Der 16 000 Quadratmeter umfassende Cementerio Cosmopolita wurde 1824 eingeweiht. Anfangs durften auf dem Gäberfeld ausschließlich Personen römisch-katholischen Glaubens beigesetzt werden. Diese Regelung wurde später aufgehoben und der Friedhof auch als »Ausländer-Grabstätte« genutzt. Aus diesem Grund findet man hier auch sechs jüdische

Oben: Wahrzeichen der Fußgängerzone El Conde ist der Palacio Consistorial am Parque Colón.
Unten: Die Kundschaft für die Schuhputzer auf der Plaza Colón kommt zu allen Tageszeiten.

Zona Colonial

Gräber, das älteste ist mit 1826 datiert. Der Totenacker, inzwischen sehr verwahrlost, verfügt jedoch über zahlreiche interessante und historisch wertvolle Grabmäler.

Calle El Conde

Von der Puerta del Conde führt eine Fußgängerzone gradlinig nach Osten, die Calle El Conde. Die erste in den 1970er-Jahren für den Autoverkehr gesperrte Einkaufsstraße endet nach rund einem Kilometer oberhalb der Hafenstraße des Río Ozama und teilt die Zona Colonial in einen südlichen und nördlichen Teil. Den einstigen Reichtum der Zone merkt man an den in den 1920er-Jahren entstandenen, ehemals pracht- und prunkvollen Art-déco-Gebäuden, die rechts und links der Straße stehen.

Mit fein ziselierten Balkonen und Fassadenornamentik haben verschiedene dominikanische Baumeister und Architekten versucht, sich ein städtebauliches Denkmal zu setzen. Allerdings steht die Mehrzahl dieser Gebäude in den oberen Stockwerken leer und harrt einer längst notwendigen Renovierung. Einen Abstecher hinauf zur Calle Hostos/Ecke Calle Las Mercedes lohnt sich, die fotogenste Ecke der Altstadt, die immer wieder Kulisse für Dreharbeiten ist.

Parque Colón

Den Abend kann man gut auf der Plaza Colón im Schatten der riesigen Laurelbäume ausklingen lassen. Der Kathedralenvorplatz entwickelt sich abends und an Wochenenden zu einem belebten Treffpunkt. Schuhputzer bieten ihren Dienst an, um die schmutzigen Schuhe vom Staub zu befreien, Musiker spielen Merengue- und Bachata-Gassenhauer vor dem Terrassencafé El Conde.

AUTORENTIPP!

DER BEKANNTE GEHEIMTIPP

Ein Geheimtipp für gutes dominikanisches Essen in der Altstadt ist die Mesón D'Barí wirklich nicht mehr, ein Muss für einen erinnerungswürdigen Abend jedoch noch immer. In dem zweigeschossigen Eckhaus in der belebten Calle Hostos treffen sich dominikanische Prominente, Geschäftsleute, Politiker und Diplomaten auf einen Trago und stehen auch mal Zigarren schmauchend mit dem Rumglas vor der Tür. Künstlerisch ist das Lokal mit zahlreichen Gemälden dominikanischer Maler dekoriert, Museumsqualität für einen Rundgang zwischen den Essensgängen. Dazu kommt, dass die landestypischen Spezialitäten zu moderaten Preisen angeboten werden. Neben der Qualität ein weiteres Erfolgsgeheimnis der Betreiber, deren Krabbenpasteten, Ziegenfleisch- und Perlhuhngerichte und Trompetenschneckenragout legendär sind.

Mesón D'Bari. Tägl. 12–24 Uhr, Calle Hostos 302, Ecke Calle Salomé Ureña, Zona Colonial, Santo Domingo, D.N., Tel. 1809/687 40 91

Auf dem ältesten Friedhof wird niemand mehr beigesetzt.

Infos und Adressen

SEHENSWÜRDIGKEITEN
Fortaleza Ozama. Tägl. 9–18 Uhr, 60 RD$, Calle Las Damas, Ecke Calle Pellerano Alfau, Zona Colonial, Santo Domingo, D.N., Tel. 1809/686 02 22

Chinesischer Markt. Der kleine Straßenmarkt ist eine echte Sehenswürdigkeit. So 8–12 Uhr, Avenida Duarte, Ecke Avenida Mella, Zona Colonial, Santo Domingo, D.N.

ESSEN UND TRINKEN
Café Paco Cabano. Französisches Café mit täglich frischem Baguette und Kuchen. Tägl. 8–20 Uhr, Calle El Conde 251, Zona Colonial, Santo Domingo, D.N., Tel. 1809/682 31 73

In La Alpargatería werden spanische Espadrillos-Schuhe noch handgenäht.

Grand's Cafetería. Rund um die Uhr offen am Anfang der Fußgängerzone. Tägl. 0–24 Uhr, Calle El Conde, Ecke Calle Palo Hincado, Zona Colonial, Santo Domingo, D.N., Tel. 1809/685 55 77, www.grandscafe.com.do

La Alpargatería. Vorne kann man sich Espandrillo-Schuhe maßanfertigen lassen, in den Hinterräumen und im Patio verbirgt sich eine gemütliche Kneipe mit spanischem Essen. Di–So 16–23 Uhr, Calle Salomé Ureña 59, Zona Colonial, Santo Domingo, D.N., Tel. 1809/221 31 58

ÜBERNACHTEN
Billini Hotel. Historische Luxusherberge mit allen nur erdenklichen Bequemlichkeiten. Calle Padre Billini 256–258, Santo Domingo, D.N., Tel. 1809/338 40 40, www.billinihotel.com

Boutique Hotel Palacio. Wohnen hinter dem Köln-Wappen im Kolonialgebäude. Calle Duarte 106, Ecke Calle Salomé Ureña, Zona Colonial, Santo Domingo, D.N., Tel. 1809/682 47 30, www.hotel-palacio.com

Casa Naemie. Gayfreundliches Hotel in historischem Gebäude. Calle Isabel La Católica 11, Zona Colonial, Santo Domingo, D.N., Tel. 1809/689 22 15, www.casanaemie.com

Gran Hotel Reina Isabel. Groß ist es nicht, aber das Zimmer 15 hat einen tollen Blick auf die Fußgängerzone. Calle El Conde 464, Eingang Calle Espaillat, Zona Colonial, Santo Domingo, D.N., Tel. 1809/687 28 80, www.granhotelreinaisabel.com

Hostal Casa Grande. Preiswerte, geschmackvolle Unterkunft für Backpacker. Calle Sánchez 254, Zona Colonial, Santo Domingo, D.N., Tel. 1809/686 11 99, www.hostalcasagrande.com

Hotel Portes 9. Kleines, sehr familiäres Boutiquehotel mit sechs Zimmern. Calle Arzobispo Portes 9, Colonial Zone, Santo Domingo, D.N., Tel. 1849/943 20 39, www.portes9.com

Hotel Villa Colonial. Das Art-déco-Hotel bietet Komfort und Ruhe. Calle Sánchez 157, Zona Colonial, Santo Domingo, D.N., Tel. 1809/221 10 49, www.villacolonial.net

EINKAUFEN
Boutique del Fumador. Dem Zigarrenroller von Caoba Cigars kann man über die Schulter schauen. Mo–Sa 9–19, Sa 10–15 Uhr, Calle El Conde 109, Zona Colonial, Santo Domingo, D.N., Tel. 1809/685 64 25

Zona Colonial

Columbus Plaza. Calle Arzobispo Meriño 206, Zona Colonial, Santo Domingo, D.N.

Felipe & Co. Geschmackvolles Kunsthandwerk. Tägl. 10–19 Uhr, Calle El Conde 105, Plaza Colón, Zona Colonial, Santo Domingo, D.N., Tel. 1809/689 58 12

Hombres de las Américas. Panama-Hüte und Guayaberas, über der Hose zu tragende Leinenhemden. Mo–Sa 10–18.30 Uhr, Calle Arzobispo Meriño 255, Zona Colonial, Santo Domingo, D.N., Tel. 1809/686 24 79

Jenny Polanco Boutique. Mode von der dominikanischen Designerin Jenny Polanco. Mo–Sa 10–18 Uhr, Calle Padre Billini 53, Zona Colonial, Santo Domingo, D.N., Tel. 1809/221 37 96

La Trinitaria. Das umfangreichste Angebot an dominikanischer Literatur findet man in dem einmaligen Buchladen. Mo–Sa 8.30–18 Uhr, Calle Arzobispo Nouell 160, Zona Colonial, Santo Domingo, D.N., Tel. 1809/686 61 10

Mercado Modelo. Souvenirs, Heilkräuter, Kuriositäten, Obst und Gemüse. Mo–Sa 8–18, So 9–15 Uhr, Avenida Mella 505, Zona Colonial, Santo Domingo, D.N.

AUSGEHEN

Diam's Café Lounge. Kleine Loungebar gegenüber der Kunstschule. Tägl. 10–24 Uhr, Calle El Conde 60, Zona Colonial, Santo Domingo, D.N., Tel. 1809/221 19 48

El Espiral En Ocho. Szenekneipe mit spanischem Patio, unregelmäßig Konzerte. Mo–So 12–2 Uhr, Calle José Reyes, Ecke Salomé Ureña, Zona Colonial, Santo Domingo, D.N., Tel. 1809/686 17 65

Eli's Beer Market. 120 Biersorten gibt es, davon 13 aus Deutschland. So–Do 16–24, Fr, Sa 16–2 Uhr, Calle Isabel La Católica, Ecke Calle Padre Billini, Zona Colonial, Santo Domingo, D.N., Tel. 1829/719 03 68, Twitter @beermarketdr

Cagibajagua. Urige Kneipe, wo sich Gott und die Welt trifft. Di–Sa 20–3 Uhr, Calle Sánchez 201, Zona Colonial. Santo Domingo, D.N., Tel. 1809/333 90 60

Lulú Tasting Bar. Elegante Tapas-Bar. Tägl. 18–3 Uhr, Calle Padre Billini 151, Plazoleta Padre Billini, Zona Colonial, Santo Domingo,D.N., Tel. 1809/687 83 60, www.lulu.do

AKTIVITÄTEN

Chu Chu Colonial. Touristischer Bummelzug durch die Altstadt. Tägl. 9–17 Uhr, Touren in Spanisch, Englisch, Französisch, Italienisch und Russisch, Erwachsene 12 US $, Kinder unter 12 Jahren 7 US $, Calle El Conde 60, Ecke Calle Isabela La Católica, Zona Colonial, Santo Domingo, D.N., Tel. 1809/686 23 03, www.chuchucolonial.com

Trikke Colonial. Auf Tour mit dem elektrischen Dreirad durch die Altstadt. Tägl. 9–18 Uhr, 90 Minuten 49,99 US $, 60 Minuten 35 US $, Calle El Conde 101 Plaza Colón, fast Ecke Calle Isabel La Católica, Zona Colonial, Santo Domingo, D.N., Tel. 1809/221 80 97, www.trikke.do

INFORMATION
www.zonacolonial.com

Viele der Altstadthäuser in der Zona Colonial haben begrünte Hinterhöfe.

SANTO DOMINGO

3 Die klerikale Altstadt
Der Brückenkopf für die Mission

Die koloniale Altstadt Santo Domingos war nicht nur Ausgangspunkt für die Eroberung des amerikanischen Kontinents durch die Spanier, sie war auch Brückenkopf bei der Christianisierung Amerikas und für viele Geistliche und Mönche erste Station auf ihrem Weg in andere Länder des neuen Kontinents. Vom Missionierungsgedanken zeugen noch heute die zahlreichen Kirchen und Ordensgebäude.

Das Kloster Monasterio de San Francisco ist ein historisches Kulturdenkmal, weil es eines der ersten Religionsgebäude und Klöster war. Der Baubeginn 1508 fällt zusammen mit der Ankunft der ersten Franziskanermönche auf der Insel. Aber schon in der Bauphase wurde das Gebäude von einem Hurrikan verwüstet, jedoch wieder aufgebaut. Das Kirchenschiff, von dem heute noch die Außenmauer und der Chorbereich zu sehen sind, wurde 1556 fertiggestellt. Durch seine strategische Lage auf einem Hügel über der Altstadt war

Mitte: Die Kirche Santa Bàrbara an der nördlichen Stadtmauer liegt im ehemaligen Steinmetzviertel.
Unten: Sonntags wird vor der Klosterruine San Francisco in der Calle Hostos zum Tanz auf der Straße aufgespielt.

MAL EHRLICH
GUTE UND SCHLECHTE REISEFÜHRER
Auf der Plaza de Colón drängeln sich viele Touristenführer, um gegen Entlohnung den Besuchern die koloniale Altstadt zu zeigen. Die wenigsten glänzen allerdings durch gute Sprach- und Historienkenntnis, auch wenn sie mit selbst gemachten Ausweisen untermauern wollen, im offiziellen Auftrag unterwegs zu sein. In allen Attraktionen werden Audioguides mit mehrsprachigen Informationen angeboten, und ansonsten steht in den gedruckten Reiseführern garantiert mehr.

Die klerikale Altstadt

das Klostergelände immer wieder Ziel von Angriffen, auch Erdbeben trugen bereits zur Zerstörung bei.

Die Kirche Iglesia de Santa Bárbara

Der Kirchenbau am Ende der Straße Isabel La Católica hat für die dominikanische Bevölkerung eine besondere Bedeutung. In diesem kolonialen Kirchengewölbe wurde Staatsgründer Juan Pablo Duarte 1813 getauft. In ihrer Umgebung lebten die Steinmetze, die zum Bau der Stadt ins Land gekommen waren. Die Kirche ist im spanischen Rancho-Stil bereits 1513 aus Ziegelstein gebaut und teilweise verputzt worden. In jedem Jahr beginnt auf ihrem Vorplatz im Nordostteil der ummauerten Altstadt die österliche Prozession.

Die Einsiedlerkirchen

Hinter dem ehemaligen Franziskanerkloster (Ruinas de San Francisco) liegt die um die Mitte des 16. Jahrhunderts errichtete Ermita San Antón am Ende eines in Stufen aufsteigenden Platzes. San Antón wurde 1930 beim Wirbelsturm San Zenón völlig zerstört und dann in seiner heutigen Form wieder aufgebaut. Nur ein paar Straßen weiter westlich liegt die zuerst als Palmhütte erbaute Kirche San Miguel. Der Platz vor dem heutigen Steinbau ist jedes Jahr Ziel der Gläubigen des Heiligen Miguel, der im Land neben seiner volksreligiösen Popularität von vielen Homosexuellen als Schutzpatron verehrt wird. In dem kleinen Park San Miguel findet deshalb, sehr zum Ärger der offiziellen Kirche, jeweils am 29. September, ein großes, farbenfrohes Straßenfest statt. Die Kapelle de los Remedios befindet sich am Ende der Calle Las Damas direkt neben dem Hotel »Nicolás de Ovando«.

AUTORENTIPP!

DER ANKLÄGER GEGEN DIE SKLAVEREI

Antonio de Montesino (1475–1540) wurde in die Karibik zur Missionierung geschickt. Der spanische Pater erreichte die Insel im September 1510 mit den ersten Dominikanermönchen. Überall herrschte Goldgräberstimmung, die Ureinwohner wurden zur Zwangsarbeit gezwungen. Aber Montesino erhob in der Ordenskirche an der Calle Padre Billini seine Stimme gegen die Entrechtung und Ausbeutung der Taínos: »Ich sage euch, Ihr begeht eine Todsünde!« Seine Weihnachtspredigten im Dezember 1511 änderten zwar langsam die barbarischen Verhältnisse, für die Insel-Ureinwohner kamen sie allerdings zu spät. Die Mehrzahl starb aufgrund der Zwangsarbeit und durch eingeschleppte Krankheiten und wurde durch Sklaven aus Afrika ersetzt. Das 15 Meter hohe, vom mexikanischen Bildhauer Antonio Castellanos geschaffene Denkmal am Malecón zeigt den rufenden Montesino; es wurde 1982 errichtet.

Plaza Montesino mit dem Denkmal. Paseo Presidente Billini, Malecón, Zona Colonial, Santo Domingo, D.N.

Rufer gegen die Sklaverei: Dominikanermönch Antonio de Montesino

AUTORENTIPP!

PANTHEON – GRABSTÄTTE DER NATIONALHELDEN

Morgens um acht Uhr wird vor dem Pantheon de la Patria die Staatsflagge aufgezogen. Dann verharren alle Dominikaner wie versteinert zu Ehren der Fahne in der Straße. Die Besucherzeit in der ehemaligen Klosterkirche des Jesuitenordens endet erst, wenn um 18 Uhr La Bandera wieder eingeholt wird. Von 1714 bis 1745 wurde an dem Prachtbau gebaut, das später allerdings auch Verwendung als Lagerhalle und Kulturzentrum fand. Erst unter Trujillo wurde es zum Nationalen Pantheon umfunktioniert, um dort bedeutsame Persönlichkeiten beizusetzen. Heute sind dort die sterblichen Überreste von Dichtern, Denkern und Freiheitskämpfern beigesetzt und werden von einer Ehrengarde bewacht.

Pantheon de la Patria. Tägl. 8–17.45 Uhr, Calle Las Damas, Zona Colonial, Santo Domingo, D.N.

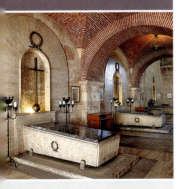

Hier befinden sich die Ehrengräber der Nationalhelden.

SANTO DOMINGO

Die Kirche San Lazarus

Von San Miguel gelangt man weiter westlich entlang der Stadtmauer zur Iglesia San Lazarus. Das im 16. Jahrhundert errichtete Kirchenschiff auf einer Anhöhe wurde mehrmals durch Naturkatastrophen schwer beschädigt. Zeitweise war auf dem Gelände auch ein Leprakrankenhaus, später wurde es als Altenpflegeheim genutzt.

Iglesia de Nuestra Señora de las Mercedes

Fertiggestellt wurde der Sakralbau in der Calle Las Mercedes 1555. Als eine der Schutzheiligen des Landes geweihte ehemalige Hauptkirche des religiös-militärischen Mercedarier-Ordens ist sie ein wichtiger Ort für die Marienanbetung und bei Brautpaaren beliebt, um sich in kolonialer Atmosphäre das Ja-Wort zu geben. Beeindruckend sind der wertvolle Mahagonialtar und die spanischen Kachelarbeiten an den Wänden. Das in der Kirche befindliche Marienbild soll Ähnlichkeiten mit der spanischen Königin Isabella II. haben.

Capilla San Andrés und Iglesia Nuestra Señora del Carmen

Die Kapelle San Andrés wurde 1562 erbaut und gehörte zum heutigen Hospital Padre Billini. Sie diente über Jahrzehnte den Karmeliterinnen als Klosterkirche, die im Krankenhaus tätig waren. Der Betraum ist durch ein Gitter von der angrenzenden Kirche Nuestra Señora del Carmen abgetrennt. Mit den Arbeiten zu dieser Kirche wurde 1615 begonnen, sie wurde 1630 beendet.

Iglesia Regina Angelorum

Die Kirche Regina Angelorum war ein Nonnenkonvent, errichtet Mitte des 16. Jahrhunderts. Im

Die klerikale Altstadt

Besichtigung der Kathedrale Santa María La Menor

Der Rundgang durch die Catedral Primada de Indias, der Hauptkirche der Stadt, dauert etwa eine halbe bis dreiviertel Stunde.

A Südportal: Haupteingang für Touristen. Sie führte zum früheren Friedhof der Stadt. Die Kathedrale ist aus Kalkstein gebaut, allerdings gibt es auch Ziegelstein- und Lehmmauern. Das dreischiffige Gebäude hat in der Mitte ein Satteldach mit Rundgewölbe. Insgesamt ist es 54 Meter lang, 23 Meter breit und 16 Meter hoch. Neben dem Chor gibt es sieben Kapellen auf jeder Seite.

B Capilla de Bautismo (Taufkapelle)

C Capilla de Santa Ana – hier richtete Sir Francis Drake sein Hauptquartier ein.

D Altar de Ave Maria

E Chor mit dem Altarbereich

F Capilla de las Ánimas

G Capilla de la Virgen de los Dolores – in dieser Kapelle wurde 1877 bei Restaurierungsarbeiten eine bleiversiegelte Gebeinkiste gefunden mit dem Hinweis, dass darin die sterblichen Überreste des hochwohlgeborenen Christoph Kolumbus deponiert wurden.

H Nordportal zur Plaza Colón – für Besucher geschlossen

I Capilla Dos Leones

J Capilla de Cosme y Damian – die Kapelle wurde als Gefängnis während der britischen Besetzung durch Drake genutzt.

K Capilla de Nuestra Señora de la Luz

L Capilla de la Virgen de Altagracia

M Capilla de la Virgen de Antigua

N West- und Hauptportal, außen im Plateresco, dem spanischen Renaissancestil; über dem Doppeltorbogen befindet sich der kaiserliche Doppeladler, das Wappen von Karl V.

O Capilla de Jesús al Pilar

P Capilla de corazón de María

Q Capilla de San Francisco

R Capilla de San Pedro

S Capilla de Santísimo Sacramento – die Säulen der Kapelle zieren Engel mit geöffneten Mündern, jeder von ihnen »formt« mit dem Mund eine unterschiedliche Musiknote.

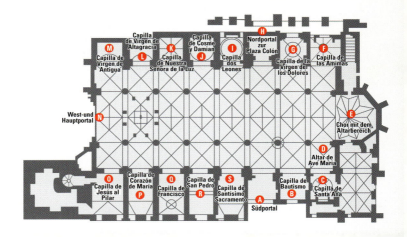

SANTO DOMINGO

Klostergarten wurden die ersten Kochbananenpflanzen gesetzt, die die Spanier mitgebracht hatten. Eine dort aufbewahrte goldene Madonna soll bei dem Überfall durch Francis Drake 1586 geraubt worden sein. Der schwere Barockaltar ist jedoch erhalten geblieben, das gemauerte Gewölbe mit seinen Strebepfeilern ist spätgotischen Ursprungs.

Convento de los Dominicos

Nur einen Häuserblock nach Osten schließt sich das bedeutende Dominikanerkloster an. Das Klostergebäude der Dominikaner wurde 1510 errichtet und beherbergte ab 1538 die erste und damit älteste Universität der Neuen Welt, die nach Thomas von Aquin benannt wurde. Sie ist die Vorläuferhochschule der heutigen staatlichen Autonomen Universität von Santo Domingo (Universidad Autónoma de Santo Domingo – UASD). In dem Gebäude finden sich viele spätgotische und barocke Baustile wieder. Ungewöhnlich sind die fünf Kapellen im Inneren der Hauptkirche, wobei die Capilla de Santísimo Sacramento die wohl ungewöhnlichste ist. Ihr Gewölbe ist mit den vier Planeten Jupiter, Mars, Saturn und Merkur, die für die Evangelisten stehen, einer Sonne als Sinnbild für Christus' und den zwölf Sternzeichen für die Apostel gestaltet. Die Sterne stehen für Heilige und Märtyrer. In diesem Sakralbau erhob 1511 von der Kanzel der Pater António de Montesino seine Stimme, um die Ausbeutung und Versklavung der Ureinwohner anzuprangern und deren Menschenrechte einzuklagen.

Oben: Über dem Westportal sieht man den Doppeladler des Habsburger Hauses.
Mitte: Im Mittelschiff des Gotteshauses waren zeitweise die Gebeine von Kolumbus beigesetzt.
Unten: Der Kreuzgang des Convento de los Dominicos

Iglesia de la Altagracia

Die der »Mutter der Hohen Gnade« geweihte Kirche de la Altagracia in der Straße Hostos, Ecke Las Mercedes, ist, auch wenn man es ihr aufgrund der

Die klerikale Altstadt

Renovierungen nicht mehr ansieht, das älteste steinerne Kirchengebäude der Stadt – 1503 gebaut. Der Fassadenbau wurde von der Renaissance mit gotischen Anspielungen inspiriert, die Innenausstattung kann ihren byzantinischen Einfluss auf die spanisch-arabische Gestaltung nicht verleugnen.

Kathedrale Primada de América Santa María la Menor

Zweifellos ist die Bischofskirche von Santo Domingo in der Altstadt das wichtigste religiöse Gebäude des Landes. Nachdem die Stadt von der Ostseite des Río Ozama an die heutige Stelle verlegt wurde, entstand zunächst ein hölzernes Gotteshaus, das 1511 durch eine Steinkirche und 1540 durch den heutigen Prachtbau abgelöst wurde. Die Pläne dafür entwarf der Architekt Alonso Rodriguez, der auch die Kathedrale in Mexiko-Stadt errichten ließ. Auf Wunsch von Kaiser Karl V. ernannte Papst Paul III. sie zur Hauptkirche und gab ihr den Namen »Primada de las Indias« (die Erste von Indien). In Erinnerung daran trägt das Doppelbogentor das doppelköpfige Adlerwappen des römisch-deutschen Kaisers aus dem Hause Habsburg.

Wer an der Außenfassade genau hinschaut, sieht auf dem nördlichen Sattel des Daches eine schwarze Kanonenkugel. Angeblich wurde sie von den Drake-Freibeutern abgefeuert und blieb in dem Dach hängen, ohne Schaden anzurichten. Der festungsähnliche Kirchenbau verfügt in seinem Inneren über zahlreiche wertvolle Altäre in insgesamt 14 Seitenkapellen. Die modernen, von dem dominikanischen Künstler Rincón Mora entworfenen Buntglasfenster wurden von der Diözese München unter Erzbischof Kardinal Wetter gestiftet.

AUTORENTIPP!

DIE STERBLICHEN ÜBERRESTE DES ADMIRALS

Die Gebeine von Christoph Kolumbus befinden sich in Santo Domingo – sagen die Historiker der Dominikanischen Republik. Spanische Humangenetiker widersprechen heftig und reklamieren in Sevilla aufbewahrte Knochenreste als die wirklichen Gebeine des Eroberers. Beide könnten recht haben. Nach dem Tod Kolumbus' im spanischen Valladolid am 20. Mai 1506 wurde er nach Santo Domingo gebracht und in der Kathedrale beigesetzt. Als Frankreich 1796 die Herrschaft über die Insel übernahm, brachten die Spanier die Kiste zuerst nach Kuba und dann nach Sevilla. Ende des 19. Jahrhunderts wurde durch Zufall in einer Seitenkapelle der dominikanischen Kathedrale eine Urne mit dem Namen von Kolumbus gefunden. Möglicherweise haben die Spanier bei ihrer überhasteten Flucht die falsche Gebeinkiste mitgenommen und die Überreste eines Verwandten im Gepäck gehabt. Nach dem Bau des Faros wurden die Gebeine dann in einen Sarkophag umgebettet.

Blank geriebene Nasen der Bronzeporträts an der Kathedrale

Infos und Adressen

SEHENSWÜRDIGKEITEN
Capilla de los Remedios. Calle Las Damas, Zona Colonial, Santo Domingo, D.N.

Catedral Primada de América. Mo–Sa 9–16 Uhr, Messe Mo–Sa 17, So 12, 17 Uhr, Plaza Colón, Calle El Conde, zwischen Calle Isabel La Católica und Calle Arzobispo Meriño, Zona Colonial, Santo Dominigo, D.N., Tel. 1809/672 38 48

Convento de los Dominicos. Tägl. 8.30–12.30, 15–18 Uhr, Calle Hostos 64, Zona Colonial, Santo Domingo, D.N., Tel. 1809/682 37 80, www.conventodominico.org

Ordensbrüder des Convento de los Dominicos

Ermita San Antón. Calle Vicente Celestino Duarte, Ecke General Cabral, Zona Colonial, Santo Domingo, D.N.

Iglesia de la Altagracia. Tägl. 8–18, Messe Di–Sa 18, So 8, 10, 18 Uhr. Calle Hostos, Ecke Calle Mercedes, Zona Colonial, Santo Domingo, D.N.

Iglesia de Nuestra Señora del Carmen. Calle Padre Bellini, Karmeliterinnen mit abgetrenntem Betraum

Iglesia de Nuestra Señora de las Mercedes. Tägl. 8–18 Uhr, Messe Mo–Sa 17.30, So 9.30, 11, 19 Uhr, Calle Mercedes, zwischen Calle José Reyes und Calle Sánchez, Zona Colonial, Santo Dominigo, D.N., Tel. 1809/682 37 44

Iglesia Regina Angelorum. Tägl. 8–18 Uhr, Messe So 18 Uhr, Calle Padre Billini, Zona Colonial, Santo Dominigo, D.N., Tel. 1809/682 27 83

Iglesia Santa Bárbara. Der Innenraum wird derzeit renoviert und ist nicht zugänglich. Calle Isabel La Católica, Zona Colonial, Santo Domingo, D.N., Tel. 1809/682 33 07

Ruinas de San Francisco. Ende Calle Hostos, Ecke Calle Emiliano Tejeta

ESSEN UND TRINKEN
Angelo. Italienische Küche in karibischem Ambiente. Mo–Fr 11–24 Uhr, Calle Atarazana 5, Plaza España, Zona Colonial, Santo Domingo, D.N., Tel. 1809/686 35 86

Antica Pizzeria. Traditionelle Holzofenpizza ist die Stärke des Hauses. Mo, Mi, Do 17–23, Fr, Sa 17–24 Uhr, So 17–23 Uhr, Calle Padre Billini, Ecke José Reyes, Zona Colonial, Santo Domingo, D.N., Tel. 1809/689 40 40

Café El Conde. Café mit großer Freiluftterrasse direkt auf dem Parque Colón, der Mitagstisch für gut 3 € unübertroffen. Mo–So 7–24 Uhr, Calle El Conde, Ecke Arzobispo Meriño, Zona Colonial, Santo Domingo, D.N., Tel. 1809/688 71 21, www.condedepenalba.com

Green Bar & Lunch. Terrassenrestaurant auf der Plaza de Colón. Calle El Conde 101, Zona Colonial, Santo Domingo, D.N., Tel. 1809/221 96 77

Restaurant Palmito Gourmet. Dominikanisches Essen in gepflegter Atmosphäre. Mo–So 11–24 Uhr, Arzobispo Portes 401, Zona Colonial, Santo Domingo, D.N., Tel. 1809/221 57 77

Rita's Café. Gemütliche Freiluftkneipe und Restaurant auf der Plaza de España. So–Do 10.30–1, Fr, Sa 10.30–3 Uhr, Calle Atarazana 27, Plaza

Die klerikale Altstadt

España, Zona Colonial, Santo Domingo, D.N., Tel. 1809/688 94 00

ÜBERNACHTEN

Antiguo Europa. Ein Steinwurf weit von der Plaza España entfernt. Calle Arzobispo Meriño, Ecke Emiliano Tejera, Zona Colonial, Santo Domingo, D.N., Tel. 1809/285 00 05, www.antiguo-Europa.com

Hotel Conde de Peñalba. Die Eckzimmer haben Balkon und Blick auf Park und Fußgängerzone. Calle El Conde, Ecke Arzobispo Meriño, Zona Colonial, Santo Domingo, D.N., Tel. 1809/688 71 21, www.condedepenalba.com

Suite Colonial Hotel. Einfach, aber geschmackvoll eingerichtetes B&B-Hotel. Calle Padre Billini 362, Zona Colonial, Santo Domingo, D.N., Tel. 1809/685 10 82, www.suitecolonial.net

AUSGEHEN

Cimarron Bar. Wummernde Bässe bis spät in die Nacht. Mi, Do 20–1, Fr, Sa 20–3 Uhr, Calle Sánchez 273, Ecke Calle Padre Billini, Zona Colonial, Santo Domingo, D.N., Tel. 1829/554 13 19

Fagoo. Bei Gays beliebte Bar. Do 22–1 Uhr Karaoke, Fr 23–3, Sa 23–3, So 11–4 Uhr, Calle Arzobispo Nouell 307, Zona Colonial, Santo Domingo, D.N., Tel. 1809/514 77 77, www.fogoord.com

La Enoteca de Vinos. Mo–So 12–2 Uhr, Calle Arzobispo Meriño, Zona Colonial, Santo Domingo, D.N., Tel. 1809/532 15 66, Twitter @laenotecard

VERANSTALTUNGEN

Weihnachtskonzert »Concierto de La Navidad del Señor«. 25. Dezember, 20 Uhr, Calle Arzobispo Meriño, Plaza Colón, Zona Colonial, Santo Domingo, D.N.

INFORMATION

Clúster Turístico de Santo Domingo. Mo–Fr 10–16 Uhr, Arzobispo Meriño 157, Zona Colonial, Santo Domingo, D.N., Tel. 1809/687 82 17, www.gosantodomingo.travel

Oficina de Turismo. Mo–Fr 9–16 Uhr, Calle Isabel La Católica 103, Zona Colonial, Santo Domingo, D.N., Tel. 1809/686 38 58, App. 13 21, www.godominicanrepublic.com
www.zonacolonial.com

In der Kolonialzeit war die Dominikanerbasilika das wichtigste religiöse Gebäude.

SANTO DOMINGO

4 Museen der Zona Colonial
Ein kunsthistorischer Blick

Nicht nur, dass die gesamte historische Altstadt von Santo Domingo ein einzigartiges architektonisches Ausstellungsgelände ist. In dem nur wenige Quadratkilometer großen Häusergebiet der historischen Altstadt wartet das Land mit einer Vielzahl von Museen auf, in denen die ereignisreiche Geschichte dieses Inselteils und seiner Bewohner dargestellt wird. Neben den historischen Museen gibt es aber auch besuchenswerte Kunst- und Kunsthandwerksgalerien.

Es gibt nicht viele Städte auf der Welt, die mit einer entsprechenden Anzahl von Ausstellungsorten aufwarten können wie die Zona Colonial von Santo Domingo. Ein halbes Dutzend Museen verteilt sich auf gerade mal fünf Quadratkilometer Fläche, im Abstand von manchmal sogar weniger als fünf Gehminuten. Nicht zu Unrecht ist sie in der Karibik die Museumsmetropole.

Mitte: Von der Terrasse des Alcazar de Colón hat man wie zu Kolumbus' Zeiten einen Panoramablick auf den Río Ozama.
Unten: Der Alcazar de Colón war der hochherrschaftliche Wohnsitz von Kolumbus' Sohn Diego und dessen Frau.

MAL EHRLICH

MUSEUM ODER VERKAUFSFÖRDERUNG?

Museumsshops gehören schon lange zum Marketingkonzept von Museen. Bei den Museen über Larimar und Bernstein ist es eher umgekehrt. Da sollen die manchmal sogar nett drapierten Ausstellungsstücke in den Laden locken, um den zu Hals-, Ohr-, Handgelenk- und Fingerschmuck verarbeiteten Halbedelsteine oder das versteinerte Harz zu verkaufen. Geschickt gemacht: Der Weg durchs Museum führt immer zurück in den Laden, wo Verkäufer mit den Pseudoschnäppchen warten.

Museen der Zona Colonial

Alcazar de Colón

Protzig und trutzig steht der zweistöckige Festungsbau auf der Plaza España. In ihm wohnte zeitweise der erste Sohn des Amerika-Entdeckers, Diego Kolumbus, spanischer Name Diego Colón (um 1480–1526) mit seiner Frau, Maria de Toledo (ca. 1490–1549), einer der engsten Vertrauten der spanischen Königin Isabella II. Der zweite Vizekönig von Neuspanien war zwar testamentarischer Erbe seines Vaters, aber von dessen Feinden auf der Insel umgeben. Sie schafften es, dass er diese Privilegien verlor, seine Frau Maria de Toledo durfte jedoch bis zu ihrem Tod in dem 1512 fertiggestellten, von der hispano-arabischen Baukunst beeinflussten Renaissancepalast wohnen. Im Jahr 1586 wurde der Palast nach der Besetzung der Stadt durch Sir Francis Drake geplündert und über die Jahre seinem Schicksal überlassen. Erst 1956 wurde die Ruine wieder aufgebaut und mit Möbeln aus der Epoche des 16. Jahrhunderts eingerichtet.

Die Einrichtungsgegenstände in den 22 Ausstellungsräumen haben niemals in dem Gebäude gestanden, sondern wurden als Antiquitäten in Spanien gekauft. Trotzdem gibt das Inventar einen stilvollen Eindruck von der Epoche, in der Diego Colón und seine Maria de Toledo durch diese Räumlichkeiten wandelten und vom Balkon aus auf den Río Ozama schauen konnten. Auch wenn das Mobiliar eher den Vorstellungen der Balaguer-Ära über die Inneneinrichtung der Kolonialzeit entspricht.

Das Kulturzentrum für Telekommunikation

Eine Reise durch die Welt der menschlichen Kommunikation bietet das Centro Cultural de las Tele-

AUTORENTIPP!

WIDERSTANDSMUSEUM

Tausende Dominikanerinnen und Dominikaner sind während des mehr als drei Jahrzehnte dauernden Terrorregimes (1930–1961) von Rafael Trujillo ermordet worden. Er unterhielt Konzentrationslager und Folterkeller, die nur wenige überlebten. 2011 wurde in der Altstadt in einem historischen Gebäude das Museo Memorial de La Resistencia Dominicana eröffnet. Konzipiert ist das Erinnerungsmuseum des Dominikanischen Widerstands nach neuesten museumsdidaktischen Erkenntnissen. Es dokumentiert nicht nur die Taten des Terrorregimes, sondern schildert die historische Vorgeschichte bis zur Machtergreifung und die politischen und sozialen Folgen, die diese Diktatur auf die dominikanische Gesellschaft hatte.

Museo Memorial de La Resistencia Dominicana. Di–So 9.30–18 Uhr, Calle Arzobispo Nouell 210, Zona Colonial, Santo Domingo, D.N., Tel. 1809/563 34 63, www.museodelaresistencia.com

53

AUTORENTIPP!

KUNST IN MÖNCHSZELLEN

Einst wohnten in der Quinta Dominicana Dominikanermönche. Danach diente es während der Kolonialzeit der ersten Universität des Landes. Nach langem Leerstand kaufte der Franzose Renaud Anselin das große Kolonialgebäude aus dem beginnenden 16. Jahrhundert neben der Dominikanerkirche. Das Haus wurde in zehnjähriger Arbeit historisch getreu restauriert, der üppige Garten wieder begrünt, und in den ehemaligen Mönchszellen und gemeinschaftlichen Räumlichkeiten kann man die kleine, aber sehr ausgewählte Sammlung Anselins bewundern. Daneben bietet das private Kulturzentrum Wechselausstellungen ausländischer und dominikanischer Künstler.

Quinta Dominicana. Mo–Sa 9.30–18, So 9.30–14 Uhr, Calle Padre Billini 202, Ciudad Colonial, Santo Domingo, Tel. 1809/687 59 44, www.quintadominica.com

SANTO DOMINGO

comunicaciones. Das CCT will den Besuchern die technologische Entwicklung der Verständigung zwischen den Menschen unterhaltsam und edukativ vermitteln. Im ersten Saal wird dazu weit in die Vergangenheit zurückgegriffen und werden Formen gezeigt, sich über weite Entfernung seinem Mitmenschen verständlich zu machen. Dann geht es weiter über den Ursprung der Schrift und deren Entwicklungsprozess zur Erfindung der Telegrafie und des Telefons. Der zweite Ausstellungsraum dreht sich um die Telekommunikation in der Dominikanischen Republik seit 1920 bis heute. Im dritten Expositionssaal finden sich Fotomontagen, interaktive Boxen und eine Radiosprecherkabine, die die Atmosphäre hinter dem Mikrofon erahnen lässt und den Übergang zur Radio- und Fernsehpräsentation heute im Land bildet. Im letzten Saal wird mit dem Ausstellungsbesucher ein Blick in die Zukunft der Telekommunikation geworfen.

Casa de Tostado

Das Museum der dominikanischen Familie ist im Volksmund als »Casa de Tostado« bekannt. Das mehrgeschossige Eckhaus aus Steinquadern wurde im letzten Drittel des 16. Jahrhunderts vom spanischen Amtsschreiber Francisco de Tostado errichtet, der 1502 ins Land gekommen war. Die ehemalige herrschaftliche Residenz ist für ihr einzigartiges gotisches Doppelfenster und das ornamentale Mauerwerk im Stil der iberischen Renaissance bekannt. Dazu gibt es einen Aussichtsturm, von dem aus zu Lebzeiten dem Bauherrn ein Panoramablick auf die Stadt und vor allem den Hafen möglich war. So konnte er die am Kai liegenden Schiffe aus Übersee beobachten. Mitte des 19. Jahrhunderts diente das Gebäude Damian, dem Bruder des dominikanischen Staatspräsidenten Buenaventura Báez Méndez (1812–1884), als Residenz.

Museen der Zona Colonial

Museo de la Familia Dominicana

Im Jahr 1970 wurde das Tostado-Haus renoviert und mit Originalmöbeln aus dem 19. Jahrhundert so eingerichtet, wie es bei begüterten Familien der Stadt üblich war. Die Möbel stammen allerdings nicht aus einem Haushalt, sondern wurden von verschiedenen Familien dem Museum zur Verfügung gestellt. Das Familienmuseum bietet einen Einblick in die Wohnkultur von Stadtmenschen der Neuen Welt. Im Erdgeschoss sind in den zwei Großräumen ein Musikzimmer mit entsprechenden Instrumenten, ein typisches Büro, ein Teesalon, Esszimmer und Küche eingerichtet. Von der Küche aus gelangt man in den Patio des Hauses mit dem eigenen Brunnen. In der ersten Etage befindet sich ein großbürgerliches Nähzimmer und ein sogenanntes Verlobtenzimmer, in dem sich die beiden Brautleute in Gegenwart von elterlichen Aufpassern wenigstens gedanklich näherkommen konnten. Daneben ist ein Schlafzimmer mit Doppelbett und Wiege aufgebaut.

Museo de la Porcelana

Ein ungewöhnliches Museum findet man nur vier Häuserblocks weiter westlich vom Familienmuseum. Das Porzellanmuseum wurde auf private Initiative hin 1989 gegründet und in einem dreigeschossigen Privathaus untergebracht. Es ist das einzige Museum dieser Art in Lateinamerika. Gründerin ist Violetta Martinez, eine hochbetagte vermögende Dame, die sich der Restauration von Porzellan verschrieben und damit weltweite Anerkennung erfahren hat. Ihre Leidenschaft für das dünnwandige, feine »weiße Gold« hat sie dazu gebracht, auf ihren Arbeitsreisen durch die Kontinente Raritäten für ihre private Sammlung aufzukaufen und in die Dominikanische Republik mitzunehmen.

Oben: In der Quinta Dominicana findet man im Garten eine exquisite Sammlung historischer Skulpturen.
Unten: Wie begüterte Familien ihren Nachmittag genossen, kann man im Teezimmer im Museo de la Familia Dominicana beobachten.

Oben: Geschmackvoll werden in Glasvitrinen Bernsteinexponate im Amber World Museum präsentiert.
Unten: Bernstein zum Anfassen und zum Kaufen im Amber World Museum

SANTO DOMINGO

Im Freundinnenkreis entstand dann die Idee, die feine Porzellankollektion auch einem breiteren Publikum zugänglich zu machen und in der Dominikanischen Republik eine Ausstellungsmöglichkeit für die umfangreiche Sammlung zu schaffen. Eine Freundin schenkte ihr das maurisch wirkende Gebäude, in dem heute noch Doña Violetta in den oberen Etagen zwischen ihren Antiquitäten lebt. Zehn Säle im Parterre geben einen kunsthistorischen Überblick über die weiß glasierten Gebrauchs- und Ziergegenstände. Chinesische Vasen und Figurinen aus Porzellanerde gibt es im Museum ebenso wie maurisch inspirierte Kacheln aus spanischen Töpferwerkstätten. Die kaum 15 Zentimeter hohe, aus Kaolin geformte und glasiert gebrannte »Dama China« oder »Dama Malaba« gibt es nur ein Mal auf der Welt und wurde in Deutschland hergestellt. Daneben gibt es Präsentationen von Meißner, französischem, spanischem und englischem Porzellan.

Casa-Museo Juan Pablo Duarte

Nur wenige Meter entfernt vom Kulturzentrum für Telekommunikation befindet sich das Geburtshaus des Staatsgründers Juan Pablo Duarte, das zum Museum umgebaut wurde. Hier werden persönliche Gegenstände und Erinnerungsstücke an einen der drei Staatsgründer aufbewahrt und ausgestellt. Neben Veranstaltungen, die sich mit dem dominikanischen Staat und seinen Gründern beschäftigen, widmet sich das eigene Instituto Duartiano der Forschung zu Juan Pablo Duarte.

Probierstube im Museo del Ron y la Caña

Keine Reise ohne Mitbringsel vom Urlaub. Und im 2008 eröffneten Rum- und Zuckerrohrmuseum wird man nicht nur über den Zuckerrohranbau

Museen der Zona Colonial

und seine Verarbeitung informiert, sondern kann nach dem kurzen Rundgang an der Theke, die auch nach Schließung des Museums geöffnet bleibt, von dem destillierten Zuckerwasser probieren. In dem restaurierten Gebäude aus dem 16. Jahrhundert werden zahlreiche Bilder der kolonialen Räumlichkeiten vor dem Umbau gezeigt. Im Patio befinden sich eine Trapiche genannte Zuckerrohrpresse, außerdem Kochpfannen und natürliche jene Eichenfässer, in denen der Rum reifen muss, um seinen typischen Geschmack zu bekommen. Daneben zeigen Fotos die Ernte und Weiterverarbeitung des Destillationsprodukts. Interessant ist auch, dass im Rum-Museum alle dominikanischen Rumsorten und Jahrgangsprodukte den Besuchern direkt zum Verkauf angeboten werden. Ein guter Einblick in die Vielfalt karibischen Rums.

Museo Larimar und Amber World Museum

Um den blauweißen Halbedelstein Larimar geht es kurz hinter der Kathedrale in der Calle Isabel La Católica. Das Museo de Larimar zeigt besonders schöne und wertvolle Exemplare des Schmucksteins, der ausschließlich in den Bergen des dominikanischen Südwestens aus den Stollen gebrochen wird. Breiten Raum nimmt in dem Ausstellungsraum jedoch der Verkauf des verarbeiteten Schmuckstücks ein. Ähnlich geht es auch im privaten Amber World Museum zu. Die Ausstellung des fossilen Harzes mit seinen Tier-, Samen- und Pflanzeneinschlüssen ist zwar interessant, wenn man keine Gelegenheit hat, das wesentlich bessere Bernstein-Museum in Puerto Plata zu besuchen. Aber der Schwerpunkt in dieser Adresse liegt eindeutig auf dem Verkauf der verarbeiteten Schmuckstücke aus dem jahrtausendealten Harz.

AUTORENTIPP!

KUNST UND GEWERBE

Schon die Eingangstüren versprechen kreatives Kunsthandwerk: Roh zusammengezimmert, aber bunt zueinanderpassend versteckt sich dahinter eine ungewöhnliche Galerie für Kunst und Kunsthandwerk. Der gestaltende Künstler Alberto Noble präsentiert seine Pappmascheebilder und kreativ gestalteten Gebrauchsgegenstände für den Schreibtisch und das Bücherregal. Rafael Morla bildet mit Skulpturen aus Altholz fantastische, immer bunt angemalte einheimische Tiere und die Flora des Landes ab. Haitianische Eisenarbeiten aus ehemaligen Ölfässern, die von der Mythologie beeinflusst sind, findet man ebenso wie individuell gestaltete handgetriebene Haushaltsgegenstände. Bolós ist eine wahre Fundgrube für Kunstinteressierte.

Bolós Galeria. Tägl. 10–18 Uhr, Calle Isabel La Católica 15, Zona Colonial, Santo Domingo, D.N., Tel. 1809/686 50 73, www.galeriabolos.com

Dominikanisches Kunsthandwerk findet man in der Galeria Bolós.

Infos und Adressen

SEHENSWÜRDIGKEITEN

Alcázar de Colón. Di–Sa 9–17, So 9–16 Uhr, 100 RD $, Audioführer auch in Deutsch inbegriffen, Plaza España, Zona Colonial, Santo Domingo, D.N., Tel. 1809/682 47 50

Amber World Museum. Mo–Sa 8.30–18, So 9–13 Uhr, Calle Arzobispo Meriño, Ecke Calle Restauración, Zona Colonial, Santo Domingo, D.N., Tel. 1809/682 33 09, www.amberworldmuseum.com

Centro Cultural de las Telecomunicaciones. Di–Sa 9–16, So 10–17 Uhr, 100 RD $, Calle Isabel La Católica, Zona Colonial, Santo Domingo, D.N., Tel. 1809/732 55 55, www.cct.gob.do

Lehrstunde für Schokoladenfreunde: Kakaoschote mit rohen Kakaobohnen im ChocoMuseo

Choco Museo. Tägl. 10–19 Uhr, Calle El Conde, zwischen Calle Arzobispo Meriño und Calle Hostos, Zona Colonial, Santo Domingo, D.N., Tel. 1809/221 82 22. www.ChocoMuseo.com

Museo Casa de Duarte. Mo–Fr 8–18, Sa, So 9–16 Uhr, 100 RD $, Calle Isabel La Católica 308, Zona Colonial, Santo Domingo, D.N., Tel. 1809/687 14 36, www.institutoduartiano.org.do

Museo de la Familia Dominicana, Casa de Tostado. Mo–Sa 9–16 Uhr, 100 RD$, Calle Padre Billini, Ecke Calle Arzobispo Meriño, Zona Colonial, Santo Domingo, D.N., Tel. 1809/689 50 00

Museo de Larimar. Mo–Sa 8.30–18, So 9–13 Uhr, Calle Isabel La Católica, Zona Colonial, Santo Domingo, D.N., Tel. 1809/689 66 05

Museo de la Porcelana. Di–So 10–17 Uhr, 100 RD $, Calle José Reyes 6, Zona Colonial, Santo Domingo, D.N., Tel. 1809/688 47 59.

Museo del Ron y la Caña. Tägl. 9–17 Uhr, Calle Isabel La Catolica 261, Zona Colonial, Santo Domingo, D.N., Tel. 1809/685 51 11

ESSEN UND TRINKEN

Atarazana. Koloniale Umgebung und exzellente Küche zeichnen dieses Restaurant seit 40 Jahren aus. Mo–Sa 16–23 Uhr, Calle Atarazana 5, Plaza España, Zona Colonial, Santo Domingo, D.N., Tel. 1809/689 29 00, www.restauranteatarazana.com

La Briciola. Italienische Gerichte in einem spanischen Patio. Mo–Sa 18–24 Uhr, Calle Arzobispo Meriño 152a, Zona Colonial, Santo Domingo, D.N., Tel. 1809/688 50 55, www.labriciola.com.do

La Cafetera. In dem früheren Exilantentreff wird der Kaffe frisch gemahlen und der Fruchtsaft frisch zubereitet. Calle El Conde 253, Zona Colonial, Santo Domingo, D.N., Tel. 1809/682 71 14

La Correa Bajita. Eine Bar, die schnell zum Wohnzimmer wird. Calle Padre Billini 265-1, Zona Colonial, Santo Domingo, D.N., Tel. 1809/689 21 25

La Taberna Vasca. Baskische Küche, besonders die Tapas sind spitze. Montag 19–23.30, Di–Sa 12–15, 19–23.30 Uhr, Calle Hostos 356, Santo Domingo, D.N., Tel. 1809/221 00 79

Pat'e Palo. Die älteste europäische Brasserie auf der Insel. So–Do 12–24, Fr, Sa 12–1 Uhr, Calle Atarazana 25, Plaza España, Zona Colonial, Santo Domingo, D.N., Tel. 1809/687 80 89, www.patepalo.com

Musen der Zona Colonial

Restaurante Américas. Tapas und dazu ein ausgezeichnetes Weinangebot. Mo–Fr 12–24 Uhr, Calle San Tomé, Ecke Calle Arzobispo Nouel, Tel. 1809/682 71 oder -94

Rita's Café. Gemütliche Freiluftkneipe und Restaurant auf der Plaza de España. So–Do 10.30–1, Fr, Sa 10.30–3 Uhr, Calle Atarazana 27, Plaza España, Zona Colonial, Santo Domingo, D.N., Tel. 1809/688 94 00

ÜBERNACHTEN

El Baterio. Kolonialgebäude mit spanischem Patio und Musikinstrumenten als Dekoration. Calle Duarte 8, Zona Colonial, Santo Domingo, D.N., Tel. 1809/687 86 37, www.elbeaterio.fr

Casas del XVI. Luxuriöses Wohnen in Fünfsternehäusern aus dem 16. Jahrhundert. Calle Padre Billini 252, Zona Colonial, Santo Domingo, D.N., Tel. 1809/688 40 61, www.casasdelxvi.com

Doña Elvira. Der belgische Konsul betreibt auch ein kleines Kolonialhotel. Calle Padre Billini 207, Zona Colonial, Santo Domingo, D.N., Tel. 1809/221 74 15, www.dona-elvira.com

EINKAUFEN

ADAMS. Hier gibt's Guayabera zu vernünftigen Preisen. Mo–Sa 10–18 Uhr, Calle El Conde 460, Zona Colonial, Santo Domingo, D.N., Tel. 1809/688 63 42

Feria Artesanal Casa de Teatro. Fr 17–22, Sa, So 10–20 Uhr, Plaza Fray Bartolomé de las Casas, Calle Padre Billini, Ecke Calle Arzobispo Meriño, Zona Colonial, Santo Domingo, D.N., Tel. 1809/615 84 08

Trödel und Antikmarkt. So 9–15 Uhr, Plaza Maria de Toledo, zwischen Calle Las Damas und Calle Isabel La Católica

AKTIVITÄTEN

Fundación Juan Mayí. Der Maler Juan Mayí hat hier sein Atelier, eine Galerie und ein sehenswertes Kulturzentrum. Offen, wenn er da ist, klingeln. Calle Arzobispo Portes 120, Zona Colonial, Santo Domingo, D.N.

Fundación Taller Público Silvano Lora. Galerie und Kunstwerkstatt. Unregelmäßig geöffnet, Calle Arzobispo Meriño 104, Santo Domingo, D.N., Tel. 1809/689 98 35, www.silvanolora.org

INFORMATION

Clúster Turístico de Santo Domingo. Mo–Fr 10–16 Uhr, Arzobispo Meriño 157, Zona Colonial, Santo Domingo, D.N., Tel. 1809/687 82 17, www.gosantodomingo.travel

Oficina de Turismo. Mo–Fr 9–16 Uhr, Calle Isabel La Católica 103, Zona Colonial, Santo Domingo, D.N., Tel. 1809/686 38 58, App. 13 21, www.godominicanrepublic.com www.zonacolonial.com

Die Hotelhäuser Casas del XVI bieten für ihre Gäste Freiluftsäle.

SANTO DOMINGO

5 Museo Casas Reales
Koloniale Geschichte in der Altstadt

Eine der zentralen Institutionen des kolonialen Santo Domingo waren die Casas Reales. Das Gebäude beherbergte über Jahrzehnte die Inselverwaltung der Katholischen Könige und war Sitz des obersten spanischen Gerichts für die eroberten Gebiete. Später residierte in dem Haus Diktator Rafael Leónides Trujillo Molina. 1976 wurden die »Königlichen Häuser« zum Museum für die Kolonialzeit.

Zur Zeit seiner Erbauung waren die heutigen Casas Reales die größte Konstruktion Lateinamerikas. Das wuchtige zweigeschossige Gebäude war während der spanischen Kolonialzeit das politische Zentrum des hispanischen Inselteils. Der Rundbogen über dem Eingang ist die einzige in Lateinamerika existierende gotische Arkade.

Gerichtsgebäude

Bei der Gründung der Stadt Santo Domingo de Guzmán 1502 ordnete der damalige Gouverneur Nicolás de Ovando gleichzeitig den Bau der Casas Reales an: Im nordöstlichen Flügel wurden der Gouverneur und sein Stab untergebracht, im südwestlichen die Real Audiencia, die Königliche Gerichtsbarkeit – und die Münze der Insel.

Präsidentenpalast

1586, als englische Freibeuter um Sir Francis Drake (um 1540–1596) die Stadt besetzten, wurden die Casas Reales geplündert. Nach der Unabhängigkeitserklärung im Februar 1822 wurden sie

Mitte: In der ehemaligen Kolonialverwaltung und dem früheren Gerichtshof ist heute ein Kolonialmuseum untergebracht.
Unten: Im Empfangssaal der Casas Reales hielt früher der spanische Vizekönig für die Insel Hof.

60

Museo Casas Reales

zum Regierungssitz des neuen Staates. Auch der Diktator Trujillo residierte hier, bis er 1949 den heutigen Regierungspalast bezog. 1972 wurde das Ensemble umgebaut, restauriert und seit 1976 als Museum für die Epoche 1492 bis 1821 genutzt.

Die Ausstellung

In der Eingangshalle (A) befindet sich eine Elfenbeinschnitzerei, die sich im Besitz von Trujillo befand. In dem anschließenden Raum (1) wird die Eroberung der Insel thematisiert und neben den Nachbildungen der drei Segelschiffe (»Santa Maria«, »Niña«, »Pinta«) auch eine Kopie des Vertrags zwischen dem spanischen Königshaus und Christoph Kolumbus, von dem es kein gesichertes Porträt gibt, ausgestellt. Der kleinere Nebensaal (2) ist vor allem der Piraterie gewidmet. In Raum 3 (3) wird eine alte Trapiche (Zuckerpresse) gezeigt und über die Sklaverei informiert. Über den ersten Patio (C) geht es in die Stallungen (4) und den ehemaligen Pulverturm (5), in die Apotheke (6), deren Einrichtung der Epoche jedoch nicht dem Original entspricht. Die Transportmittel im angrenzenden Saal (7) sind Replikate.

Trujillos historische Waffensammlung

Von dort geht es in den Großen Gouverneurssaal (20) mit den Wappen der Städte der Dominikanischen Republik an den Wänden. In diesem Gebäudeflügel befanden sich die Räume der ehemaligen Inselregierung (14–17). Das Prunkstück des Museums ist die historische Waffenkollektion von Diktator Trujillo (18–19), die er Mitte der 1950er-Jahre in seinen Besitz brachte. Am Ende des Gerichtsflügels im Obergeschoss befindet sich die Münze (8) mit dem Originaltresor und Exemplaren von auf der Insel geprägten Silbermünzen.

Infos und Adressen

SEHENSWÜRDIGKEITEN

Museo de las Casas Reales. Di–So 9+17 Uhr, 100 RD$, deutsche Audioführung inbegriffen, Calle Las Damas 1/Ecke Calle Mercedes, Ciudad Colonial, Santo Domingo, Tel. 180/96 82 42 02, www.cultura.gov.do/dependencias/museos/museodelascasasreales.htm

ESSEN UND TRINKEN

La Residence. Internationale Gerichte mit französischem Touch werden im Hostal Palacio Nicolás de Ovando in einem spanischen Patio serviert. Tägl. 12–15, 19–23.30 Uhr Calle Las Damas, Ecke Calle El Conde, Ciudad Colonial, Santo Domingo, Tel. 1809/685 99 55, www.mgallery.com/es/hotel-2975-hostal-nicolas-de-ovando-santo-domingo-mgallery-collection/presentation.shtml

ÜBERNACHTEN

Hostal Palacio Nicolás de Ovando. Übernachten in einem Kolonialhaus aus dem Jahr 1502 mit Blick auf den Hafen. Calle Las Damas, Ecke Calle El Conde, Ciudad Colonial, Santo Domingo, Tel. 1809/685 99 55, www.mgallery.com/es/hotel-2975-hostal-nicolas-de-ovando-santo-domingo-mgallery-collection/presentation.shtml

INFORMATION

www.cultura.gov.do/dependencias/museos/museodelascasasreales.htm

SANTO DOMINGO

6 Plaza de la Cultura
Theater-, Kunst- und Naturkundezentrum

Die Plaza de la Cultura im Zentrum von Santo Domingo ist die größte Grünfläche des Landes, die der Kultur gewidmet ist. Die ehemalige Residenz des Diktators Rafael Trujillo wurde nach dessen Tod zu einem Park umgebaut, in dem sich neben Nationaltheater und -bibliothek, das Kunst-, Naturkunde- und anthropologische Museum des dominikanischen Menschen sowie die Cinemathek befinden. Einmal im Jahr findet hier im April/Mai die größte Büchermesse der Karibik statt.

Das schönste Parkgelände inmitten der Stadt hatte der Diktator Rafael Leónides Trujillo Molina bis zu Beginn der 1960er-Jahre für sich reserviert. Auf der abgeschirmten Hazienda direkt an der belebten Avenida Máximo Gómez lebte er in einer riesigen Residenz mitten in einem tropischen Garten. Jeden Tag spazierte er, von Bewaffneten ge-

Mitte: Wo früher Rafael Trujillo residierte, werden heute Schauspiele im Teatro Nacional aufgeführt.
Unten: Schon morgens ist die Plaza de Cultura belebt: eine Tai-Chi-Gruppe bei ihren Übungsstunden.

> ### MAL EHRLICH
> **DER SCHEIN TRÜGT**
> Die Nationalbibliothek ist hervorragend renoviert, ein Gebäude, das den modernen Anforderungen an eine solche Institution entspricht – denkt man auf den ersten Blick. Selbst die Möglichkeit, Bücher im Netz anzuschauen, lässt aufhorchen. Aber das scheint aus der Not geboren zu sein, denn die Präsenzbibliothek ist wahrhaft mickrig. Büchervielfalt sucht man vergebens. Wer das Internetzentrum nutzen will, findet eine Handvoll Computer zum Recherchieren vor, allerdings ist die Mehrzahl abgestürzt.

Plaza de la Cultura

schützt, die Hauptstraße bis zum Malecón hinunter – Amtsgeschäfte auf dominikanisch. Nachdem er von Attentätern Ende Mai 1961 getötet worden war und der Familienclan das Land verlassen musste, richtete sich die Wut der Bevölkerung gegen den Wohnsitz. Das Haus wurde geplündert und anschließend gebrandschatzt, goldene Wasserhähne verschwanden ebenso wie wertvolle Einrichtungsgegenstände. Ende der 1960er-Jahre dann beschloss die damalige Regierung, auf dem Ruinenfeld ein Kulturzentrum mit Museen, Theater und einer Staatsbibliothek zu errichten.

Nationalbibliothek

Die Biblioteca Nacional ist nach dem großen dominikanischen und im spanischsprachigen Raum bekannten Poeten Pedro Henríquez Ureña (1884–1946) benannt. 1971 wurde das viergeschossige Gebäude eröffnet, das heute die größte Sammlung dominikanischer Bücher beherbergt, insgesamt 100 000 Exemplare, die zum Teil digitalisiert im Internet eingesehen werden können.

Museum des dominikanischen Menschen

Das Museo del Hombre Dominicano ist das größte anthropologische Museum des Landes. In ihm wird über drei Etagen hinweg die Besiedlungsgeschichte des Landes und die Entwicklung seiner Bewohner geschildert. In der luftigen, etwas leer wirkenden Eingangshalle des Betongebäudes – am 12. Oktober 1973 eröffnet – finden auch Wechselausstellungen statt. Ziel der Gründer war es, für alle Altersklassen und Bildungsstufen die Entwicklungsgeschichte der Menschen auf der Insel verständlich darzustellen. Deshalb legt das Museum auch darauf Wert, nicht nur besondere Fundstücke aus den zahlreichen Ausgrabungen aus der

AUTORENTIPP!

IL CAPPUCCINO

Viele dominikanische Liebhaber der italienischen Küche rühmen das 1992 eröffnete »Il Cappuccino« wegen seiner venezianischen Gerichte als wahre »Botschaft Italiens«. Es liegt direkt gegenüber dem Nationaltheater und ist nach Aufführungen entsprechend frequentiert. Aus dem Geheimtipp von damals ist längst eine Institution für die gehobene Küche aus Bella Italia geworden. Im Bistro werden schnelle Menüs und Mittagessen serviert, auch aus der kalten Küche kann man sich mit einem Sandwich versorgen lassen oder aus der ausgebreiteten Eis- und Kuchentheke bestellen. Daneben gibt es noch ein im Stil einer Osteria gestaltetes Restaurant, das die typischen Speisen vom Apennin anbietet mit einem Pfiff, wie ihn die Köche aus der Lagunenstadt lieben.

Il Cappuccino. Tägl. 12–15.30, 19–24 Uhr, Avenida Máximo Gómez 60, Santo Domingo, D.N., Tel. 1809/689 80 06, www.ilcappuccino.com.do

Oben: Das Museo de Arte Moderno zeigt die Avantgarde des Landes.
Mitte: Archäologische Funde von den Taíno-Ureinwohnern im Museo del Hombre Dominicano
Unten: Skulpturen von Taíno-Kazike Enriquillo, Pater Bartolomé de Las Casas und dem Sklaven Lembá

Siedlungsgeschichte des Landes schlicht dekoriert zu präsentieren, sondern die Entwicklungsstufen verständlich zu machen. Auch wenn das Museum dringend eine museumspädagogische Überarbeitung nötig hätte, weil manches für europäische Augen antiquiert wirken mag, ist es im Land einzigartig.

Die Ausstellung

Die Schauräume zeigen die drei Wurzeln der dominikanischen Bevölkerung, bereits vor dem Eingang von Skulpturen symbolisiert: Enriquillo steht für die Taínos, Bartolomé de Las Casas für das Hispanische und Lembá für das Afrikanische. Entsprechend reflektiert die Ausstellung die tainische Kultur und ihre Artefakte, präsentiert spanische Kolonialgegenstände stellvertretend für die europäische Kultur und zeigt jenes, was die verschleppten Zwangsarbeiter aus Afrika mit- und in die karibische Kultur des Dominikanischen eingebracht haben. Den Abschluss in der obersten Etage bildet dann die Vermischung der drei Kulturen zum spezifisch Dominikanischen. Besonders eindrucksvoll ist die religiöse Adaption afrikanischer Naturreligionen, taínischer Glaubenstraditionen und des Christentums. Der Nachbau einer einfachen Bauernhütte soll die Lebens- und Wohnbedingungen auf dem Land zeigen, die sich in einigen Teilen des Landes von den damaligen noch

Plaza de la Cultura

Rundgang über die Plaza de la Cultura

Bei dem Rundgang über die Plaza de la Cultura geht es an den Kultureinrichtungen des Parks vorbei. Gebäude aus der Trujillo-Ära gibt es nicht mehr. Wer alle Museen besuchen will, muss einen ganzen Tag für seinen Aufenthalt auf der Plaza de Cultura einplanen. Auf dem Gelände sind zahlreiche Büsten namhafter Persönlichkeiten des Landes ausgestellt.

Ⓐ Teatro Nacional Eduardo Brito – 1973 eingeweiht und benannt nach dem Opernbariton Eleuterio »Eduardo« Brito (1906–1946). Der große Theatersaal, in dem auch Konzerte stattfinden, fasst 1700 Personen, in den Orchestergraben passen 120 Musiker. Daneben gibt es kleine Studiobühnen mit einer Kapazität von bis zu 590 Zuschauern.

Ⓑ Feria Internacional del Libro – Sie findet im April/Mai statt und ist die größte Büchermesse – zumal unter freiem Himmel – in der Karibik. www.facebook.com/ferilibro

Ⓒ Museo de Historia Natural – Nach dem Rundgang im naturhistorischen Museum kann man sich in der Cafetería Cosmos ausruhen und in einem klimatisierten Raum erfrischen. Am Eingang steht eine Büste des Staatsgründers Juan Pablo Duarte.

Ⓓ Biblioteca Nacional Pedro Henríquez Ureña – Für den Besuch der Bücherei und den Zugang zur Präsentbibliothek muss man seinen Personalausweis vorlegen.

Ⓔ Museo del Hombre Dominicano – Vor dem anthropologischen Museum stehen drei Skulpturen: der aufständische Taíno-Sohn Enriquillo, der gegen die Versklavung der Taínos protestierende Mönch Bartolomé de Las Casas und der rebellierende schwarze Sklave Lembá. Daneben wird die Segeljacht gezeigt, in der ein Guerillakommando mit dem Nationalhelden Francisco Caamaño Deñó 1973 an der Küste des Landes landete.

Ⓕ Experimentalfilme und international prämierte Filme gibt es in der **Cinemateca**.

Ⓖ Museo de Arte Moderno mit Permanent- und Wechselausstellungen.

Ⓗ Skulpturenpark – Rund um das MAM sind mehrere preisgekrönte Kunstplastiken ausgestellt.

AUTORENTIPP!

NATURKUNDE ZUM ANFASSEN
Anschauliche Naturkunde bietet das Museo de Historia Natural seinen Besuchern in zwölf Ausstellungssälen. Skelette von Buckelwalen, die jedes Jahr in die Bucht von Samaná kommen, gibt es zu sehen, dazu präparierte Haifische, Schildkröten und Seekühe im Saal der Meeresbiologie. Im Themenbereich Ökologie werden die verschiedenen Klimazonen und Vegetationsformen anschaulich dargestellt. Im ersten Stock dreht sich alles um das Sonnensystem, die Galaxien, Astronomie und die Weltraum- und Universumsforschung. Was für eine geologische Struktur findet man im Land? Welche Edel- und Halbedelsteine es gibt, wird ebenso erklärt, wie die Entstehung von Bernstein und die landesspezifische Flora und Fauna.

Museo Nacional de Historia Natural. Di–Sa 10–17 Uhr, 50 RD $, Calle Pedro Henríquez Ureña, Plaza de la Cultura, Santo Domingo, D.N., Tel. 1809/689 01 06, www.mnhn.gov.do

Blick in das Treppenhaus des Museo de Arte Moderno

SANTO DOMINGO

immer nicht besonders unterscheiden. Die große Schau von Karnevalsmasken und -kostümen aus allen Landesteilen bietet außerdem einen wirklich repräsentativen Überblick über die karnevalistische Vorfastenzeit.

Museum für Moderne Kunst

Wer die Entwicklung der modernen und zeitgenössischen dominikanischen Malerei und Skulptur kennenlernen möchte, muss das 1976 eröffnete Museo de Arte Moderno (MAM) auf dem Kulturplatz besuchen. Über vier Geschosse und den Keller erstrecken sich die Ausstellungsräumlichkeiten. Im Keller ist Raum für Wechselausstellungen und Workshops, die sich an Kunstinteressierte und Jugendliche richten. Daneben präsentiert die staatliche Sammlung fast alle wichtigen Werke dominikanischer Künstler mit ihren Gemälden, Kunstinstallationen und Skulpturen. Dazu gehören Guillo Pérez (1923–2014) mit seinen Acryl- und Ölgemälden mit ländlichem und religiösem Bezug sowie Cándido Bidó (1936–2011), der mit seinen gelben, roten und blauen Farben und Mischungen Menschen, Tiere und Landschaften porträtierte und damit internationales Renommee gewonnen hat.

Oder als ein moderner Vertreter, der im Alter von 62 Jahren in Berlin verstorbene Maler Fernando Ureña Rib (1951–2013), der wegen seiner oft als erotisch empfundenen Gemälde bei Kulturkritikern und bürgerlichem Publikum nicht unumstritten war. In der Karibik hat sich das MAM einen erstklassigen Ruf als Festivalmuseum erarbeitet. Die Bienal del Caribe y Centro America erfreut sich jedes Jahr großer Beliebtheit mit Teilnahme von karibischen und zentralamerikanischen Künstlern, zumal die Biennale von einem Tanz- und Musikprogramm begleitet wird.

Plaza de la Cultura

Infos und Adressen

SEHENSWÜRDIGKEITEN
Biblioteca Nacional Pedro Henríquez Ureña. Mo–Fr 8–22, Sa, So 8–16 Uhr, Calle César Nicolás Penson 91, Plaza de Cultura, Santo Domingo, D.N., Tel. 1829/946 26 74

Museo de Arte Moderno de la República Dominicana. Di–So 9–17 Uhr, 50 RD$, Plaza de la Cultura, Avenida Máximo Gómez, Santo Domingo, Tel. 1809/685 21 53, App. 222, www.twitter.com/MAM_RepDom

Museo del Hombre Dominicano. Di–So 10–17 Uhr, Plaza de la Cultura, Avenida Pedro Henríquez Ureña, Santo Domingo, D.N., Tel. 1809/687 36 22

Teatro Nacional Eduardo Brito. Plaza de la Cultura, Avenida Máximo Gómez 35, Santo Domingo, Tel. 1809/687 31 91, www.teatro.com.do

ESSEN UND TRINKEN
Cafetería Cosmos. Im Naturkundemuseum mit Panaromaverglasung gelegen. Di–Fr 9–15 Uhr, Calle Pedro Henríquez Ureña, Plaza de la Cultura, Santo Domingo, D.N., Tel. 1809/689 01 06, www.mnhn.gov.do.

Maniquí Restaurant & Lounge. Künstlercafé, in dem sich regelmäßig Kulturschaffende treffen. Calle César Nicolás Penson, Plaza de la Cultura, Santo Domingo, D.N., Tel. 1809/689 30 30, www.maniquirest.com

ÜBERNACHTEN
Hotel San Marco. Elegant eingerichtetes Hotel mit Innenhofpool. Calle Santiago 752, Ecke Desiderio Valverde, Zona Universitario, Santo Domingo, Tel. 1809/221 23 84, www.ilcappuccino.com.do/hotelsanmarco

AKTIVITÄTEN
Cinemateca. Filme und im Cinecafé gibt es am Wochenende Livemusik. Plaza de la Cultura, Avenida Máximo Gómez, Santo Domingo, Di–So 16.30–22.30 Uhr, Tel. 1809/685 93 96, www.cinematecadominicana.blogspot.de

INFORMATION
http://rsta.pucmm.edu.do/plaza_cultura/index.htm

Kunst-Installation im Museo de Arte Moderno

SANTO DOMINGO

7 Der Osten von Santo Domingo
Vom Aquarium zum Unterwassersee

Bullig zeichnet sich östlich des Ozama-Flusses der Leuchtturm zu Ehren von Christoph Kolumbus ab. Der kreuzförmige Betonkoloss wurde anlässlich des 500. Jahrestages der Entdeckung Amerikas errichtet. Kaum zwei Kilometer Luftlinie weiter südlich befindet sich das Aquarium der Stadt. Und am Ende des Parks Mirador del Este, in dem sich der Faro a Colón befindet, liegt eine innerstädtische Naturschönheit: die unterirdischen Seen Los Tres Ojos.

Santo Domingo wird durch den Fluss Ozama in zwei etwa gleichgroße Stadtbereiche geteilt. Westlich des Río Ozama ist der hauptstädtische Distrikt, das östliche Ufer untersteht einer eigenen Verwaltung. Neben dem markanten Hafen für Kreuzfahrtschiffe Sans Souci machen die riesigen

Mitte: Das Acuario Nacional liegt direkt an der Küste inmitten eines Naturschutzgebiets.
Unten: Beim Gang durch den Tunnel im Großwasserbecken kann man Rochen, Haie und Schildkröten beobachten.

> ### MAL EHRLICH
> **FINGER WEG!**
> Andenken sind ja schön. Aber in Los Tres Ojos werden Reiseerinnerungen verkauft, von denen jeder Besucher die Finger lassen sollte: Figuren aus Stalaktiten und Stalagmiten. Schlimm genug, dass die Behörden nicht einschreiten und jenen das Handwerk legen, die in Höhlen klettern, die Kalkformationen aus dem Fels herausbrechen, um sich ein paar Pesos mit den zu Figuren bearbeiteten Raubsouvenirs zu verdienen. Wenn es nicht doch immer ein paar Käufer gäbe, wäre dem Geschäft bald ein Riegel vorgeschoben.

Der Osten von Santo Domingo

Silos am Ostufer auf sich aufmerksam, die zu einer der Großmühlen des Landes für Mehl gehören. Wenn man von hier aus der Uferstraße Malecón parallel zum Meer folgt, erreicht man an der scharfen Linkskurve – links liegt die Marineakademie – die Zufahrt zur schmalen Halbinsel Punta Torrecilla, mit dem Marinehafen und Offiziersklubs. Der Strand ist zwar gepflegt, das Meerwasser aber ungeeignet zum Baden.

Acuario Nacional

Von Punta Torrecilla aus erstreckt sich der Parque Nacional Litoral Sur de Santo Domingo bis zum Flughafen Las Américas hin. Nach knapp drei Kilometern gelangt man zum Acuario Nacional, welches direkt am Ufer des Meeren über den von Hölen durchzogenen Klippen liegt. Das Aquarium ist an Wochenenden ein beliebtes Familien-Ausflugsziel. An Wochentagen drängeln sich vormittags oft Schulklassen, um die ausgestellte Unterwasserwelt rund um die Insel kennenzulernen – dann ist es voll und laut.

Das Unterwassermuseum wurde im November 1990 mitten im Naturschutzpark der Südküste von Santo Domingo eröffnet und ist wohl aufgrund seines baulichen Umfelds und der Gestaltung eines der attraktivsten Ausstellungsgelände des Landes. Es wurde 2009 umfangreich umgebaut und modernisiert. Der Marinezoo verfügt insgesamt über eine Fläche von rund 35 000 Quadratmetern, wovon 30 000 Freiluftgelände sind mit Kinderspielplatz, Picknickplätzen, Selbstbedienungsrestaurant und Parkbänken mit Meerblick sowie einigen Gehegen mit Amphibien, die zu Lande oder im Wasser leben.

Im überdachten, aber von Luft durchfluteten Gebäude befinden sich insgesamt 90 Aquarien und

AUTORENTIPP!

PASO DE CATUANO: EIN RESTAURANT MIT MEERESSTIMMUNG

Der Ort mit dem schönsten Sonnenuntergang mit Stadtpanorama gehört der dominikanischen Marine, steht aber auch Besuchern offen. Punta Torrecilla ist nicht nur Marinehafen, sondern auch ein schön gelegener Strand; allerdings ist das Wasser extrem verschmutzt und nicht zum Baden geeignet. Dafür bietet das Restaurant die besten Meeresfrüchte-Gerichte der Stadt zu beeindruckend niedrigen Preisen. Frisch zubereitete Ceviche und Garnelen stehen auf der Speisekarte, dazu eine reichhaltige Weinauswahl. Weiter sind gefüllte Maniokteigtaschen und überbackene Langusten à la Thermidor zu empfehlen. Donnerstags wird zudem auf der Terrasse des Offiziersklubs typische dominikanische Musik, freitags Karaoke und samstags und sonntags Livemusik präsentiert.

Paso de Catuano. Di–So 11.30–22 Uhr, Avenida España, Punta Torrecilla, Sans Souci, Santo Domingo Este, Tel. 1809/592 04 03

Ein fantasievoller Spielplatz vor dem Aquarium lädt zum Toben ein.

AUTORENTIPP!

UNTERWASSERPARK LA CALETA

Für Taucher bietet der Parque Nacional Litoral Sur de Santo Domingo eine Attraktion: den Unterwasserpark in La Caleta. Die Terrassenriffe bieten ganzen Schwärmen von bunten Fischen eine Heimat, die zwischen den Korallen nach Nahrung suchen. Eines der interessantesten Ziele von Tauchern ist allerdings das Wrack der »Hickory«. Das 38 Meter lange und 7,5 Meter breite ehemalige Schatzsucherschiff wurde 1984 direkt in Küstennähe in 18 Metern Tiefe versenkt. Schwieriger zu erreichen sind die versenkten Schiffe »Capitán Alsina«, in 30 bis 40 Metern Tiefe, und die »Don Quico«. Teile von ihr sind bis auf 60 Meter versunken. Daneben gibt es noch Höhlen wie die Cueva de las Golondrinas. Sie ist besonders bei erfahrenen Höhlentauchern beliebt.

Golden Arrow.
Calle Mustafa Kemal Ataturk 10, Lokal 1, Ensanche Naco, Santo Domingo, D.N., Tel. 1809/566 77 80, www.cavediving.com.do

Zum Faro a Colón gehören auch Ausstellungsräumlichkeiten.

SANTO DOMINGO

sieben Großtanks, in denen die Unterwasserwelt realistisch nachgebildet wurde. Dabei wurde der Fischwelt eines Hafens ebenso Platz eingeräumt wie den bunt schillernden Korallen eines Riffs im Karibischen Meer. Etwa 250 Tier- und Pflanzenarten sind in dem Aquarium zu bestaunen, die im, am oder um das Wasser herum leben. Spektakulär und besonders bei Kindern beliebt ist ohne Zweifel das Großbecken mit Haifischen, Meeresschildkröten und Mantarochen.

Der Kolumbus-Leuchtturm

Vom Aquarium aus ist der monumentale Faro a Colón schnell zu erreichen, wenn man auf der Avendia España zurück Richtung Innenstadt fährt und nach der Marinekaserne rechts abbiegt. Der Betonkoloss in Form eines liegenden Kreuzes am Rande des Parque Mirador del Este wurde in Erinnerung an die »500 Jahre der Entdeckung und Evangelisation Amerikas« nach zehnjähriger Bauzeit im Jahr 1992 eröffnet. 70 Millionen US-Dollar wurden dabei in Beton gesetzt. 251 wattstarke Lampen leuchteten danach jeden Abend ein überdimensionales Kreuz in den Himmel, während in den umliegenden Armenvierteln dafür das Licht ausging. Die Stromkosten haben aber auch in der Dominikanischen Republik, wo nach wie vor mehrstündige Stromsperren an der Tagesordnung sind, über die Unvernunft gesiegt. Nur noch ganz selten sieht man die kreuzförmige Entdeckerleuchte den Himmel illuminieren, sodass sie sogar von der Internationalen Raumstation (ISS) aus zu sehen ist.

Museum im Kolumbus-Leuchtturm

Dafür hat man von der Eingangsebene einen einzigartigen Blick auf die koloniale Altstadt im Wes-

Der Osten von Santo Domingo

ten, die besonders bei Sonnenuntergang beeindruckend ist. In dem 210 Meter langen, 59 Meter breiten und über 30 Meter hohen Gebäude hat die dominikanische Regierung den Ländern, mit denen sie diplomatische Beziehungen unterhält, einen Ausstellungsraum zur Verfügung gestellt. Allerdings nutzen die wenigsten Länder diese Präsentationsmöglichkeiten. Der kalte, unpersönliche Eindruck der Fassade wird durch die Öde im Innern nur noch ergänzt.

Kolumbus und seine Gebeine

Im Zentrum des Kreuzbaus befindet sich der Tabernakel mit den sterblichen Resten von Christoph Kolumbus. Ob es sich wirklich um die Gebeine handelt, ist unter Historikern jedoch umstritten, da Spanien behauptet, in Sevilla befänden sich in einem Mausoleum die richtigen Gebeine des Admirals. Möglicherweise haben aber beide recht, denn die Asche- bzw. Knochenmengen in Sevilla sind zu gering, um die kompletten Überreste eines Menschen zu sein.

Los Tres Ojos

Wer möchte, kann noch einen kurzen Blick auf das gepanzerte Papamobil werfen, in dem der damalige Pontifex Johannes Paul II. bei seinem Besuch im Oktober 1992 durch das Land fuhr. Vier Kilometer weiter geht es dann in das Innere des kalkhaltigen Gesteins, aus dem dieser Landesteil besteht. Über 61 000 Quadratmeter erstreckt sich die unterirdische Seenplatte in einer zum Teil eingestürzten Tropfsteinhöhle, die aus insgesamt vier Gewässern besteht, drei davon innerhalb des Höhlensystems mit einer hohen Luftfeuchtigkeit. Entdeckt wurde die heutige Touristenattraktion im Jahr 1916 und wurde danach als Naturbadewanne für die Bewohner der Umgebung genutzt. Ver-

Oben: Vom Faro a Colón kann man bis zur kolonialen Altstadt schauen.
Unten: Im Sarkophag sollen sich die Gebeine von Christoph Kolumbus befinden.

SANTO DOMINGO

mutlich handelte es sich in Urzeiten um eine riesige Karsthöhle mit einem unterirdischen Großsee. Aufgrund von tektonischen Verschiebungen der Erdplatte in der Region, so vermuten Geologen, stürzte die Höhlendecke ein und separierte das Gewässer in drei »Augen«.

Die Blaue Lagune

Heute betritt man Los Tres Ojos durch ein Loch in der Höhlendecke über eine gemauerte, bei starkem Regen schlüpfrige Treppe. So gelangt man zum ersten, rechts liegenden »Auge«, Aguas Azufradas genannt. Schwefelhaltig ist das Wasser allerdings nicht, was der Name vermuten ließe. Die weißen Flecken im Gestein sind durch Kalziumkarbonatablagerung entstanden. Wegen seiner schönen Blaufärbung wird der See auch »Blaue Lagune« genannt.

Der Kühlschranksee

In La Nevera scheint niemals die Sonne hinein, deshalb ist die Durchschnittstemperatur auch um einige Grad niedriger – wie in einem Kühlschrank. Hier wurden irgendwann einmal Fische ausgesetzt, die man in dem transparenten, rund zwölf Meter tiefen See trotz der relativen Dunkelheit erkennen kann. Den Kühlschranksee überquert man mit einem Floß, für das man extra bezahlen muss. Von dort aus gelangt man zu dem vierten, außerhalb des früheren Höhlensystems gelegenen See. Der Lago Los Zaramagullones verdankt seinen Namen einer Entenart, die nur in dieser Gegend vorkommt. Gespeist wird das gesamte Lagunengebilde von dem unterirdischen Fluss Brujuelas. Das dritte Auge verdankt angeblich seinen Namen der Tatsache, dass dort früher die Frauen aus der Umgebung getrennt (separiert) von den Männern badeten.

Oben: Fast 30 Meter unter der Oberfläche liegen die Höhlenseen von Los Tres Ojos.
Unten: Im transparenten Gewässer der Blauen Lagune leben Fische, aber auch Schildkröten.

Der Osten von Santo Domingo

Infos und Adressen

SEHENSWÜRDIGKEITEN
Acuario Nacional de Santo Domingo. Di–So 9.30–17.30 Uhr, Erwachsene 150, Kinder 75 RD$, Avenida España No. 75, San Souci, Santo Domingo Este, Tel. 1809/766 17 09, www.acuarionacional.gob.do

Faro a Colón. Di–So 9–17 Uhr, 100 RD $, Avenida Faro a Colón, Santo Domingo Este, Tel. 1809/591 14 92

Parque Los Tres Ojos. Tägl. 9–16 Uhr, 100 RD $, Fähre 25 RD$, Avenida las Americas, am Ende des Parque Mirador del Este, Santo Domingo Este, Tel. 1809/788 70 56

ESSEN UND TRINKEN
La Jefetura Restaurant. Restaurant mit spanischen und dominikanischen Delikatessen, das bei Militärs beliebt ist. So, Di–Do 19–24, Fr, Sa 18–2 Uhr, Avenida Eduardo Brito, kurz vor der Calle Los Tanques, Santo Domingo Este, Tel. 1849/936 85 70

Händler verkaufen am Ostufer des Río Ozama an Züchter Zierfische.

Mit einer Bronzeunterschrift hat sich Johannes Paul II. am Faro a Colón verewigt.

ÜBERNACHTEN
Quality Hotel Real Aeropuerto Santo Domingo. Flughafennahes Businesshotel. Autopista Las Americas km 22, neben der Freihandelszone Las Americas, Santo Domingo Este, Tel. 1809/549 25 25, www.qualityinn.com/hotel-santo_domingo-dominican_republic-D0002

AUSGEHEN
Discoteca Eclipse. Nachtklub. Tägl. ab 22 Uhr, Avenida Venezuela 64, zwischen Calle Puerto Rico und Calle Bonaire, Santo Domingo Este, Tel. 1809/597 20 89, www.twitter.com/EclipseClub

Wao Dance. Tanzklub. Mi–So ab 22 Uhr, Avenida Venezuela 8, Ecke Club Rotario, Santo Domingo Este, Tel. 1809/788 53 44

AKTIVITÄTEN
Agua Splash Caribe. Badevergnügen für die ganze Familie. Do–So 11–19 Uhr, Erwachsene ab 300, Kinder ab 250 RD$, Avenida España, Santo Domingo, Tel. 1809/766 19 27, www.aguasplashrd.com

INFORMATION
www.asde.gov.do

SANTO DOMINGO

8 Der Malecón
Die Uferpromenade der Stadt

Der Malecón ist eine fast 14 Kilometer lange Uferpromenade entlang des Karibischen Meeres, die vor allem von höhlendurchzogenem Korallenstein gesäumt ist. Der Malecón zieht sich auch noch auf der Ostseite des Ozama-Flusses hin, aber die Capitaleños bezeichnen damit lediglich den Küstenstreifen, der sich von der Altstadt bis hinaus zur Avenida Luperón zieht. Vor allem am Wochenende ist er bei Ausflüglern beliebt.

Für Liebespaare scheint die Uferpromenade der Millionenmetropole etwas Unwiderstehliches zu haben. Eng umschlungen sitzen sie auf den zu Sitzbänken umfunktionierten Bürgersteigbegrenzungen, schauen aufs Meer und hören dem Rauschen der Wellen zu. Daran kann auch der Feierabendverkehr wenig ändern. Noch größer ist die Beliebtheit des Malecón am Wochenende, wenn Hunderte in der abendlich kühler werdenden Luft entlang der Uferstraße zwischen der Avenida Máximo Gómez und der Zona Colonial spazieren.

Mitte: Modern und bei begüterten Hauptstadtbewohnern beliebt sind die Hochhäuser am Malecón.
Unten: Essen mit Meerblick kann man im Klippenrestaurant »Malecón 7«.

MAL EHRLICH

ABENDS VORSICHT!

Abends allein an den einsamen Stellen des Malecón spazieren zu gehen, ist nicht ratsam. Auch wenn die Polizei vermehrt Streife fährt, bewahrt dies nicht unbedingt vor unliebsamen Überraschungen, die Kleinkriminelle bereithalten. An der Uferpromenade gibt es lange, sehr einsame Küstenabschnitte, die auch Dominikaner vorsorglich meiden. Ausnahmen bilden Playa Guibia und die Plaza Juan Barón, die am Wochenende auch nach Sonnenuntergang belebt sind.

Der Malecón

Parkbänke, Grünanlagen, Essstände und Trinkhallen haben die Spaziermeile auch für Familien zu einem der attraktivsten Ausflugsziele gemacht.

Die Geschichte der Uferpromenade

Die Geschichte des Malecón beginnt im Jahr 1924. Damals reichte das bebaute Gebiet von der Ozama-Mündung bis zur heutigen Geschäftsstraße Avenida Máximo Gómez, in dem begüterte Dominikaner ihre Wochenendhäuser errichtet hatten. Der Ingenieur Arístides García Mella schlug damals eine Spaziermeile am Meeresufer vor, die knapp einen Kilometer lang war. Sie sollte mit einem breiten Gehweg und Parkbänken für die Fußgänger sowie einer repräsentativen Prachtstraße ausgebaut werden.

Der Malecón in Ciudad Trujillo

Aber erst in den 1930er-Jahren unter der Ägide des Diktators Trujillo wurde die Idee eines Erholungsbereichs in Meeresnähe realisiert. Ein Großteil der Uferpromenade stammt aus jenen Anfangsjahren, deren erster Bauabschnitt 1936 abgeschlossen wurde mit der offiziellen Einweihung am 23. Februar. Das korrespondiert mit jenem Jahr, in dem Trujillo die Hauptstadt der Dominikanischen Republik in Ciudad Trujillo umbenannte. Zwar hatte man ursprünglich vor, auch die Promenade Avenida Trujillo zu nennen, letztendlich erhielt sie jedoch den Straßennamen Avenida George Washington.

Bei den Arbeiten für den Malecón, zwischen der heutigen Calle Pina und der Calle Paseo Presidente Vicini Burgos, wurden historische Bauten aus der Kolonialzeit, die vermeintlich im Weg waren, kurzerhand abgerissen oder geschleift. Dies kann

AUTORENTIPP!

ESSEN AUF DEN KLIPPEN

Es gibt nicht viele Lokale in Santo Domingo, die sich glücklich schätzen dürfen, so eine exponierte und privilegierte Lage für ihr Restaurant zu besitzen. Das Adrian Tropical liegt in der Nähe der Playa Guibia neben dem Klub der Universitätsprofessoren und bietet Abendstimmung direkt über den Klippen, an die die Wellen der Karibik branden. Das Esslokal ist aber auch wegen seiner guten rustikalen dominikanischen Küche bekannt, die sämtliche Spezialitäten der einheimischen Kochkunst präsentiert. Dazu gehören Mofongo, gestampfte Kochbananen, mit Schweineschwarte oder mit Garnelen serviert; der mit sieben verschiedenen Fleischsorten gekochte Eintopf »Sancocho« ist ebenso wie die frittierte Bratwurst unwiderstehlich.

Adrian Tropical. So–Do 7–24, Fr, Sa 7–2 Uhr, Avenida George Washington 2, Gazcue, Santo Domingo, D.N., Tel. 1809/221 17 64

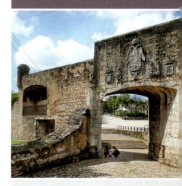

Wichtigstes Hafentor in der Stadtmauer ist die Puerta de Don Diego.

Oben: Vorposten: Die Aussichtsbrücken sind am Nachmittag bei Anglern und Touristen beliebt.
Unten: Der Obelisk »Macho« auf dem Malecón ist noch ein Wahrzeichen aus Trujillo-Zeiten.

man noch heute an dem ehemaligen Verteidigungsturm der kolonialen Stadtmauer sehen: dem Fuerte de San Gil. Die Aufbauten wurden abgerissen, das Gelände einfach eingeebnet.

Zwischen dem Obelisken Macho und Hembra

Den Beginn der damaligen Flaniermeile markiert heute ein aus zwei Säulen errichteter zwölf Meter hoher Obelisk am Ende der ehemaligen kolonialen Umfriedung. Er wurde zur Erinnerung an die sogenannte Trujillo-Hull-Vereinbarung 1940 erbaut, wodurch die Dominikanische Republik nach der letzten Zahlung der Schuldenrate an die USA ihre Zollhoheit wiedererlangte. Der zweite Obelisk, 42 Meter hoch, auf der Uferstraße in Höhe des heutigen Parks Eugenio María de Hostos, wurde bereits 1936 aus Anlass der Umbenennung der Stadt als Teil des Malecón errichtet. Bei der Bevölkerung werden die beiden Denkmäler aus der Trujillo-Zeit nur als Obelisk Macho und Obelisk Hembra bezeichnet; der weibliche und der männliche Obelisk, in Anspielung an die Sexbesessenheit Trujillos und anspielend auf die Form der Gedenkpfeiler. Während der Obelisk an der Calle Pina kaum verändert wurde, wird der »Macho«, der direkt vor dem Kultusministerium steht, jedes Jahr aufs Neue von einem anderen bekannten Maler des Landes bemalt und neu gestaltet.

Der Malecón

14 Kilometer Uferpromenade

Heute ist der Malecón eine vielbefahrene Straße, die inzwischen zwar unterschiedliche Namen trägt, sich aber vom Westufer des Ozama bis zu dem neuen Industriehafen der Stadt in der Mündung des Flusses Haina hinzieht. Den Beginn am Ozama markiert die Pontonbrücke, die auf die Ostseite führt, und täglich zwischen zehn und elf Uhr gesperrt ist. In unmittelbarer Nähe befindet sich die Anlegestelle Don Diego für Kreuzfahrtschiffe. Entlang der in den 1930er-Jahren errichteten neuen Stadtmauer – links liegen die Zoll- und die Hafenbehörde, rechts die Altstadt – passiert man das Denkmal an den Dominikanerpater Antonio de Montesino. Es folgen der weibliche Obelisk mit den Resten des Forts San Gil und wenige Hundert Meter weiter der »Macho«. Die Plaza Juan Berón links ist an Wochenenden besonders bei Familien beliebt, der Park des Pädagogen Hostos wurde 2014 neu gestaltet. Ab dem Ministerium für Kultur heißt der Malecón Avenida George Washington.

Die Hotelmeile

Große, elegant gestaltete Hotelanlagen reihen sich rechts an der Uferpromenade aneinander, dazwischen Hochhäuser, die sich mit ihrer Panoramaaussicht auf das Karibische Meer großer Beliebtheit bei Investoren erfreuen. Auf der Wasserseite liegen der Klub der Universitätsprofessoren, das Adrian Tropical und die Playa de Guibia. Ab der Avenida Abraham Lincoln ändert sich der Straßenname in Avenida 30 de Mayo. Das Datum markiert den Tag, an dem Trujillo von einem Widerstandskommando am Malecón aufgelauert und erschossen wurde, als er auf dem Weg zu einem amourösen Stelldichein in seinem Landhaus in der Umgebung der Stadt war.

AUTORENTIPP!

DAS LEBEN DES DIKTATORS

Die Existenz des Malecón ist eng mit dem Leben und Schicksal des Diktators Trujillo verknüpft. Er hat den Bau initiiert, hier hielt er jeden Tag bei seinem Nachmittagsspaziergang Hof, von den Klippen wurden die Opfer des Terrorregimes ins Meer geworfen, und an der Uferpromenade schlug auch am 30. Mai 1961 sein eigenes letztes Stündlein, als der 69-Jährige von Attentätern erschossen wurde. Das Leben und Ende des sexbesessenen Potentaten hat der peruanische Literaturnobelpreisträger Mario Vargas Llosa (1936) in seinem Roman *Das Fest des Ziegenbocks* thematisiert. Das Buch rief bei Erscheinen unter der bessergestellten Bevölkerung Empörung hervor, denn detailliert schildert Vargas Llosa, wie Anhänger und Minister Trujillos ihm sogar ihre Ehefrauen »zuführten«, um Vorteile zu haben.

Mario Vargas Llosa: Das Fest des Ziegenbocks, 538 S., 12,99 Euro.

Die Uferpromenade mit ihrer Palmenallee direkt auf den Klippen

SANTO DOMINGO

Der Tod des Ziegenbocks

Rafael Leónides Trujillo Molina war am späten Nachmittag des 30. Mai 1961 auf dem Weg nach San Cristóbal. Seit Tagen lauerte eine Gruppe von Dominikanern, die sich über die Jahre von ihm politisch abgewandt hatten, am Straßenrand auf den Moment, in dem er vorbeikommen würde. Sie wurden mit Informationen aus seiner direkten Umgebung versorgt. Die sieben Männer verfolgten das Fahrzeug ohne Eskorte und stellten es wenige Hundert Meter hinter dem heutigen Hubschrauberlandeplatz. An der Stelle, an der Trujillo erschossen wurde, steht heute ein schwarz gefliestes Denkmal. Es soll nicht nur an das Attentat und das Ende der Diktatur erinnern, sondern auch an die Attentäter, von denen nur zwei überlebten, und die während der Diktatur ermordeten Dominikaner.

Die Aussichtsplattformen

Ab der Avenida Abraham Lincoln bis fast zum Denkmal hat die Stadtverwaltung mehrere Plattformen für Angler und Spaziergänger errichten lassen, um einen Panoramablick auf das Meer und die Uferpromenade werfen zu können. Darauf wurden Parkbänke errichtet und davor Parkplätze geschaffen. Die Wohnsiedlungen rechts der Autopista 30 de Mayo sind beim dominikanischen Mittelstand aufgrund ihrer trotz Schnellstraße ruhigen Lage beliebt. Hier befindet sich auch »Casa España«, eine Klubanlage spanischer Einwanderer, denen Restaurants und Bars, Sport- und Schwimmanlagen zu ihrer Freizeitgestaltung zur Verfügung stehen. Markant der Punkt, an dem die Schnellstraße vom Meer wegführt und nach rechts die Avenida Luperón abzweigt. Rund um die Unterführung und das Straßenkreuz findet jeden Sonntag der Mercado de Pulga, ein riesiger Trödelmarkt, statt.

Oben: Das Centro de los Heroes wurde im Protz-und-Pracht-Stil à la Trujillo gebaut.
Unten: Das Heldendenkmal ist an der Stelle errichtet, wo Diktator Trujillo erschossen wurde.

Der Malecón

Infos und Adressen

SEHENSWÜRDIGKEITEN
Malecón. 14 Kilometer Uferpromenade.

ESSEN UND TRINKEN
D'Luis Parrillada. Grillgerichte mit Blick auf das Karibische Meer. So–Do 8–1, Fr, Sa 8–3 Uhr, Paseo Presidente Billini 25, Ecke Calle 19 de Marzo, Malecón, Zona Colonial, Santo Domingo, D.N., Tel. 1809/686 29 40, www.dluisparrillada.com

La Parrillada Malecón 7. Einen Grillteller und ein eiskaltes Bier, perfekt. Tägl. 10–1 Uhr, Paseo Presidente Billini, Ecke Calle 19 de Marzo, Malecón, Zona Colonial, Santo Domingo, D.N., Tel. 1809/682 36 78

Vesuvio I. Stilvoll in klimatisierten Räumlichkeiten italienisch speisen, am Wochenende vorbestellen. Avenida George Washington 521, Zona Colonial, Santo Domingo, D.N., Tel. 1809/221 19 54, www.vesuvio.com.do

Ein Ständchen zum Nachtisch bringen die Barden des Lokals.

ÜBERNACHTEN
Crowne Plaza Santo Domingo. Hier steigen gern Diplomaten und Regierungsvertreter ab. Avenida George Washington 218, Gazcue, Santo Domingo, D.N., Tel. 1809/221 00 00, www.ihg.com

Hilton Santo Domingo. Geschäftsreisende wohnen hier gern direkt am Malecón. Avenida George Washington 218, Santo Domingo, D.N., Tel. 1809/731 41 41, www.hiltoncaribbean.com/santodomingo

Napolitano Hotel & Casino. Zentral gelegen und preiswert für ein Businesshotel in dieser Lage. Avenida George Washington 51, Malecón, Ciudad Nueva, Santo Domingo, D.N., Tel. 1809/687 11 31, www.napolitano.do

Sheraton. Mit der Eleganz und dem Luxus der Sheraton Hotels. Avenida George Washington, Malecón, Gazcue, Santo Domingo, D.N., Tel. 1809/221 66 66, www.starwoodhotels.com/sheraton

INFORMATION
www.godominicanrepublic.com

Mittagstisch oberhalb des Meers bietet das Restaurant »D'Luis Parrillada«.

SANTO DOMINGO

9 Villa Mella
Stadt der Trommeln

Der komplette Stadtname lautet San Felipe de Villa Mella. Aber niemand benutzt diese Bezeichnung. Villa Mella liegt zehn Kilometer vom Zentrum Santo Domingos hinter dem Río Isabela und ist mit dem Stadtkern durch die einzige Metro in der Karibik verbunden. Die Vorstadt ist bekannt für frittierte Schweineschwarten und als Heimat der Bruderschaft des Heiligen Geistes der Congos, die von der UNESCO im Jahr 2001 als Weltkulturerbe anerkannt wurde.

Mit der Linie 1 der Metro ist man aus der Innenstadt von Santo Domingo in gut zehn Minuten in der quirligen Vorstadt Villa Mella. Schon an der Endhaltestelle Mamá Tingó schallen einem die Rufe der Verkäufer entgegen, die die kross gebratene Schweinschwarte anpreisen: »Chicharones de Villa Mella«. Für die frittierten Schweinestücke wird die Schwarte mit Fett- und dünner Fleischschicht verwendet und in Stücke geschnitten und dann sehr kross in Öl ausgelassen. Dazu wird Casabe angeboten, ein Fladenbrot aus der Maniokwurzel, die schon die Taínos aßen. Keine Diät-Mahlzeit, aber nun mal typisch.

Das Städtchen Villa Mella

Das ehemalige »dörfliche Zentrum« der Vorstadt befindet sich rund um den Parque Central, der nach dem »Vater des Vaterlandes«, Matías Ramón Mella Castillo (1816–1864), benannt ist. Während in den 1960er-Jahren Villa Mella noch ein eigenständiges Dorf war, leben inzwischen weit über 100 000 Menschen hier.

Mitte: »Chicharones« sollte man probieren, wenn man nach Villa Mella kommt.
Unten: Einmalig in der Karibik: Seit 2009 transportiert die Metro Passagiere unterirdisch durch die Stadt.

Villa Mella

Das Trommel-Fest der Cofradía

Rund um den Park und in den Nebenstraßen findet man noch alte Holzhäuser mit Veranden, einige Hundert Meter weiter liegt der Friedhof der Siedlung mit einem bunten Gewirr von Gräbern, von denen einige wie Pilgerstätten für Heilige aussehen. Der Zentralpark mit seinem viereckigen Pavillon ist jedes Jahr zu Pfingsten Treffpunkt von Besuchern und Anwohnern, wenn die Bruderschaft des Heiligen Geistes der Congo-Trommeln das christliche Fest mit afrikanischer Buntheit, Klängen und Gesängen feiert. Rund um die Grünanlage stehen dann unzählige Stände mit den berühmten Chicharrones und anderen Leckereien.

Die Bruderschaft des Heiligen Geistes der Congos

Die Cofradía de los Congos del Espíritu Santo de Villa Mella ist ein Überbleibsel aus der Sklavenzeit. Die aus Afrika verschleppten Zwangsarbeiter kombinierten ihre heimatlichen Gebräuche mit den religiösen Zeremonien ihrer Sklavenhalter. Die Bruderschaft schaut auf eine mehrhundertjährige Tradition seit ihrer Gründung Ende des 16. Jahrhunderts zurück. Bestimmend für die Mitgliedschaft in der im Spanischen »Cofradía« genannten Bruderschaft sind die familiären Bande. Dadurch ergibt sich auch die Rangordnung innerhalb der Gemeinschaft der gegenseitigen Hilfe, die Alten geben die Tradition an die Jungen weiter.

Die Feierlichkeiten zu Pfingsten (Espíritu Santo) sind beeindruckend, denn die Mitglieder feiern dann tagelang mit spirituellen Gesängen und den Hand- und Baumtrommeln, den Congos, nach Riten, die in den einzelnen Familien mündlich überliefert wurden. Im Jahr 2001 wurde dies von der UNESCO zum mündlichen und immateriellen Weltkulturerbe der Menschheit erklärt.

Infos und Adressen

SEHENSWÜRDIGKEITEN

Museo de la Cofradía del Espíritu Santo de los Congos de Villa Mella de Mata de los Indios. Calle 30 Nr. 39, Mata los Indios, Villa Mella, Santo Domingo, Tel. 1809/239 95 06

ESSEN UND TRINKEN

La Doña de Los Chicharrones. Av. Hermanas Mirabal, gegenüber von JuanCito Sport, Villa Mella, Santo Domingo

ÜBERNACHTEN

Barceló Santo Domingo. Fünfsternehotel mit Blick über die Stadt. Avenida Máximo Gómez 53, Ecke 27 de Febrero, Santo Domingo, Tel. 1809/563 50 00, www.barcelo.com

Courtyard Santo Domingo. Geschmackvoll eingerichtetes Businesshotel. Avenida Máximo Gómez 50ª, Santo Domingo, Tel. 1809/685 10 10, www.marriott.com

VERANSTALTUNGEN

Pfingsten. Rund um den Parque Local Matías Ramón Mella. Villa Mella

SANTO DOMINGO

10 Die tanzende Stadt
Merengue, Bachata, Son

Tanzen kann in der Dominikanischen Republik fast jeder. Sei es zu den Klängen einer der unzähligen Merengue-Orchester oder der Bachata-Sänger, die klagend einer verlorenen Liebe nachtrauern. Nach Feierabend findet der Besucher eine tanzende Stadt vor. Die Menschen brauchen nicht viel für ein Fest: eine Eckkneipe und den Bürgersteig als Tanzfläche, auf dem sie zu lautstarker rhythmischer Beschallung ihre Hüften und Füße bewegen können.

Colmados gibt es in der Dominikanischen Republik wie Sand am Meer. Die Tante-Emma-Läden, in denen man bis tief in die Nacht Grundnahrungsmittel einkaufen kann, verwandeln sich oft mit Einbruch der Dunkelheit zu Eckkneipen, in denen man sein Bier oder einen »Trago« genießt: Rum, ein Softgetränk und ordentlich Eis dazu. Und ohne Musik sind die kleinen Läden am Abend überhaupt nicht vorstellbar. Viele verwandeln sich nach Feierabend zusätzlich zu einer Volksdisko-

Tanzvorführungen sind ein beliebter Zwischengang im Restaurant »Conuco«.

MAL EHRLICH

NUR MUT!
Wer traut sich noch als Europäer das Tanzbein zu schwingen, wenn man die hüftschwingenden eleganten Bewegungen der dominikanischen Paare beim Tanz sieht? Wenige. Dabei ist die Schrittfolge so einfach, und man braucht sich oder seine(n) Tanzpartner(in) ja nicht so virtuos zu drehen wie die Einheimischen. Und die Dominikaner freuen sich, wenn sich Touristen von ihrem Rhythmus mitreißen lassen.

Die tanzende Stadt

thek, in der »Mann« ein Tänzchen mit der Nachbarin oder der Freundin wagt.

Tanzschuppen Colmado

In der und rund um die koloniale Altstadt von Santo Domingo gibt es unzählige Kneipenläden, in denen die offiziellen Öffnungszeiten ignoriert werden, um zu feiern. Die koloniale Altstadt hat sich sehr zum Ärger der Anwohner zu einem lautstarken Vergnügungszentrum entwickelt, mit Diskotheken und Kneipen, aber auch sogenannten Großcolmados, die sich mehr und mehr zu Trinkhallen entwickeln. In der Straße Benito zwischen der Avenida Duarte und der Calle José Reyes zum Beispiel geht es abends beim Tanz lautstark zu: Bachata, Merengue, Salsa und Son bringen die Menschen in Bewegung. Und sonntags treffen sich die Hardcore-Tänzer an den Ruinen des Klosters San Francisco, wenn die Gruppe Bonyé beim Kiosk von Don Guillermo spielt.

Tanzszene

Jedes Viertel hat seine eigene Tanzszene. Aber nicht alle Stadtviertel – wie die Barrios rechts und links des Flusses Ozama – sind dafür geeignet, dass sich Touristen nach Einbruch der Dunkelheit dort aufhalten. Im Osten der Stadt ziehen die zahlreichen Diskotheken in der Avenida Venezuela die Menschen magisch an, allerdings sollte man dorthin am besten mit dem Taxi fahren. Im Westen der Capital, wie die Dominikaner sagen, spielt sich das abendliche Leben zwischen der Avenida Abraham Lincoln und Avenida Winstón Churchill ab. Dort treffen sich die Jugendlichen aus begütertem Hause oder jene, die dazu gehören wollen. Aber die Top-Adressen wechseln so schnell wie die Taktfolge bei der neuen Modemusik Reggaetón. Trauben von Menschen signalisieren, welche Knei-

AUTORENTIPP!

TANZ AUF DER STRASSE
Sonntags wird in der kolonialen Altstadt auf der Straße getanzt. Bis zu 2000 Menschen drängen sich dann rund um das Portal des ehemaligen Klosters San Francisco. Seit 2008 bringen die Musiker der Feierabendband Bonyé mit Merengue-, Son- und Salsa-Klängen die Zuschauer in Bewegung. Eine der sonntäglichen Attraktionen der Altstadt. Der kleine Kiosk »El Rinconcito de Don Guillermo« neben dem Ex-Kloster war schon immer an Wochenenden Treffpunkt für jene, die Son und Bolero liebten. An der Bude bestellten Frauen und Männer nach Feierabend ihre »Tragos«, meist Rum oder Bier; aus einem Spontankonzert vor der Ruinenkulisse entwickelte sich dann eine feste sonntägliche Institution.

El Rinconcito de Don Guillermo.
So–Do 12–24, Fr, Sa 12–24 bzw. 1 Uhr, So 17–22 Uhr Livemusik mit der Gruppe Bonyé. Direkt neben den Ruinas del Monasterio de San Francisco liegt die Freiluftbar. Straße Hostos, Ecke Emiliano Tejera 255, Zona Colonial, Santo Domingo, D.N.

Merengue bringt hier jeden in Bewegung.

83

SANTO DOMINGO

pen, Discos oder Trinkhallen derzeit up to date sind.

Tanzen im Zwei-Viertel-Takt

Merengue und Dominikanische Republik gehören zusammen. Merengue heißt aus dem Spanischen übersetzt »Sahnebaiser«. Die Musik und der Tanz im Zwei-Viertel-Takt sind eine Art Melange zwischen afro-karibischen Rhythmen und französischem Contradanza, in die Elemente des spanischen Zapatero-Tanzes und der italienischen Barcarola eingeflossen sind. Besonders während der Trujillo-Diktatur war der Merengue populär. Nicht zuletzt dies hat dazu beigetragen, dass die vor allem von Hüftbewegungen begleiteten Schrittfolgen zeitweise unpopulär waren. Der dominikanische Sänger und Musiker Juan Luis Guerra hat mit seiner Band *4:40* den Merengue wieder populär gemacht.

Die Musik des Bitteren

Die Geschichte des Bachata klingt ähnlich wie die des griechischen Rembetiko oder des Tango. Entwickelt hat sich die im Vier-Viertel-Takt gespielte Musik des »Amargo« in der städtischen Subkultur der Kneipen und Colmados. Sie erzählt von der bitteren Enttäuschung eines Liebenden, von Verlust und Leid, von der Sehnsucht des Zurückgelassenen. Bachata verbindet Elemente des rhythmischen Bolero, des kubanischen Son und des dominikanischen Merengue zu einer ganz eigenen Form. Besonders in den Vorstädten und bevölkerungsreichen Vierteln der Stadt wird der von wehklagenden Gitarrenklängen begleitete Bachata mit Inbrunst getanzt und gehört. Mit seinem Album »Bachata Rosa« hat Juan Luis Guerra auch hier dafür gesorgt, dass dieser Musik- und Tanzrichtung Aufmerksamkeit geschenkt wurde.

Oben: Perico Ripiao werden die volkstümlichen Weisen der Straßenmusikantentrios genannt.
Unten: Eng umschlungen wird Merengue im Zwei-Viertel-Takt getanzt.

Die tanzende Stadt

Infos und Adressen

ESSEN UND TRINKEN
Falafel. Israelische und arabische Spezialitäten im Innenhof eines entkernten Kolonialhauses, am Wochenende oft Livemusik. Mo–Do 16–24, Fr–Sa 16–1, So 16–24 Uhr, Calle Sánchez, Ecke Padre Billini, Zona Colonial, Santo Domingo, D.N., Tel. 1809/688 97 14

ÜBERNACHTEN
Hostal Condo Parque & Venus Cafe Bar. Preiswerte Zimmer direkt in der Altstadt. Calle Palo Hincado 165, Zona Colonial, Santo Domingo, D.N., Tel. 1809/333 67 13, www.condo-parque.com

AUSGEHEN
Bio Bar Lounge. Groovy Diskothek, in der sich die Künstler- und Alternativszene trifft. Mi–Do 20–1, Fr, Sa 20–3 Uhr, Tel. 1809/686 01 47

El Sartén. Treff der Salsa-, Son- und Merengue-Liebhaber. So, Mi, Do 20–1, Fr, Sa 20–3 Uhr, Calle Hostos 153, Zona Colonial, Santo Domingo, D.N., Tel. 1809/686 96 21

Guácara Taína. Zu besonderen Veranstaltungen geöffnete Disco in einer Höhle. Avenida Mirador del Sur, Mirador del Sur, Santo Domingo, D.N., Tel. 1809/533 10 51, www.guacarataina.net

Onno's Bar Zona Colonial. Angesagte Bar-Lounge. So, Mi, Do 20–1, Fr, Sa 20–3 Uhr, Calle Hostos Casi, Ecke El Conde 157, Zona Colonial, Santo Domingo, D.N., Tel. 1809/689 11 83, www.onnosbar.com

Parada 77. Urige Tanzbar, in der es am Wochenende zur vorgerückten Stunde eng wird. Tägl. ab 20 Uhr, Calle Isabel La Católica 255, Zona Colonial, Santo Domingo, D.N., Tel. 1809/221 78 80

Parque Duarte. In dem Park trifft sich die Jugend der Stadt. Die alkoholische Verpflegung liefert ein kleiner Hausflurkiosk bis zur Polizeistunde, die am Wochenende bis 3 Uhr ausgedehnt ist. Tägl. ab 21 Uhr, Calle Padre Billini, Ecke Calle Hostos

INFORMATION
www.latinsalsa.de/tanzstile/tanzschritte

Die Restaurant-Bar »Falafel« mit der israelischen und arabischen Küche ist bei Künstlern beliebt.

SANTO DOMINGO

11 Boca Chica
Die Großbadewanne an der Südküste

Boca Chica ist der Hausstrand von Santo Domingo. An Wochentagen dominieren in dem 30 Kilometer östlich gelegenen Örtchen Urlauber, vielfach alleinstehende Männer, den Strand und die Hauptstraße Calle Duarte. Am Wochenende kommen die Bewohner der dominikanischen Hauptstadt, um sich zu entspannen – dann herrscht laute Enge im hüfthohen Wasser.

Ohne Zweifel ist Boca Chica an der Südküste der quirligste Touristenort. Auf den ersten Blick scheint der Ort direkt am Strand nur aus Restaurants, Bars, Kneipen und Diskotheken zu bestehen. An dem oft nur 20 bis 30 Meter breiten Strandbereich steht Liege an Liege. Fliegende Händler gewähren kaum Ruhe. Und am Abend, wenn die Hauptstraße, die Calle Duarte, für den Autoverkehr geschlossen wird, verwandelt sie sich in eine noch nicht einmal einen Kilometer lange Open-Air-Diskothek mit Anmach-Atmosphäre. Dann halten europäische Männer Ausschau nach hüftschwenkenden karibischen Schönheiten – für einen geruhsamen Familienurlaub ist Boca Chica nicht der richtige Standort. In den letzten Jahren haben die dominikanische Regierung und die Stadtverwaltung immer wieder versucht, den ausufernden Prostitutionstourismus einzudämmen, mit einigem, aber nicht überwältigendem Erfolg.

Mitte: Wegen seiner flachen Gewässer wird die Bucht von Boca Chica die »Badewanne« der Hauptstadt genannt.
Unten: Papageifische und Doraden werden in Öl frisch frittiert.

Dominikanisches St. Tropez

In den 1930er-Jahren standen in Boca Chica nur ein paar Fischerhütten und in der Umgebung

Boca Chica

wiegte sich Zuckerrohr. Von dem Ingenio de St. Andrés, der Zuckerfabrik, wurde Zucker in die ganze Welt exportiert. Der Diktator des Landes Rafael Leónides Trujillo Molina (1891–1961) und seine Familie fanden Gefallen an dem fast menschenleeren Ort und errichteten direkt am Strand ihre Villen. An der Playa St. Tropez, wie er etwas größenwahnsinnig getauft wurde, durften sich bald auch betuchte Familien mit Nähe zu Trujillo ansiedeln. In den 1950er-Jahren ließ er dann das Hotel »Hamaca« bauen.

Spaziergang in der Badewanne

Nach dem Ende der 31-jährigen Diktatur erkoren die Hauptstädter die nahe gelegene kleine *chica*, halbrunde Bucht (Boca heißt Mündung) zum Ziel ihres Wochenendvergnügens. Boca Chica hat einen großen Vorteil: die Halbinsel Caucedo. Dort befinden sich der internationale Flughafen Las Américas und ein Containerhafen. Die Halbinsel schützt die Bucht und den etwa zwei Kilometer langen Strand der Ortschaft. Dazu kommt ein doppeltes, vorgelagertes Korallenriff. Das Wasser dazwischen reicht selten höher als bis zur Hüfte. Das hat der Bucht den Namen »Badewanne der Hauptstadt« eingebracht. Gefahrlos kann man fast bis zu den Riffen einen Meeresspaziergang machen. Wegen der niedrigen Wassertiefe ist Boca Chica auch für Tauchanfänger und Schnorchler interessant. Zusätzlich verfügt die Bucht über zwei kleine Inseln. Los Pinos entstand durch Sandaufschüttungen, das Eiland La Matica besteht aus Mangroven, in denen sich zahlreiche Fische und einheimische Wasservögel angesiedelt haben.

Heute leben im urbanen Bereich von Boca Chica und St. Andrés rund 50 000 Menschen. Von der Zuckerfabrik ist nur noch der große, rotweiß gestrichene Kamin stehen geblieben.

Infos und Adressen

ESSEN UND TRINKEN

Neptuno's Club Restaurant. Essen über dem Meer und gratinierte Königskrabben auf dem Tisch – köstlich. Mit Badevergnügen. Mo–So 10–24 Uhr, Calle Prolongación Duarte, Boca Chica, Tel. 180/95 23 47 03, www.neptunos.com.do

Puerco Rosado. Die deutsche Inhaberin Petra und ihr Mann Cesare servieren italienische Gerichte. Mo–So 7.30–19.30 Uhr, Calle Pedro Mella 1, Boca Chica, Tel. 180/95 23 43 07

Pequeña Suiza. Spezialität ist nicht nur Käse-, sondern auch Fleisch- und Meeresfrüchte-Fondue. Mo–So 7–24 Uhr, Calle Duarte 56, Boca Chica, Tel. 180/95 23 46 19, pequenasuiza@yahoo.it

ÜBERNACHTEN

Be Live Hamaca. Das beste All-Inclusive-Resort im Ort. Calle Duarte/Ecke Caracol 1, Boca Chica, Tel. 180/95 23 46 11, www.belivehotels.com

AUSGEHEN

Batey. Die angesagteste Diskothek. Mo–So 21–5 Uhr, Calle Duarte/Ecke Juannico García, Boca Chica

AKTIVITÄTEN

Caribbean Divers. Calle Duarte 44, Boca Chica, Tel. 180/98 54 34 83, www.caribbeandivers.de

INFORMATION

Ministerio de Turismo. Calle Duarte/Ecke Juan Bautista Vicini, Tel. 180/95 23 51 06

SANTO DOMINGO

12 Die Route der Zuckermühlen
Auf den Spuren des Zuckers

Zuckerrohr, von den Spaniern mitgebracht, hat die Insel einst reich gemacht und zur »Perle der Karibik« werden lassen. Über Jahrhunderte drehte sich alles um den süßen Saft. Die ersten Zuckerfabriken wurden rund um Santo Domingo erbaut. Sie waren zum Teil im Besitz von Christoph Kolumbus.

Der Weg zur ehemaligen größten Zuckermühle Santo Domingos ist nicht leicht zu finden. Der Ingenio Engombe liegt rund vier Kilometer westlich hinter dem Verteiler Plaza de la Bandera innerhalb des Parks Mirador del Oeste. Oberhalb des Flusses Aina, kurz vor der Mautstelle, rechts in eine schmale Einfahrt abbiegen.

Ingenio Engombe

Der Palacio de Engombe ist ein zweigeschossiger Bau, der 1535 fertiggestellt wurde. Hier stand die wohl bedeutendste Zuckerverarbeitungsanlage. Die Anlage gehörte dem italienischen Siedler Esteban Justinian und beschäftigte 80 Taíno-Ureinwohner und 100 schwarze Sklavenarbeiter. Es handelte sich um die erste hydraulische Zuckergewinnung, die jedoch gegen Ende des 16. Jahrhunderts Probleme bekam, weil der Fluss austrocknete. Das führte dazu, dass die Zuckerpresse von Rindern betrieben werden musste. Der Name der Mühle ist vermutlich afrikanischen Ursprungs. »N-Gombe« meint so viel wie Kuh oder Stier. Während von der Presse selbst nur noch die Basis zu sehen ist, gibt es neben dem Lager auf dem Gelände noch die Ruine der Kapelle Santa Ana.

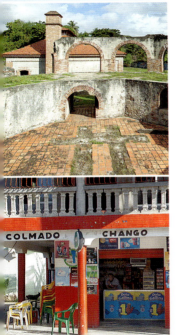

Mitte: Die ehemalige Zuckermühle in Igenio Boca de Nigua ist noch gut erhalten.
Unten: Bis tief in die Nacht sind die Colmado genannten Tante-Emma-Läden in Boca de Nigua offen.

Die Route der Zuckermühlen

Eremita de San Gregorio de Nigua

Hinter der Mautstation muss man links auf die Carretera Sánchez abbiegen, die nach Nigua führt. An der großen Abbiegung geht es nach links und sofort wieder nach rechts Richtung Palenque. Nach wenigen Metern liegt links die Einsiedelei San Gregorio de Nigua. Die vor 1606 gebaute Kapelle ist typisch für die Bauweise auf den Plantagen dieser Zeit. Das Altarbild der Virgen de La Altagracia zeigt afrikanische Züge, die Ohrringe des besonders von den Sklaven verehrten Marienbildes sind ungewöhnlich für zeitgenössische, religiöse Darstellungen.

Ingenio Boca de Nigua

Wenige 100 Meter nach der Überquerung des Nigua-Flusses geht es links zur Zuckermühle Boca de Nigua, links halten. Am ersten Haus nach dem Abzweig nach dem Schlüssel für das abgesperrte Gelände fragen. Das Hauptgebäude, in dem die Sudkessel vom Keller aus befeuert wurden, um aus dem Zuckersaft Melasse zu kochen, ist noch fast vollständig erhalten bzw. wurde restauriert. Hinter der Halle lag früher die Presse, von wo aus der Saft in die Kessel floss. Auch von unten kann das Gebäude besichtigt werden.

Am 30. Oktober 1796 war diese Zuckermühle Schauplatz des ersten Sklavenaufstandes, als 200 Versklavte das Gelände besetzen. Die Region rund um Nigua war während der Trujillo-Diktatur in dessen Besitz und wurde als Rinderfarm genutzt. Nur wenige Hundert Meter weiter liegt die Zuckermühle Diego Caballero. Die Mühle verfügte über einen Kanal für den Wasserbetrieb der Presse und insgesamt fünf Feuerstellen aus Backstein, auf denen der Zucker gekocht wurde. Zu ihrer Blütezeit befanden sich auf dem Gelände über 60 Wohnhäuser.

Infos und Adressen

SEHENSWÜRDIGKEITEN
Die Zuckermühlen Ingenio Engombe und Ingenio Diego Caballero sind frei zugänglich, den Schlüssel für das Gelände des Ingenios Boca de Nigua hat ein Nachbar direkt an der Einfahrt zum Gelände. Die Kapelle Eremita de San Gregorio de Nigua ist lediglich sonntags garantiert offen.

ESSEN UND TRINKEN
Am Strand Playa de Najayo befinden sich verschiedene Fischgarküchen direkt am Strand, die frisch zubereitete Fischgerichte anbieten. Tägl. 8–20 Uhr, Najayo, San Cristóbal.

ÜBERNACHTEN
Rancho Ecológico El Campeche. Ökofinca mit Waldgelände, eigener Höhle und Swimmingpool sowie Campingplatz. Zehn Minuten vom Strand von Najayo entfernt. Hinter Najayo vor der Zementfabrik rechts abbiegen. Am Hinweisschild links in den Feldweg abbiegen und zwei Kilometer dem Weg folgen. Voranmeldung erforderlich.
Tel. 1809/686 10 53, www.rancho-campeche.com

AKTIVITÄTEN
Novocentro bietet den »Weg der Sklaven« als halbtägigen Ausflug an. Tel. 1809/549 58 15

DER SÜDOSTEN

13 Juan Dolio und Guayacanes
Klein-Marbella in der Karibik –
und die Alternative   **92**

14 San Pedro de Macoris
Die Stadt des Zuckers und der Guloyas   **96**

15 La Cueva de las Maravillas
Die wundervolle Höhle   **98**

16 La Romana
Die Stadt mit dem Luxuswohngebiet   **100**

17 Altos de Chavón
Mediterranes Künstlerdorf
in der Karibik   **104**

18 Boca de Yuma
Ein Fischerdorf abseits
der Touristenrouten   **108**

19 Bayahibe
Das Naturschutzgebiet des Ostens   **112**

20 Isla Saona
Eine Trauminsel zum Entspannen   **120**

DER SÜDOSTEN

13 Juan Dolio und Guayacanes
Klein-Marbella in der Karibik – und die Alternative

Zwischen der Küstenstraße und dem Strand bleibt nicht viel Platz. Trotzdem sollte in den 1980er-Jahren an der Südküste in Juan Dolio das dominikanische Marbella entstehen. Die Nordküste machte das Rennen, und der Küstenort gut 50 Kilometer östlich von Santo Domingo spielte keine große Rolle mehr im Tourismus. Seit ein paar Jahren haben Großinvestoren diesen Standort für Immobilienprojekte mit exklusiven Apartments entwickelt.

Die Skyline von Juan Dolio mit 20-geschossigen Hochhäusern direkt am Strand wird nur von Santo Domingo übertroffen. Dass hier mal mit dem spanischen Badeort Marbella als Vorbild verbundene Träume von einer mondänen Ferienidylle in der Karibik platzten, machen ein paar im Rohbauzustand belassene Gebäude deutlich. Wer in Juan

Vorangehende Doppelseite: Am Abend werden die Schnellboote am Strand von Bayahibe festgemacht.
Oben: Die Playa Guyacanes ist an Wochenenden besonders bei Einheimischen beliebt.

> ## MAL EHRLICH
> **KRACH AUS MEGABOXEN**
> Offene Kofferräume mit eingebauten Megaboxen, deren vibrierende Bässe man auch noch in mehreren Metern Entfernung körperlich spürt, sind auf dem Parkplatz am Strand von Guayacanes keine Seltenheit. Die Dominikaner lieben den Strandaufenthalt in lautstarker musikalischer Begleitung. Da stört es auch nicht, wenn der Nachbar einen anderen Musikgeschmack ebenso lautstark seiner Umgebung präsentiert. Das kann einem den Strandaufenthalt am Wochenende verleiden.

Juan Dolio und Guayacanes

Dolio auf ein Ortszentrum hofft, wird enttäuscht. Vielleicht lässt sich das Ende der Strandstraße, Camino de la Playa, und der Beginn der Hauptstraße, Calle Principal, noch am ehesten mit gutem Willen als die dörfliche Mitte ausmachen. Dort, wo der sogenannte Boulevard de Juan Dolio am engsten an den Strand heranrückt, liegt eine kleine Bucht mit Restaurants und Einkaufsläden. Hier lebten Fischer, bis der internationale Tourismus den verschlafenen Ort wachküssen wollte. Doch es kam alles anders.

Auf Kalk gebaut

Obwohl in den Gründerjahren des dominikanischen Tourismus der Flughafen von Santo Domingo nahe war, machten auch geologische Probleme den Entwicklungsplänen an dem rund sieben Kilometer langen Küstengebiet ein frühes Ende. Zwar gibt es Strände mit feinem Korallensand, dazwischen dominiert aber scharfkantiges Muschelkalkgestein mit nicht tragfähiger Bodenbeschaffenheit. Kein guter Grund für Ferienanlagen haben sich gehalten und sind auch und gerade bei deutschen Karibikreisenden beliebt.

Klein-Marbella in der Karibik

Im Osten dieses lang gezogenen Küstenstreifens hat sich nun nachträglich ein Stückchen Marbella in der Karibik realisiert. In diesem Teil von Juan Dolio fühlt sich der Besucher wie in einer anderen Welt. An dem großzügig gestalteten Boulevard Carretera Nueva mit Mittelstreifenbegrünung reihen sich abgeschottete Ocean-View-Apartments mit blau getönten Glasbrüstungen aneinander, die dazu noch künstlich angelegte Grünanlagen und gechlorte Swimmingpools anbieten. Italienische Eisdielen, Delishops mit täglich wechselndem Wraps- und Healthfood-Angeboten halten nicht

AUTORENTIPP!

EIN WEINKENNER IN DER KARIBIK

Das Weinfachmagazin *Wine Spectator* hat Walter Kleinert acht Mal hintereinander mit dem Award of Excellence ausgezeichnet. Der Wahl-Dominikaner aus Zürich hat sich in Guayacanes ein kleines, aber sehr feines Restaurant direkt am Strand aufgebaut. Es zeichnet sich nicht nur durch sein hervorragendes und in der karibischen Hitze trotzdem wohltemperiertes Weinangebot (rund 850 Sorten) aus, sondern auch durch seinen Whiskey-Bestand von ausgewählten 60 Single-Malt-Sorten. An den Wochenenden kommen Hauptstädter gerne in das Restaurant mit Strandzugang, um sich zu sonnen, zu baden und die internationale Küche des Weinkenners und Küchenchefs zu genießen, der auch selbst gebackenen Kuchen und Brot anbietet.

Deli Swiss. Mo–So 11–21 Uhr, Calle Principal 338, Guayacanes, Tel. 180/95 26 12 26, www.deli-swiss-restaurant.com

Zum Sonnen und auch zum Surfern ist die Playa Caribe beliebt.

DER SÜDOSTEN

Oben: Der weiße Strand von Juan Dolio am Karibischen Meer sollte einmal ein Klein-Marbella werden.
Mitte: Ambulante Händler bieten »Agua de Coco« rufend frische Kokosnüsse den Urlaubern an.
Unten: Feucht und fröhlich geht es im »Waterpark Los Delfines« zu.

kaufkräftige Dominikaner allein schon durch das Preisniveau ab, hierherzukommen.

Fangfrisch auf den Tisch

In diesem Meer von Neonröhrenbeleuchtung und Modernität hebt sich ein kleines italienisches Esslokal am Anfang der Hauptstraße angenehm ab. Oreste legt keinen Wert auf Styling, eine Menükarte und -tafel gibt es nicht. Die unscheinbare gläserne Eingangstür zu »Da Oreste« übersieht man schnell. Auf den Tisch des direkt am Strand gelegenen Restaurants kommen wechselnde Menüs, die vom täglichen Einkaufsangebot abhängen. Haben die Fischer reichlich Red Snapper oder Doraden gefangen, dann werden die verarbeitet, gibt es Langusten, Krebse und andere Schalentiere, dann bereitet der Italiener in seiner kleinen Küche einen köstlichen Meeresfrüchteeintopf oder eine Grillplatte zu.

Guayacanes – das andere Juan Dolio

Dominikanischer und auch authentischer wirken das westlich gelegene Guayacanes und seine Strandzone. Ein paar Tausend Dominikaner leben hier, dazwischen haben sich direkt am Strand Großstädter mit ihren Ferienhäusern eingekauft. Hotelunterkünfte sind allerdings rar, oder man muss mit sehr einfachen Unterkünften vom Hostal-Typ vorliebnehmen. Dafür wird man aber mit einem netten Örtchen belohnt, das auch Dominikaner noch gern zum Wochenende besuchen, einem relativ flachen Strand und einer Handvoll kleiner Seaside-Restaurants, die nichts dagegen haben, wenn sich ihre Gäste für den ganzen Tag am Tisch im Schatten häuslich einrichten: schwimmen, sonnenbaden und Mittagessen inklusive.

Juan Dolio und Guayacanes

Infos und Adressen

ESSEN UND TRINKEN
Da Oreste. In der Küche wird nur zubereitet, was am Morgen frisch eingekauft werden konnte. Mi–Fr 12–16, 19–23, Sa, So 12–23 Uhr, Calle Principal, Juan Dolio, Tel. 182/96 40 64 37

El Mesón. Eines der ältesten Restaurants aus der Blütezeit des Ortes hat sich mit seiner spanischen Küche gehalten. Mo–So 11–23 Uhr, Calle Boulevard, gegenüber vom Strandklub Hemingway, Juan Dolio, Tel. 180/95 26 26 66

Playa del Pescador. Auch wenn die Spezialität frische Fischgerichte sind, ist das Restaurant auch für seine Steaks bekannt. Mo–So 8–23 Uhr, Calle Principal 55, Guayacanes, Tel. 180/95 26 26 13

Frittierte Schweineschwarte gibt es an der Raststätte am Straßenrand von Juan Dolio.

Das »El Mesón« ist für seine Meerespaella bekannt.

Sal Marina. Ein Bistro für den schnellen Hunger mit Hauslieferung. Mi–So 12–24 Uhr, Calle Boulevard, gegenüber vom Strandklub Hemingway, Plaza Castilla, Juan Dolio, Tel. 180/95 26 12 20, es-es.facebook.com/SalMarinaRestaurant

Soya Azul. Die asiatische Küche und ein reichhaltiges Sushi-Angebot überzeugen. Di–So 11–23 Uhr, Calle Principal, Juan Dolio, Tel. 180/95 26 39 03

ÜBERNACHTEN
Barceló Capella Beach. Der beliebte Platzhirsch unter den nur noch wenigen All-Inclusive-Hotels. Calle Villas del Mar 4750, Juan Dolio, Tel. 180/95 2610 80, www.barcelocapella.com

Fior Di Loto Hotel. Seit mehr als 20 Jahren ein kleiner indischer Tempel in der Karibik mit gepflegten, einfachen Zimmern. Calle Central 517, Juan Dolio, www.fiordilotohotels.com

AUSGEHEN
Wood Madera Cafe. Lounge-Café, in dem auch internationale Gerichte serviert werden. Mo–Fr 17–23 Uhr, Sa, So 12–1 Uhr, Calle Boulevard 45, Juan Dolio, Tel. 180/95 26 17 72

INFORMATION
www.juandolioliving.com

Rutschen im Waterpark Los Delfines

DER SÜDOSTEN

14 San Pedro de Macoris
Die Stadt des Zuckers und der Guloyas

San Pedro de Macoris war eine blühende Wirtschaftsmetropole. Einige Bauten aus der Gründerzeit legen davon noch Zeugnis ab. Heute ist die 72 Kilometer östlich von Santo Domingo liegende »Stadt des Zuckers« eine beschauliche Regionalhauptstadt mit nostalgischen Erinnerungen.

Vom »Sultanat Macoris« ist nicht mehr viel übrig geblieben. Die goldene Zeit, die San Pedro de Macoris diesen Beinamen beschert hat, liegt lange zurück. Weil der Zuckerpreis pro Kilo nach dem Ersten Weltkrieg in den 1920er-Jahren täglich neue Rekorde schlug, gab es diesen Wohlstand. Mit rund 200 000 Einwohnern ist sie heute die zweitgrößte Stadt des Landes.

Einen ersten Eindruck von der Stadt bekommt man, von Westen kommend, beim Überqueren des Flusses Higuamo beim Blick auf den Hafen mit seiner markanten Kirche Pedro San Apóstol, einem klassizistischen Bau mit beeindruckenden Bleiglasfenstern, Wasserspeiern und einem kostbaren Mahagonialtar. Kurz hinter der Brücke stößt der Besucher auf eine weithin sichtbare Stahlkonstruktion über einer Kreisverkehrsinsel mit den Wahrzeichen von San Pedro de Macoris. Die Dampflok aus dem Jahr 1912 repräsentiert die Stadt des Zuckers, die eisernen Baseballspieler die ruhmreiche Tradition, Wiege für zahlreiche Sportler zu sein, die es in der US-Baseball-Liga zu Ruhm und Geld gebracht haben. Und die tanzenden Figuren stehen für die Cocolos oder Guloyas, Einwanderer von der britischen Karibikinsel Tortola, die während des Zuckerbooms ins Land kamen.

Mitte: Die 1911 gebaute Feuerwehrstation war damals das modernste Gebäude der Stadt.
Unten: Historische Erbschaft: Die alte gusseiserne Wendeltreppe führt ins Feuerwehrmuseum.

San Pedro de Macoris

Der Tanz der Guloyas

Der Hof der ehemaligen Post an der Calle Duarte ist ein Treffpunkt der Guloyas. Beeindruckend sind das bunte Kostüm mit den Spiegel- und Perlenapplikationen sowie der imposante Pfauenfederkopfschmuck. Die Guloyas sind mit ihrer Tanztradition zum Weltkulturerbe der Menschheit erklärt worden. Zu Ostern und am 29. Juni, dem Tag der Schutzheiligen der Stadt, Petrus und Paulus, ziehen sie tanzend durch die Straßen.

Die erste Feuerwehr

Gegenüber der alten Post befindet sich in der Calle Duarte die historische, noch immer in Betrieb befindliche Feuerwache. Die Feuerwehrmänner freuen sich über das Interesse für ihren Beruf und den historischen Bau aus dem Jahr 1911 mit seiner einmaligen Wendeltreppe, in dessen Obergeschoss sich ein kleines Museum befindet. 1879 wurde an dieser Stelle die erste Feuerwehr des Landes gegründet. Der Spritzenwagen von 1906, der von zwei Männern gezogen wurde, ist ebenso ausgestellt wie Rettungsmaterial und alte Helme. Wer sich die etwas wackelige Treppe hinauf traut, sollte den Aussichtsturm schönen Blick über das Häusermeer besteigen.

Zwei Straßenblocks weiter liegt eine architektonische Einmaligkeit. Das Edificio Morey wurde 1915 gebaut und war das erste dreigeschossige viktorianische Gebäude des Landes, Parterre eingerechnet, mit einem gotisch inspirierten Winkelturm und französischen Jugendstilmalereien. Zum Abschied lohnt sich eine Runde über den stimmungsvollen Parque Duarte mit seinem Rondell und ein Imbiss bei Amable. Der dominikanische »Schnellimbiss« ist für seine »Pasteles en Hoja« und frischen Fruchtsäfte bekannt.

Infos und Adressen

SEHENSWÜRDIGKEITEN
Bomberos und Museum. Calle Duarte 46, San Pedro de Macoris, Tel. 180/95 29 06 09

Catedral Pedro San Apóstol. Mo–So 8–18 Uhr, Avenida Independencia, San Pedro de Macoris

ESSEN UND TRINKEN
Amable. Ihre »Pasteles en Hojas« sind berühmt. Mo–So 8–23.15 Uhr, Calle General Cabral 26, San Pedro de Macoris, Tel. 1809/529 45 00

Bar Restaurant Robby Mar. Aus der spanischen Küche sollte man sich die Paella nicht entgehen lassen. Mo–So 10–23.30 Uhr, Avenida Francisco Dominguez Charro 35, San Pedro de Macorís, Tel. 1809/529 49 26

EINKAUFEN
Macoris Cigars. Zigarrenfabrik. Mo bis Fr 8–17, Sa 8–12 Uhr, Avenida Francisco Dominguez Charro 9, Ecke Calle Duarte, San Pedro de Macoris, Tel. 1809/249 01 39

AKTIVITÄTEN
Rummuseum Centro Historico Ron Barceló. Mo–Do 8–16, Fr 8–15 Uhr, 10 US$, nach telefonischer Anmeldung, Carretera Ingenio Quisqueya, km 6 ½, San Pedro de Macoris, aus dem Stadtzentrum über die Brücke Río de Higuamo, dann rechts auf die A3 Richtung La Romana bis zum Abzweig Carretera Mella. Auf dieser Hauptstraße rechts und direkt wieder links 6 ½ Kilometer bis zum Hinweisschild, Tel. 1809/645 79 79, www.ronbarcelo.com

INFORMATION
www.macorisserie23.com

DER SÜDOSTEN

15 La Cueva de las Maravillas
Die wundervolle Höhle

16 Kilometer östlich von San Pedro de Macoris liegt die Höhle der Wunder, »La Cueva de las Maravillas«. Das begehbare Untergrundmuseum verfügt sogar über einen Aufzug für Personen mit Gehbehinderung und ist mit einer automatisierten Lichtanlage ausgerüstet, um die rund 500 Höhlenzeichnungen und -gravuren zu schützen.

Nicht von ungefähr heißt die Tropfsteinhöhle mit ihren beeindruckenden Stalaktiten- und Stalagmitenformationen die »Höhle der Wunder«. Bei dieser geologischen Formation unter der Erde handelt es sich um einen wahren Schatz, der nicht nur Höhlenforschern zugänglich ist, sondern seit mehr als einem Jahrzehnt auch von einem breiteren Publikum besucht werden kann. Eingebettet in ein Parkgelände führt der Eingang über eine Treppe rund 25 Meter in die Tiefe. Wo die wichtigsten Felszeichnungen und -gravuren zu sehen sind, wurden über 240 Meter Gehwege und Aussichtsplattformen in der 800 Meter großen Wunderhöhle angelegt.

Wohn- und Zeremonieraum für die Taínos

Die Höhle befindet sich in einem rund 4,5 Quadratkilometer großen Naturschutzgebiet mit einer Parkanlage, die sich bis zum Eingang des Labyrinths hinzieht. Die »Cueva de las Maravillas« wurde 1926 von einem dominikanischen Lehrer durch Zufall bei einem Spaziergang entdeckt, aber erst mehr als zwei Jahrzehnte später begann die wis-

Die Wunderhöhle Cueva de las Maravillas nutzten die Taínos als Kultstätte.

La Cueva de las Maravillas

senschaftliche Erforschung der Karstöffnung. Aufgrund der Funde weiß man, dass schon vor mehr als 4000 Jahren die Höhle nicht zum Wohnen, sondern als Begräbnisort und Zeremonienstätte genutzt wurde. Dies belegen Knochenfunde und Gebrauchsgegenstände, die nur oberflächlich bedeckt waren. Seit 1972 wurde sie intensiv wissenschaftlich katalogisiert, 1997 das Gelände mit der Höhle unter Naturschutz gestellt.

Einmalige Petroglyphen und Piktogramme

Die Steinritzungen, Piktogramme und Felszeichnungen, die man besichtigen kann, sind rund 500 bis 800 Jahre alt und stammen vor allem von den auf der Insel lebenden Taínos, die das Höhlensystem nach Meinung von Archäologen und Höhlenforschern vermutlich als religiöse Stätte genutzt haben. Nach jüngsten Aufstellungen gibt es insgesamt 472 Zeichnungen, die Mehrheit mit einer schwarzen Farbmischung mit den Fingern auf den Fels aufgebracht. Dazu gehören Gesichter, wobei die menschlichen wenig ausgearbeitet sind und nur aus der Kopfrundung, dem Mundstrich und den Augenpunkten bestehen, während Götterdarstellungen wesentlich detaillierter vorgenommen wurden. Daneben gibt es Tier- und einfache Strichzeichnungen. 144 davon sind den Wissenschaftlern aufgrund ihrer Abstraktheit nach wie vor rätselhaft, weitere 69 entstandene Punkte und Striche wurden als zufällig eingestuft. Eine der wichtigsten Fundstellen befindet sich am Ende der Galerie mit den Felszeichnungen. Auf einer Fläche von 2,24 Metern Länge und 1,74 Metern Höhe gibt es vier anthropomorphe Figuren, eine davon wurde als Frau ohne Kopf identifiziert. Vermutlich handelt es sich um eine Göttin. Nur ohne Kopf, so glaubten die Taínos, könne die Seele dann den Körper verlassen.

Infos und Adressen

SEHENSWÜRDIGKEITEN

Cueva de las Maravillas. Di–So 9–17.15 Uhr, Eintritt 300 RD$, Carretera San Pedro de Macorís–La Romana (A3), 20 km östlich von San Pedro de Macoris. Dauer der Führung auf Englisch, Spanisch oder Deutsch 35–40 Minuten, ein Aufzug ermöglicht auch den Zugang für Personen mit Gehbehinderung oder Rollstuhlfahrer.

EINKAUFEN

Cueva de las Maravillas Shop. Besonders empfehlenswert sind die Bildbände über die Höhle und die Postkarten mit den Felszeichnungen. Di–So 9–17.15 Uhr, 300 RD$, Carretera San Pedro de Macorís–La Romana (A3), 20 km östlich von San Pedro de Macoris

DER SÜDOSTEN

16 La Romana
Die Stadt mit dem Luxuswohngebiet

Viele deutsche Touristen kennen den Ort als Umsteigeplatz für einen Schiffsurlaub. In La Romana haben verschiedene Anbieter für Karibikkreuzfahrten in der Wintersaison ihren Heimathafen. Mitten in der Stadt liegt einer der großen Zuckerrohr verarbeitenden Betriebe des Landes. Und die Süßstoffproduzenten haben einen Teil der Gewinne in ein Luxuswohngebiet mit Hotel und dem besten Golfplatz der Karibik investiert.

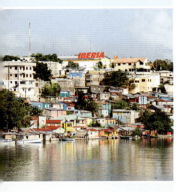

Rund 120 Kilometer östlich von Santo Domingo liegt La Romana. Die viertgrößte Stadt des Landes zählt rund 130 000 Einwohner. Schon 1502 haben die ersten Siedler an der Mündung des Río Dulce Wohnsitz genommen. Der Name der Stadt soll von einer Familie aus Rom kommen, die im 16. Jahrhundert im Hafen eine Großwaage zur Kontrolle der importierten Waren betrieb. Ansonsten ist La Romana ein Städtchen, in dem sich das Leben vor allem rund um die Avenida Libertad ab-

Mitte: Im Zuckerzentrum La Romana drängen sich neben modernen Gebäuden am Ufer des Río Dulce auch Armenhütten.
Unten: Das Kreuzfahrtterminal in La Romana ist der Heimathafen für viele ausländische Reedereien.

> **MAL EHRLICH**
>
> **LEGER IST MANCHMAL ZU LEGER**
>
> Sportlich geht es in dem Ferienresort zu und dementsprechend ist auch die Kleidung der Gäste reichlich salopp, auch in den First-Class-Restaurants, in denen international bekannte Chefkochs für das leibliche Wohl der Urlauber sorgen. Schluss mit leger ist allerdings im Bereich Golf. Wer in den Klubräumlichkeiten nicht die richtige Kleidung trägt, bekommt das schnell zu spüren: Flip-Flops und Bermudas sind dafür zu leger.

La Romana

spielt. Die Verkehrsader ist von einem Obelisken markiert. Dort liegen auch ein paar farbenprächtige Holzhäuser, die typisch für das Land sind.

»El Artistico«

Bemerkenswert sind die zahlreichen Eisenskulpturen, die aus dem Atelier von José Ignacio Morales Reyes stammen. Die Schweißarbeiten des international prämierten Metallmeisters, genannt »El Artistico«, gibt es in vielen Hotels und Regionen des Landes. Seine Werkstatt liegt am Ortsausgang Richtung Santo Domingo, und der Künstler lässt es sich nicht nehmen, wenn er vor Ort ist, Besucher persönlich durch seine Kreativitätsfabrik zu führen.

Morales hat auch den zentralen Platz der Stadt mit seiner Allee der lateinamerikanischen Baseballberühmtheiten künstlerisch gestaltet. Die Bronzeskulpturen sind eine Hommage an die Baseballlegenden der US-Liga, von denen nicht wenige in dieser Stadt geboren wurden, ihren Ruhm und ihren Reichtum aber im virtuosen Umgang mit dem Schlagball in den Vereinigten Staaten gemacht haben. Unübersehbar auch die Hauptkirche Santa Rosa de Lima, die den Parque Central Duarte auf einer kleinen Anhöhe überragt. Sie entstand im Jahr 1940 an der Stelle einer kleinen Kapelle, die den Stadtoberen aber zu unattraktiv war.

Das süße Zeitalter

La Romana verdankt seinen Reichtum dem Zucker. 1917 kaufte die South Puerto Rico Sugar Company weite Landstriche rund um die Stadt und errichtete später die heute noch funktionierende Fabrik. Das Werk war das modernste seiner Zeit und konnte bis zu 2000 Tonnen Zuckerrohr täglich

AUTORENTIPP!

CASA DE CAMPO

Casa de Campo rühmt sich zu Recht, dass »kompletteste Resort in der Karibik« zu sein. Service und Luxus werden in dieser exklusiven Ferienanlage großgeschrieben. Der Gast ist wahrhaft König. Es gibt nur wenige Wünsche, die nicht erfüllt werden können. Obwohl Casa de Campo eine All-Inclusive-Unterkunft ist, entsteht nie der Eindruck von Massenabfertigung, in den zum Hotel gehörenden Restaurants wird à la carte bestellt. Dazu kommt das sportliche Angebot: Jachthafen, Tennis, Polo, Schießanlage sowie drei Weltklasse-Golfplätze, davon Teeth of the Dog, die Nummer 1 in der Karibik, der sieben Greens direkt am Meer hat. Daneben können auch Villen komplett mit Koch, Hausangestellten und Butler gemietet werden.

Casa de Campo. Carretera La Romana-Higüey, Kilometer 3, La Romana, Tel. 1809/523 33 33, www.casadecampo.com.do

Die Jacht parkt in Casa de Campo direkt vor der Haustür.

DER SÜDOSTEN

Oben: Im Jachthafen des Resorts können Boote bis zu 76 Meter Länge festmachen.
Mitte: Die Hafenapartments sind beim Jetset begehrt.
Unten: An der Playa Dominicus wurde ein alter Leuchtturm zur Beach-Bar umfunktioniert.

verarbeiten. Heute liegt diese Kapazität bei 350 000 Tonnen im Jahr, und mit seinen 81 000 Hektar ist die Mühle einer der größten Arbeitgeber in der Region. Die Firma war so mächtig und einflussreich, dass es sogar dem Diktator Trujillo nicht gelang, in diesem Unternehmen Einfluss bzw. die Macht zu bekommen.

Casa de Campo

Mitte der 1960er-Jahre erwarb das US-Unternehmen Gulf & Western den Betrieb und baute gleichzeitig neben dem Zuckeranbau und der Verarbeitung des Süßstoffs seine wirtschaftlichen Aktivitäten in der Stadt aus: Die heutigen großen Viehfarmen gehören ebenso dazu wie Zementfabriken. Der damalige Präsident der Gulf & Western, Charles Bluhdorn, schuf auch die Basis für eines der größten geschlossenen Wohnareale in der Umgebung von La Romana: Casa de Campo. Östlich des Dulce-Flusses ließ Bluhdorn ein Siedlungsgelände anlegen, in dem zuerst nur die leitenden Angestellten wohnten und Freunde und Geschäftskollegen des Unternehmens Urlaub machen konnten. 1980 kaufte eine exilkubanische Familie das Unternehmen auf, die umfangreich im Bereich Tourismus in La Romana investierte.

Wohnen im Landhausstil

Heute zählt Casa de Campo auf einer Gesamtfläche von 28 Quadratkilometern rund 1900 Villen und ist einer der größten Luxusvillenkomplexe in der Karibik, der von der Umwelt weitgehend hermetisch abgeriegelt ist. Dazu gehören ein Luxus-all-inclusive-Hotel, ein eigener Privatflughafen, der Kreuzfahrthafen in der Mündung des Río Dulce, ein Jachthafen für 350 Boote umfangreiche Sportanlagen, Polo-Turnierplatz, Schießgelände und vier Golfplätze.

La Romana

Infos und Adressen

SEHENSWÜRDIGKEITEN
El Artistico. Eisenkunstwerkstatt, die einen Blick hinter die Kulissen gestattet. Mo–Fr 9–17 Uhr, Carretera La Romana–San Pedro de Macoris, La Romana, Tel. 1809/556 83 73, http://home.tiscali.nl/t794614/drelartesp.htm, www.facebook.com/ElArtistico

ESSEN UND TRINKEN
La Caña by Il Circo. Mediterrane Küche mit einem Karibiktouch bei den Meeresfrüchten. Tägl. 12–16, 18–23 Uhr, Zentralbereich, Casa de Campo, La Romana, Tel. 1809/523 33 33

Peperoni. Gepflegtes Dinner bietet das Restaurant mit seiner Enoteca. Tägl. 11–24 Uhr, nur mit Reservierung, La Marina, Casa de Campo, La Romana, Tel. 1809/523 33 33

Ristorante La Casita del Mar. Stilvolles Ambiente und spanische Küche vom Feinsten. Mi–Mo 11–23.30 Uhr, Calle Francisco Richiez 57, La Romana, Tel. 1809/556 59 32

Shish Kabab. Eins der wenigen arabischen Restaurants mit Kebab im Land. Di–So 10–24 Uhr, Calle Francisco del Castillo Marquez 32, La Romana, Tel. 1809/556 27 37

The Beach Club by Le Cirque. Die Filiale des berühmten New Yorker Restaurants bietet Top-Qualität nicht nur bei Meeresfrüchten und Fisch. Tägl. 12–16, 19–23 Uhr, Playa Minitas, Casa de Campo, La Romana, Tel. 1809/523 33 33

ÜBERNACHTEN
Hotel Vecchia Caserma. Die ehemalige Kaserne wurde geschmackvoll zum Hotel umgebaut. Carretera La Romana-Bayahibe, km 13, El Limón, Tel. 1809/536 60 72, www.hotelvecchiacaserma.com

AKTIVITÄTEN
Cigar Country Tours. Führung durch die La Flor Dominicana Cigar Factory. Tägl. 8–19 Uhr, Führung 5 US$, mit Zigarrenprobe 30 US$, La Estancia, La Romana, Tel. 1809/550 30 00, www.cigarcountrytours.com

INFORMATION
www.explorelaromana.com
www.laromanabayahibe.news.com

Der von Pete Dye gestaltete Golfplatz »Teeth of the Dog« ist die Nummer 1 in der Karibik.

DER SÜDOSTEN

17 Altos de Chavón
Mediterranes Künstlerdorf in der Karibik

Wie ein Adlerhorst sitzt Altos de Chavón über dem Fluss Chavón. Das Dorf, sieben Kilometer östlich von La Romana, ist ein Kunstprodukt, nachempfunden einer Mittelmeerortschaft aus dem 16. Jahrhundert. Es wurde aber 1976 innerhalb der Wohnsiedlung Casa de Campo errichtet, einem der exklusivsten und luxuriösesten Villenkomplexe der Karibik. Altos de Chavón beherbergt heute unter anderem eine Kunstschule und ein Archäologiemuseum.

Rund 20 Millionen US-Dollar soll der Bau des Kunstdorfes gekostet haben, das von den dominikanischen Architekten Tony Caro und Roberto Copa entworfen wurde. Der italienische Filmausstatter Coppa hat für Federico Fellini und Luchino Visconti die Kulissen in Szene gesetzt. Es passt perfekt in die Landschaft.

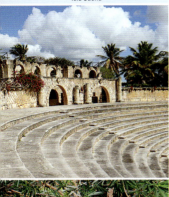

Mitte: Das Amphitheater in Altos de Chavón wurde von Frank Sinatra eingeweiht.
Unten: Fotogen: Wer möchte, kann sich mit einem Esel professionell ablichten lassen.

Die Kopie der mediterranen Wohnsiedlung ist von einem realen Dorf an der italienischen oder französischen Riviera kaum zu unterscheiden. Die Gassen sind mit Kopfstein gepflastert und führen durch ein Labyrinth von kleinen, zweistöckigen Steinhäusern mit roten Ziegeldächern. Die Steine für die Wände sind uneben aus dem Fels gebrochen, so, als ob sie vor ein paar Jahrtausenden mit einfachen Werkzeugen der Natur abgerungen worden seien. Ein perfekter Anblick, hinter dem man die Kreativität von Roberto Copa für den Kulissenbau erahnen kann. Die Liebe zum Detail ist überall sichtbar – bei den Erkerfenstern, Eingangsüberdachungen und Regenrinnen – eine perfekte Kopie auf rund 130 000 Quadratmetern,

Altos de Chavón

Ein Rundgang durch das Kunstdorf

Der Rundgang führt zu allen wichtigen Sehenswürdigkeiten von Altos de Chavón und den besten Aussichtspunkten auf den Fluss.

Ⓐ Parkplatz – für Pkw und Busse

Ⓑ Campus Altos de Chavón – Parsons the New School for Design

Ⓒ Amphitheater – dicht gedrängt fasst dieses Freilufttheater bis zu 6000 Menschen.

Ⓓ Brunnen – mit Fontäne im Mittelmeerstil

Ⓔ Panoramablick – auf den Fluss Chavón in Richtung Mündung

Ⓕ Jenny Polanco Projecto – Kunstbar mit Superblick vom rechten Raum des Verkaufsladens aus auf den Chavón und den Canyon

Ⓖ Art Gallery – mit monatlich wechselnden Präsentationen von Künstlern, die Mehrzahl von ihnen studiert an der Parson School in Altos de Chavón.

Ⓗ Kirche St. Stanislaus – die wochentags mit einem Gitter geschlossen ist, das aber den Blick ins Innere der von Papst Johannes Paul II. geweihten Kapelle ermöglicht.

Ⓘ Panoramablick – auf den Chavón sowohl flussaufwärts als auch flussabwärts

Ⓙ Museo Arqueológico Regional de Chavón – ein ausführlicher Besuch nimmt etwa eine Stunde Zeit in Anspruch.

Ⓚ Golfgeschäft Proshop Pete Dye – hier können Golfer ihre Ausrüstung komplettieren. Tägl. 7–18 Uhr

Ⓛ Panoramablick – Treppenabgang zum Flussbett des Río Chavón

Ⓜ Restaurants – La Piazzetta, alles, was die italienische Küche zu bieten hat, Fr-Mo 18–23 Uhr, und La Cantina Latin Bistro

AUTORENTIPP!

MUSEO ARQUEOLÓGICO REGIONAL ALTOS DE CHAVÓN

Das Archäologische Museum von Altos de Chavón gehört zu den besten Ausstellungseinrichtungen des Landes. Ein Teil der rund 3000 Artefakte aus voragrarischer Zeit der Insel bis zur Ankunft der spanischen Eroberer wird in dem rund 120 Quadratmeter großen Haus zweisprachig präsentiert. Zusammengetragen wurden sie von Samuel Pion, einem Sammler von Antiquitäten. Bereits 4000 v. Chr. war die Insel von Halbnomaden bewohnt, deren Steinwerkzeuge ausgestellt sind. Ihnen folgten Arawaken (Taínos), die bereits Töpferarbeiten kannten. Im Museum wird besonders Wert darauf gelegt, die kulturelle und soziale Entwicklung dieser Einwohner, die eng mit Meer und Migration in der Karibik verbunden sind, anhand ihrer Hinterlassenschaften an Gerätschaften für Jagd, Landwirtschaft, Rituale und Gegenstände des täglichen Lebens zu verdeutlichen.

Museo Arqueológico Regional Altos de Chavón. Mo–So 9–21 Uhr, Altos de Chavón of Casa de Campo, La Romana, Tel. 1809/523 85 54, www.altosdechavon.museum

DER SÜDOSTEN

rund 200 Meter über dem Chavón-Fluss, der knapp einen Kilometer weiter südlich in das Karibische Meer mündet.

Die Kirche St. Stanislaus

Im Zentrum des Ortes befindet sich die Kirche St. Stanislaus. Sie wurde 1979 geweiht und ist dem polnischen Nationalheiligen Stanislaus von Krakau (um 1030–1079) gewidmet. In der kleinen Kapelle, in der 50 Personen Platz finden, wird eine Reliquie mit der Asche des ehemaligen Bischofs von Krakau und eine Statue, die in Polen geschnitzt und von Papst Johannes Paul II. gestiftet wurde, aufbewahrt. Die Iglesia de San Estanislao ist besonders bei Brautpaaren beliebt, um sich ebenso wie Michael Jackson (1958–2009) und Lisa Marie Presley (*1968), Tochter von Elvis Presley, in romantischer Kulisse das Ja-Wort zu geben.

Amphitheater und Künstlerkolonie

International bekannt wurde Altos de Chavón durch sein römisch anmutendes Amphitheater, das in einen Abhang hineingebaut wurde und für rund 5000 Zuschauer ausgelegt ist. Zur offiziellen Eröffnung 1982 traten in dem Halbrund Frank Sinatra und Carlos Santana auf. Seitdem haben Gloria Estebán, Elton John, Duran Duran, Juan Luis Guerra, Pitbull, Sergio Mendes, Luis Miguel, Julio Iglesias, Michel Camilo und viele andere das Publikum quasi von den Steinsitzen gerissen.

Nicht unerheblich zum Eindruck einer Künstlerkolonie hat die Außenstelle der berühmten Designer-Schule Parsons, the New School for Design, beigetragen. Auf dem Campus Altos de Chavón wohnen ganzjährig etwa 125 Studentinnen und Studenten.

Altos de Chavón

Infos und Adressen

SEHENSWÜRDIGKEITEN
Altos de Chavón. Um das Künstlerdorf zu besuchen muss man am Haupteingang von Casa de Campo einen Tagespass erwerben. Dieser berechtigt zum Zutritt von Altos de Chavón sowie allen öffentlichen Einrichtungen des Resorts, Strand und Jachthafen. Tägl. 9–17 Uhr, Eintritt 25 US$, Carretera La Romana–Higüey, La Romana, 3 km östlich, Tel. 1809/523 33 33, www.casadecampo.com.do

ESSEN UND TRINKEN
La Cantina Latin Bistro. Typische dominikanische und kubanische Spezialitäten. Do–Mo 11–23 Uhr, Altos de Chavón

Le Boulanger. Café mit kleinen Mahlzeiten. Mi–Mo 7.30–22 Uhr, Altos de Chavón

AUSGEHEN
Onno's Bar. Snacks werden serviert und Tanzmusik geboten. Tägl. 8 Uhr bis der letzte Gast geht, Altos de Chavón

Papa Jacks Bar. Lounge-Bar. Di–Do 9–1, Fr, Sa 9–5, So 9–1 Uhr, gegen Mitternacht öffnet die Disco im 1. Stock, Altos de Chavón.

EINKAUFEN
Ambar – Lairmar Museum. Das Schmuckgeschäft hat ein kleines Museum mit Bernstein und Larimar. Tägl. 8–18 Uhr, Altos de Chavón.

Altos de Chavón ermöglicht eine perfekte Sicht auf den Río Chavón.

Tienda Batey. Von Frauen aus den umliegenden Bateys in Heimarbeit hergestellte Tischdecken und Servicesets werden angeboten. Tägl. 8–17 Uhr, Altos de Chavón

Art Studios by Emilio Robba. Der bekannte franko-italienische Designer bietet seine Keramikarbeiten an. Tägl. 9–17 Uhr

Everett Designs. Exquisiter Juwelier. Tägl. 9–20 Uhr, Altos de Chavón

Jenny Polanco Project. Die renommierte dominikanische Designerin bietet Dekorationsstücke, Möbel, Kleidung und Kunst. Tägl. 9–18 Uhr, Casa del Rio, Altos de Chavón, Tel. 1809/925 18 99

AKTIVITÄTEN
Kirche St. Stanislaus. Messe Sa 17, So 18 Uhr, Altos de Chavón

La Escuela de Verano. Sommeruniversität der Stiftung Fundación Centro Cultural Altos de Chavón, www.altosdechavon.edu.do

INFORMATION
www.casadecampo.com.do/altos-de-chavon

Die Fontäne wurde im Mittelmeerdesign mitten in der Karibik gebaut.

DER SÜDOSTEN

18 Boca de Yuma
Ein Fischerdorf abseits der Touristenrouten

Boca de Yuma verzaubert seine Besucher mit der Schlichtheit und Abgeschiedenheit eines dominikanischen Fischerdorfes. Und seit die Autobahn El Coral Santo Domingo mit der touristischen Ostküste verbindet, ist es in der Ortschaft noch ruhiger geworden. In der Flussmündung des Yuma ankerten bereits im 16. Jahrhundert die Schiffe, bevor sie mit dem Konquistador Ponce de León zur Eroberung Puerto Ricos starteten.

Subjektiv wirkt die Fahrt nach Boca de Yuma wie eine Reise ans Ende der Welt. Die schmale Landstraße Nummer 4, die aus Higüey im Norden und Bayahibe im Westen kommend zur Mündung des Yuma-Flusses führt, wird nur von San Rafael del Yuma unterbrochen, einem kleinen Dorf mit großem Willkommensbogen am Ortseingang. Wenn man dahinter nicht der Hauptstraße folgt, sondern geradeaus fährt und nach 200 Metern links abbiegt, gelangt man zum Museo Ponce de León.

Mitte: Das Fischerdorf Boca de Yuma wird von Touristen fälschlicherweise oft links liegen gelassen.
Unten: Motorräder sind in der Dominikanischen Republik ein beliebtes Fortbewegungs- und Transportmittel.

MAL EHRLICH
STOISCH UND NICHT AUFREGEN!
Natürlich ist es ärgerlich, wenn die Fischer den doppelten Preis verlangen, um einen die paar Hundert Meter übers Meer zum Strand zu bringen. Aber Streit lässt den Bootsbesitzern wenig Möglichkeiten, doch noch mit dem Preis runterzugehen, vor allem, wenn die Capitanes merken, man würde ja gern, aber nicht zu diesem Preis. Manchmal hilft auch, bei anderen nachzufragen, um den Preis auf ein realistisches Maß zu drücken.

Boca de Yuma

Der Eroberer Juan Ponce de León

In dem grauen, bullig wirkenden Festungshaus wohnte von 1505 bis 1508 Juan Ponce de León (um 1460–1521). Der Spanier, der schon im Spanischen Eroberungskrieg kämpfte, kam als einer von 200 »freiwilligen Edlen« bereits 1493 auf der zweiten Reise von Christoph Kolumbus mit in die Karibik. Anfang des 16. Jahrhunderts wurde sein Name vor allem in Zusammenhang mit zahlreichen bekannt gewordenen Massakern an den Taínos genannt. Einer der von ihm kommandierten Massenmorde an den Ureinwohnern im Jahr 1504 in Higüey veranlasste den Dominikanerpater Bartolomé de las Casas (1484 oder 1485–1566) zu seiner berühmt gewordenen Anklage gegen die Versklavung der Eingeborenen.

Die Festung von Yuma

In kurzer Zeit ließ Ponce de León sein Haus 1504 als Festung bauen. Dicke Mauern, lediglich ein Eingang, wenige Fenster, das rund 130 Quadratmeter große zweistöckige Haus wirkt wie eine Trutzburg mitten in ländlicher Umgebung. Aufgrund seines Einflusses durfte er 1508 eine Expedition zur Eroberung der 100 Kilometer östlich gelegenen Nachbarinsel Borikén anführen. Er nannte sie Puerto Rico, später unterwarf er auch Florida für das spanische Königshaus. In seinem Haus in San Rafael del Yuma sind noch immer einige seiner Mahagonimöbel zu besichtigen, trotz seines Reichtums wirkt die Einrichtung eher spartanisch, der Zeit der Eroberung entsprechend. Im oberen Stock befindet sich sein Schlafzimmer.

Das Fischerdorf Boca de Yuma

Knapp zehn Kilometer weiter südlich liegt direkt an der Mündung des Yuma das Fischerdorf Boca

AUTORENTIPP!

EL ARPONERO

Das Lokal verdankt seinen Namen einer stilisierten Höhlenzeichnung eines Harpunenjägers. Edoardo Maffei hat sich auf den Korallensteinfelsen seinen Traum erfüllt, ein Restaurant, in dem Meeresfrüchte und Fisch serviert werden. Vor allem am Wochenende kommen Besucher aus der weiteren Umgebung, um seine Gerichte mit einem italienischen Touch, gegrillten Fisch und Langusten zu genießen. Die Spezialität ist im Holzkohlenofen zubereitete Dorade. Für die Gäste steht sogar ein Swimmingpool zur Verfügung. Aber wer eher die Natur und Salzwasser liebt, der braucht nur ein paar Treppenstufen neben dem Lokal die Klippen hinunterzusteigen, um an dem kleinen Sandstrand des Hoyo Zumbador zu baden, das durch einen kleinen Kanal mit Meerwasser gespeist wird.

El Arponero. Tägl. 12–22 Uhr, Calle El Malecón, am westlichen Ende, neben Hoyo Zumbador, Boca de Yuma, Tel. 1809/493 5502

DER SÜDOSTEN

Oben: Wohnhaus von Juan Ponce de León: Von hier wurde die Eroberung Puerto Ricos geplant.
Mitte: Zugang zu einer geheimnisvollen Unterwelt findet man in der Höhle Cueva de Berna.
Unten: Ruderer transportieren Passagiere über den Yuma-Fluss.

de Yuma. Es liegt gleichzeitig am östlichen Rand des Naturschutzgebiets Parque Nacional del Este. Der erste Bewohner war ein Schiffbrüchiger, der jahrelang in dieser Einsamkeit lebte, bis er gerettet wurde. Danach kamen um 1880 Einwanderer von der Insel St. Thomas und siedelten sich hier an. Heute belebt sich das Dorf meist nur am Wochenende, wenn Dominikaner hierherkommen, um in den Lokalen im Dorfzentrum Fisch zu essen und danach einen Ausflug an den Strand zu machen.

Beliebt ist vor allem der Besuch des kleinen Strandes La Playita oder Playa Blanca. Einige lassen sich deshalb von einem der Motorboote zu dem nur wenige Hundert Meter vom Ostufer des Yuma gelegenen, einsamen Sandstrand schippern. Andere lassen sich von einem der beiden Fährleute übersetzen und unternehmen einen kleinen Spaziergang durch den Weiler mit rund 20 Häusern, um zur La Playita zu kommen.

Die Höhle von Berna

Eine der Attraktionen ist die Höhle Cueva de Berna, benannt nach dem ehemaligen Besitzer des Grundstückes, auf dem sie sich befindet. Sie ist nur wenige Gehminuten vom Ortskern entfernt. In der imposanten Bergöffnung von rund 40 Metern befinden sich zahlreiche Höhlenzeichnungen und Steinreliefs. Allerdings sind die meisten ziemlich verwittert und nur mit ein wenig Fantasie zu identifizieren. Da lohnt es sich, mit einem der Parkwächter gegen ein Trinkgeld in die etwa 80 Meter tiefe Höhle zu gehen, damit er einem die zahlreichen nur aus einem Kreis, zwei Punkten und einem Strich bestehenden Gesichtsmuster zeigt. Prunkstück ist sicher ein eineinhalb Meter hoher Stalagmit, an dessen Ende ein Gesicht mit Blick auf den Eingang geritzt ist, wie ein Wachposten für diese für die Taínos mystische Welt.

Boca de Yuma

Infos und Adressen

SEHENSWÜRDIGKEITEN

Cueva de Berna. Tägl. 9–18 Uhr, Eintritt 100 RD$, gegen ein Trinkgeld zeigen einem die Parkwächter auch die Felszeichnungen und -gravuren, etwa 1 km westlich von Boca de Yuma, ausgeschildert.

Museo Ponce de León. Di–So 10–1 Uhr, Eintritt 50 RD$, 1 km östlich von San Rafael de Yuma, nach der Ortseinfahrt links halten, danach ausgeschildert. Tel. 1809/551 01 18, www.cultura.gov.do/dependencias/museos/museojuanponce.htm

ESSEN UND TRINKEN

El Bohio. Restaurant mit Übernachtungsmöglichkeit am Ortseingang. Tägl. 10–20 Uhr, Calle Duarte 5, Boca de Yuma, Tel. 1809/963 59 16

Fischrestaurants. Direkt an der Küste im Ortskern liegen mehrere kleinere Fischrestaurants (Don Bienve, A & M, La Bahia, Doña Carmen), Tägl. 9–22 Uhr, Calle El Malecón, Boca de Yuma

Sonntags immer gut besucht: »El Arponero«

ÜBERNACHTEN

El Viejo Pírata. Hotel und italienisches Restaurant, Calle Malecón, Boca de Yuma, Tel. 1809/780 32 36

Hotel & Restaurante Don Bienve. Calle Duarte 79, Ecke Calle El Malecón, Boca de Yuma, Tel. 1809/909 50 03, www.hoteldonbienve.com

AKTIVITÄTEN

Playa La Playita oder Playa Blanca. Den kleinen Strand kann man mit einem Boot, Preis für 2–4 Personen hin und her um die 800 RD$, besuchen, oder sich mit dem Ruderboot für 30 RD$ einfache Fahrt ans andere Ufer des Yuma bringen lassen (tägl. 7–18 Uhr) und von dort in einem zehnminütigen Fußweg zur La Playita gelangen.

Yuma-Ausflug. Ein Besuch der Yuma-Mündung mit dem Ruderboot kostet 300 RD$, mit dem Motorboot 700 RD$. Man kann diese Tour auch mit der Fahrt zum Strand La Playita kombinieren (1500 RD$).

Hotel und Restaurant: »El Viejo Pirata«

DER SÜDOSTEN

19 Bayahibe
Das Naturschutzgebiet des Ostens

Bayahibe ist ein ehemaliges Fischerdorf, das trotz der Veränderung zu einem Ferienziel noch weitgehend seinen Charakter behalten hat und wohl gerade deshalb bei Individualtouristen aus Italien, Frankreich und Deutschland sehr beliebt ist. 140 Kilometer östlich von Santo Domingo gelegen, bietet es ideale Voraussetzung, den Parque Nacional del Este und seine umliegenden Tauchgebiete, kennenzulernen.

Als in den 1970er-Jahren die ersten Ausländer nach Bayahibe kamen, waren sie von der Gastfreundschaft der Bewohner des Fischerortes und der landschaftlichen Schönheit der Umgebung begeistert. Und obwohl sich die Zahl der Touristen vergrößert hat und jeden Tag Hunderte von Schnellbooten aus der Bucht zur Insel Saona starten, hat sich an der Offenheit der Menschen wenig geändert. Und genau deshalb ist die verschlafen wirkende Ortschaft mit ihren rund 5000 Einwohnern nach wie vor ein beliebtes Ziel

Mitte: Die Hauptstraße in Bayahibe endet direkt am Strand.
Unten: An fahrbaren Imbissständen können sich die Tagesgäste in Bayahibe versorgen.

MAL EHRLICH

STERNENLOS

Schön mag es ja sein, für die Lieben daheim das Foto mit den Riesenseesternen präsentieren zu können, leicht aus dem Wasser gehalten, damit der digitale Schnappschuss auch schön wirkt. Toll ist es trotzdem nicht, denn Seesterne sind empfindliche Wesen, die außerhalb des Meerwassers schnell Schaden nehmen können. Der ist nicht mehr wieder gutzumachen, aber die verendeten Tiere sehen die Fotografen ja nicht mehr.

Bayahibe

von Individualtouristen, die Land und Leute aus der Nähe kennenlernen wollen.

Wer Bayahibe am frühen Morgen besucht, wird erschrocken beobachten, wie gegen neun Uhr Buskarawanen zum großen Parkplatz am Strand streben, von wo aus die Besucher zu einem Tagesausflug auf die Isla Saona im Parque Nacional del Este transportiert werden. Aber bereits eine Stunde später ist die Ruhe in den Ort zurückgekehrt. Die Fahrer sitzen im Schatten ihrer Busse und spielen Domino, die Souvenirverkäufer decken ihre Stände gegen Staub ab, während sie auf die Rückkehr der Touristen warten.

Wenn am Spätnachmittag die letzten Busse das Gelände verlassen haben, kehrt endgültig Ruhe ein. Dann dominieren das Straßenbild wieder die Bewohner und die Urlauber, die in den kleinen Pensionen und Hotels Unterkunft gefunden haben. Erst am Abend wird es etwas lauter, wenn sich Domincanos und »Gringos« zum Feierabendbier im Dorfmittelpunkt, dem »Colmado« in der Calle Principal, treffen. In Bayahibe kann man einander noch wirklich kennenlernen.

Blaue Flagge für Bayahibe

Zwei große Strände laden zum Baden ein. Die Playa Bayahibe müssen sich die Individualreisenden mit den Gästen einer großen Hotelanlage teilen, ein Großteil des Strandes ist abends von den unzähligen Schnellbooten blockiert, die dort ankern. Am Strand Dominicus, weiter südlich außerhalb der Ortschaft gelegen, dominieren die Großferienanlagen. Die Hoteliers haben durch ein Abkommen untereinander vereinbart, die Zahl der Hotels nicht zu erhöhen, die Baustruktur hat sich, im Gegensatz zu anderen Gegenden, verhältnismäßig harmonisch in die Umgebung eingepasst.

AUTORENTIPP!

SONNENBADEN AUF DER ISLA CATALINA

Einige der Kreuzfahrtpassagiere kennen die kleine Karibikinsel vielleicht schon. Die Dickschiffe ankern gern hier, um den Schiffsgästen einen Sonnentag am Strand einer der idyllischsten Inseln zu bieten. Das 15 Quadratkilometer große Eiland wurde zur Schutzzone erklärt und steht auf der Liste der Naturdenkmäler. Vor allem für Schnorchler ist die Insel Catalina ein Paradies, weil man bereits mit ein paar Schwimmstößen vom Strand aus an einem der zahlreichen Riffe ist, um Sekretärs-und Sergantfische oder Schwärme von Yellowtail Snapper in ihrem natürlichen Element zu besuchen. Die flache, einen Kilometer lange Insel mit dem feinen Korallenstrand wurde von den Ureinwohnern Iabanea genannt. In unmittelbarer Strandnähe wurde das Wrack der »Cara Merchant« des berühmten Piratenkapitäns William Kidd aus dem Jahr 1699 in ungefähr drei Metern Tiefe entdeckt und zum Unterwasserpark erklärt.

In Bayahibe legen die Schnellboote zur Isla Catalina und Isla Saona ab.

Oben: Der Parque Nacional del Este ist für seine üppige Vegetation bekannt.
Mitte: Tiefgang: Taucher bereiten sich auf eine Höhlenerkundung vor.
Unten: Die Reste der ehemaligen Siedlung Padre Nuestro werden von der Natur zurückerobert.

114

DER SÜDOSTEN

Die Hotels gehören zu den umweltfreundlichsten des Landes, und die ersten Blauen Flaggen für nachhaltigen Tourismus wehten am Strand von Bayahibe. Vielleicht hat aber auch das nahe Naturschutzgebiet dem touristischen Wildwuchs natürliche Grenzen gesetzt.

Innerhalb des Ortes befinden sich kleine Süßwasserreservoire, von denen einige auch als Naturbadewanne genutzt werden. Nur die in der Nähe des Busparkplatzes sollte man nicht zum Baden nutzen, weil dort Schildkröten ihr Unterwasserreich verteidigen. Der Name Bayahibe ist vermutlich taínischen Ursprungs. In der Arawaksprache existiert eine Reihe von Worten, die die Silbe »Baya« beinhalten. Das einer Venusmuschel ähnliche zweischalige Weichtier Baya fand und findet man an den Felsen rund um den Ort. Der Name »Hibe« oder »Jibe« bezieht sich auf das Sieb, das die Taínos nutzten, um die geriebenen Yucca-Wurzeln auszupressen. Dass Bayahibe auf eine lange Siedlungsgeschichte zurückblicken kann, liegt vermutlich an den zahlreichen Süßwasserreservoiren. Christoph Kolumbus war in diesem Naturhafen bereits auf seiner zweiten Reise zwischen dem 14. und 15. September 1494, wo er sein Schiff kielholen und reparieren musste.

Die Rose von Bayahibe

Aus der Zeit der Ureinwohner existiert ein Grab mit einem Skelett. Es befindet sich auf der kleinen Halbinsel La Punta im Zentrum des Ortes, auch wenn dieses direkt neben der Grundschule nicht wirklich gut geschützt ist. Dort kann man auch die berühmte Pereskeya Quisqueyano, die sogenannte Rose von Bayahibe, sehen, eine botanische Einmaligkeit der Region aus der Familie der blattführenden Kakteen mit ihrer einer Rose ähnelnden offenen rosa-pinkfarbenen Blüte. Beliebt ist

Bayahibe

Rundgang durch Padre Nuestro

Zwei bis zweieinhalb Stunden dauert der etwa zwei Kilometer lange Spaziergang auf den Spuren der Bewohner des ehemaligen Dorfes Padre Nuestro, das Ende der 1990er-Jahre umgesiedelt wurde und bei dem man auch Lebensgewohnheiten der Menschen sowie Flora und Fauna kennenlernt. Die Führerinnen sind ehemalige Bewohnerinnen der Gegend, die sich über ein Trinkgeld freuen. Lydia Tel. 1829/520 91 55

Ⓐ Eingang – zum ökologischen und archäologischen Wanderweg Padre Nuestro, Mo–So 8 bis 17 Uhr, Eintritt 200 RD$, Tauchen (nur mit Höhlentauchzertifikat) 300 RD$, Ortseingang Bayahibe, Einfahrt ist links ausgeschildert

Ⓑ Links des Weges liegen die **Quellen**: Manatial de Papá Miguel, Manatial de La Jeringa und Manatial del Brujo

Ⓒ Mirador del Farallón – Ausblick auf das ehemalige Siedlungsgebiet, deren Bewohner umgesiedelt wurden, weil sie im Naturschutzpark lebten und die zahlreichen Quellen, die der Wasserversorgung der Umgebung dienen, geschützt werden sollten.

Ⓓ Ehemaliges Dorf Guayiga – Dort wurden früher essbare Pflanzen angebaut.

Ⓔ Köhlerofen – Viele der ehemaligen Bewohner der Region verdienten ihren Unterhalt mit der Herstellung von Holzkohle, für die sie das Material aus dem Naturschutzgebiet schlugen.

Ⓕ Manatial de La Lechuza – Innerhalb einer Höhle, benannt nach der Eulenfigur, die in eine der Wände von den Taínos geritzt wurde und über ein unterirdisches 10 Kilometer langes Kanalsystem mit Süßwasser verfügt.

Ⓖ Ehemaliges Dorf El Cactus – Von den Häusern sind nur noch wenige Fußböden zu sehen, die Häuser wurden beim Wegzug abgebaut und zum Neubau verwandt. Hier wurden früher Kakteen und Aloe vera angebaut.

Ⓗ Cueva del Chicho – Zwei Wasserquellen, die sich in der Höhle befinden. Das überflutete Gangsystem der unterirdischen Öffnung kann von Tauchern mit der entsprechenden Zertifizierung als Höhlentaucher erkundet werden.

AUTORENTIPP!

CUEVA DE CHICHO

Ohne Erlaubnis und fachkundige Begleitung ist der Zugang zur Höhle von El Chicho nicht erlaubt. 70 Meter beträgt die Breite dieser Öffnung, die nach rund 20 Metern in einem riesigen Unterwassersee endet. Die Süßwasserquelle wurde schon von den Ureinwohnern in vorhispanischen Zeiten als Vorratsspeicher für Wasser genutzt. Belege dafür fanden tauchende Archäologen auf dem Grund der Quelle. Die Tonbecher und -krüge, die wohl ins Wasser gefallen sind, werden heute im Museo del Hombre dominicano, dem Museum des dominikanischen Menschen, in Santo Domingo ausgestellt. Insgesamt 26 Petroglyphen findet man im Eingangsbereich der Höhle des Chicho, meist die typischen Gesichtsdarstellungen, aber auch eine Steinritzgruppe mit Zeichen, bei denen es sich nach Ansicht von Wissenschaftlern vermutlich um Zahlen handelt. Den Eingangsbereich der Höhlenquellen kann man mit Schnorcheln, ansonsten aber das Höhlensystem nur als zertifizierter Höhlentaucher erkunden.

Hütchen-Verkäufer: Touristen am Strand

DER SÜDOSTEN

die Halbinsel auch, um gegen Abend von der neu gebauten Aussichtsplattform den Sonnenuntergang zu beobachten. Auf dem sich ins Meer vorreckenden Stück Land lebte im 19. Jahrhundert der puerto-ricanische Fischer Juan Brito, der als der eigentliche Ortsgründer gilt.

Unterwasserparadies

Taucher äußern sich euphorisch über die Schönheit der Unterwasserwelt, die sich ihnen bei ihren Tauchgängen bietet. Während in anderen Regionen weite Wege zu den einzelnen interessanten Punkten in Kauf genommen werden müssen, liegen die Stellen hier in Minutenreichweite und bieten Anfängern und erfahrenen Tauchern genügend Plätze unter Wasser. Dabei zahlt sich aus, dass in den letzten Jahren auf Initiative der Hoteliers und Tauchschulen in Zusammenarbeit mit dem Tourismusministerium Schiffe versenkt und ein Unterseemuseum errichtet wurden. Dies hat die Attraktivität für Freunde der Unterwasserwelt, die dort bis zu 60 Metern tief ist, belebt.

Der Nationalpark des Ostens

Der Nationalpark des Ostens umfasst rund 44 000 Hektar (fast 100 000 Fußballfelder) und hat ungefähr die Form eines Dreiecks, das an der breitesten Stelle 25 Kilometer und an den beiden Seitenlinien 16 bzw. elf Kilometer lang ist. Zur Schutzzone wurde das Gebiet im September 1975 erklärt und umfasst neben der Dreieckshalbinsel auch die Insel Saona, die durch den Kanal Catuano vom Festland getrennt ist. Zugänglich ist der Park allerdings nur mit von der Naturschutzbehörde autorisierten Führern, da Teile des Wegesystems nicht ausreichend gekennzeichnet sind. Der Boden besteht vor allem aus Korallenkalk, und im Inneren existiert der größte zusammenhängende

Bayahibe

Halbtrockenwald der Karibik. Dazu kommen weitere Landstriche, vor allem im Süden, die von dichten Mangrovenwäldern umstanden sind und einheimischen wie Zugvögeln als Lebensraum oder Überwinterungsgebiet dienen.

Wo Manatí und Fregattvögel sich gute Nacht sagen

Die Seekühe, die sich in die Schutzzone des Ostens zurückgezogen haben, sind äußerst scheu, und nur selten kann man bei Bootsausflügen die Seegras äsenden Säugetiere beobachten. Im Gegensatz dazu sind die Fregattvögel (Fregatidae oder Fregata), die in der Bahia de la Calderas ein ideales Rückzugsgebiet und Brutplatz gefunden haben, unzählig. Die bis zu 1,2 Kilogramm schweren Vögel verfügen über eine Spannweite von über einem Meter und verbringen die meiste Zeit ihres Lebens im Fluge, getragen von den Auf- und Abwinden. Beeindruckend sind besonders die Männchen während der Brunftzeit, wenn sie mit rot aufgeblasenem Kehlsack um die Weibchen der Kolonie balzen. Die Fregatas im Parque Nacional del Este bilden die größte Vogelkolonie dieser Gattung in der Karibik. Nach der Paarung kümmern sich beide sowohl um den Nestbau als auch um die Aufzucht der Brut.

Eine der wenigen, leicht zugänglichen und ausgeschilderten Höhlen des Parks ist vom Südosten von Bayahibe aus in zwei Kilometern Entfernung zu erreichen: Die Höhle El Puente. Gutes Schuhwerk und Taschenlampe sollten zur Standardausrüstung für einen Besuch gehören. Im Eingangsbereich des Karsttrichters findet man zwei anthropomorphe, das heißt menschenähnliche Darstellungen, weitere im Innern der Höhle, in der sich auch mehrere abstrakte Zeichnungen der Ureinwohner befinden.

AUTORENTIPP!

UNTERWASSER RUND UM BAYAHIBE

Die Region um Bayahibe und dem Parque Nacional del Este ist besonders für Taucher attraktiv. Dafür wurde sogar direkt in Küstennähe vor den Hotels Viva Wyndham ein Parque Arqueológico Submarino eingerichtet, in dem alte Kanonenrohre und -kugeln und ein antiker Anker im tiefblauen Wasser tauchend zu besichtigen sind. Das mittelalterliche und mit Korallen besetzte Kriegsgerät stammt aus dem spanischen Schiff »Guadalupe«, dass vor der dominikanischen Küste 1724 während eines Hurrikans gesunken ist. Daneben wurden gemeinsam mit dem Tourismusministerium und der Meeresbehörde in den Gewässern rund um Bayhibe Schiffe versenkt, um die Attraktivität für Taucher zu erhöhen. Dazu gehören das Frachtschiff »St. Georg« und ein ehemaliger Ausflugsdampfer aus Deutschland, der in der Karibik als Tauchboot diente, bis er sank. Daneben locken Unterwasserhöhlen und zahlreiche Riffe, die bunte Unterwasserwelt zu erkunden.

Für Taucher wurden alte Frachter vor der Küste versenkt.

Infos und Adressen

SEHENSWÜRDIGKEITEN
Parque Nacional del Este. Um den Parque Nacional del Este zu besuchen, muss man bei der lokalen Direktion des Naturschutzparks den Zugangspass erwerben: 100 RD$. Busparkplatz, Bayahibe

ESSEN UND TRINKEN
Anani Beach. Bar und Cafeteria mit Liegestühlen und Toiletten direkt am Strand. So–Do 8–18, Fr, Sa 8–20 Uhr, neben Be Live Canoa, Playa Dominicus, Bayahibe

Bamboo Beach. Gediegene französische Küche. Mi–Mo 11.45–14, 18.30–22 Uhr, Playa de Bayahibe, Bayahibe, Tel. 1829/410 1326

Im Restaurant »Capitán Kidd« sitzt man direkt am Strand von Bayahibe.

Barcobar. Loungebar und Restaurant direkt am Strand. So–Do 8.30–24, Fr, Sa 8.30–2 Uhr, Calle La Bahía, Bayahibe, Tel. 1809/885 04 19

Capitán Kidd. Exzellentes Fischrestaurant, am Wochenende gibt es meist Livemusik. Calle La Bahía, Bayahibe, Tel. 1849/350 19 77, www.restaurantecapitankidd.com

Casa Liana. Es gibt hausgemachte Nudeln auf der Speisekarte, toskanische Küche. Tägl. 11–23 Uhr, Calle Nuervo, Bayahibe, Tel. 1809/933 33 31

Commodoro. Pizza und italienische Gerichte. Do–Di 12–22 Uhr, Plazita de Bayahibe, Bayahibe, Tel. 1809/833 01 44, www.ristorantinocommodorobayahibe.com

Da Elio. Leckere Meeresfrüchte. Tägl. 8–23 Uhr, Calle Los Corales, Playa Dominicus, Bayahibe

Doña Clara. Das Restaurant gehört zum Hotel Bayahibe. Tägl. 8–22 Uhr, Calle Juan Brito, Bayahibe, Tel. 1809/833 01 59, www.hotelbayahibe.net

Mare Nuestro. Exklusives Restaurant in der 1. Etage, Bar direkt am Meer. Calle Juan Brito 1, Bayahibe, Tel. 1809/833 00 55, www.marenuestro.com

Esperanza. Improvisiertes Restaurant mit dominikanischem Frühstück, Calle Principal, Bushaltestelle, Bayahibe, Tel. 1809/935 96 13

L'Angelo di Lis. Eiscafé mit dem besten selbstgemachten italienischen Eis. Avenida La Laguna 3, Playa Dominicus, Bayahibe, Tel. 1829/988 3038

L'Omblico del Mundo. Italienische Gerichte und komplettes Sushi-Angebot. Calle Peatonal, Playa Dominicus, Bayahibe, Tel. 1809/392 92 46

Restaurante Issamar. Das beste Strandrestaurant mit superfrischem Fisch. Tägl. 8–22 Uhr, Playa Bayahibe, Bayahibe, Tel. 1809/272 35 77

Saona. Gemütliche Strandbar mit kleiner Küche. Di–So ab 8 Uhr, bis der letzte Gast geht, Calle La Bahia1, Bayahibe, Tel. 1809/833 05 41, www.saonacafe.com

Trocadero. Meeresfrüchte und Fisch mit einem dominikanischen Touch. Di–So 11–24 Uhr, Calle Los Corales, Dominicus, Bayahibe, Tel. 1809/906 36 64, www.tracaderorestaurante.com

ÜBERNACHTEN
Apart Hotel Villa Baya. Apartments mit kleiner Küche und Balkon in ruhiger Lage. Calle El Taarindo, Bayahibe, Tel. 1809/833 00 48, www.villabayahotel.com

Be Live Canoa. Preiswerte All-Inclusive-Anlage. Playa Dominicus, Bayahibe, Tel. 1809/732 10 00, www.belivehotels.com

Bayahibe

Cabaña Elke. Nett eingerichtete Zimmer, zentral gelegen. Playa Dominicus, Bayahibe, Tel. 1809/860 48 45, www.cabanaelke.it

Cabaña Taíno. Sehr einfache Unterkunft für Rücksacktouristen. Calle Principal, Bayahibe, Tel. 1829/924 9409

Cadaques Caribe Resort & Villas. Boulevard Dominicus Americanus, Bayahibe. Tel. 1809/237 20 00, www.cadaquescariberesort.com

Dreams Resort & Spa. Wohnresort mit großem Wellnessangebot. Playa Bayahibe, Bayahibe, Tel. 1809/221 88 80, www.dreamsresorts.com

Hotel Bayahibe. Ruhiges Hotel direkt im Zentrum, ein Steinwurf vom Strand entfernt. Calle Principal Juan Brito, Bayahibe, Tel. 1809/833 01 59, www.hotelbayahibe.net

Hotel Iberostar Hacienda Dominicus. Hotel im Hacienda-Stil. Playa Dominicus, Bayahibe, Tel. 1809/688 36 00, www.iberostar.com

Hoteles Catalonia Gran Dominicus. All-Inclusive-Ferienanlage. Playa Dominicus, Bayahibe, Tel. 1809/616 67 67, www.catalonia.com

Viva Wyndham Dominicus Beach. Bei Italienern sehr beliebtes Ferienresort. Playa Dominicus, Bayahibe, Tel. 1809/686 56 58, www.vivaresorts.com

Viva Wyndham Dominicus Palace. Umgangssprache ist hauptsächlich Italienisch. Playa Dominicus, Bayahibe, Tel. 1809/686 56 58, www.vivaresorts.com

AUSGEHEN
Abends trifft sich alles im Dorfzentrum im »Colmado«, Calle Principal, beim Bier.

EINKAUFEN
Eco Natural Style. Exklusives Kunsthandwerk, Kleidung, Schmuck. Tägl. 9–21.30 Uhr, Calle Peatonal, Playa Dominicus, Bayahibe, Tel. 1809/833 05 31

AKTIVITÄTEN
El Alcazar de Caribe. Motoscooter zum Mieten pro Tag und auch pro Stunde. Neben dem Hotel Be Live Canoa, Tägl. 9–18 Uhr, 1829/916 15 99

Sea Vis. Ausflüge auf die Inseln rund um Bayahibe. Tägl. 8–17 Uhr, Playa Bayahibe, Bayahibe, Tel. 1829/714 49 47, www.seavisbayahibe.com

Bootsausflüge. Eine gute Adresse für einen der Ausflüge zu den Inseln rund um das Naturschutzgebiet und zur Isla Saona. Stefano, Bayahibe, Tel. 1809/710 73 36

TAUCHEN
Casa Daniel Todo en Buceo. Deutschsprachige Tauchschule. Calle Principal 1, Bayahibe, Tel. 1809/833 00 50, www.casa-daniel.com

Coral Point Diving. Calle La Bahia, Bayahibe, Tel. 1829/574 96 55, www.coralpointdiving.com

Scubafun Dive Center. Calle Principal Juan Brito, Bayahibe, Tel. 1809/833 00 03, www.scubafun.info

INFORMATION
www.explorelaromana.com,
www.laromanabayahibe.news.com

Mit dem Speedboot geht es über die Wellen zur Isla Saona.

DER SÜDOSTEN

20 Isla Saona
Eine Trauminsel zum Entspannen

Die Insel Saona ist das wohl meist besuchte Eiland der Dominikanischen Republik. Ein Idyll inmitten des Nationalparks des Ostens. Dass sich dieses kleine Naturparadies erhalten hat, liegt an dem Verbot, dort Hotels zu errichten. So haben die Hotelunternehmen zwar das Nachsehen, aber die Besucher des Landes ein Ausflugsziel, das sich weitgehend in seiner Ursprünglichkeit erhalten hat. Und die größte Ortschaft mit ein paar Hundert Bewohnern bietet Postkartenschönheit.

Der Blick aus der Vogelperspektive auf die Saona-Insel ist überwältigend. Dutzende von weißen, feinen Sandstränden findet man fast ohne Unterbrechung auf der rund 22 Kilometer langen und durchschnittlich fünf bis sechs Kilometer breiten Insel. Dicht an dicht spenden riesige Kokosnusspalmenhaine Schatten, im Innern dominiert fast

Mitte: Auf der Insel Saona ist die Playa Bonita die Hauptattraktion.
Unten: Inselparadies: Palmen, Korallensandstrand und türkisfarbenes Meer

> ## MAL EHRLICH
>
> **DAS SCHÖNSTE VERPASST**
> Es gibt Dinge im Urlaub, die sollte man sich ersparen. Ein Speedboattrip auf die Insel Saona gehört sicher dazu. Die Mehrheit der Besucher wird dabei zur Playa Bonita übergesetzt, wo sich die Touristen dicht an dicht drängen. Mit Piña Colada – mit viel Rum – und eiskaltem Bier abgefüllt, dazu noch Reis mit Bohnen und Fleisch. Ferien können schön sein, denn die wahre Pracht und Schönheit des Eilands verpasst man, wenn man nicht weiter hinaus kommt als bis zur Playa Bonita, dem schönen Strand.

Isla Saona

undurchdringliches Dickicht. Dass die landschaftliche Schönheit nicht schon längst durch Hotelbauten zerstört wurde, ist der Tatsache zu verdanken, dass die Insel innerhalb des Parque Nacional del Este liegt. Dieser wurde im September 1975 von dem damaligen autokratischen Präsidenten Joaquín Balaguer unter Naturschutz gestellt. Dadurch wurde in der Konsequenz jede weitere Bebauung verboten, sogar die Umsiedlung der Bevölkerung angeordnet. So weit ist es dann aus vielerlei Gründen nicht gekommen. Aber seitdem existiert für die gesamte, knapp 120 Quadratkilometer große Insel ein Zuzugsverbot, niemand, der nicht schon vorher in einem der zwei existierenden Weiler lebte, darf nach Mano Juan oder Catuano ziehen.

Ausflugsziel Saona

Dem Naturschutz ist es zu verdanken, dass die Dominikanische Republik heute über das Ausflugsziel für seine Besucher verfügt, das täglich von Hunderten angesteuert wird. Um die Sonnen- und Erholungssuchenden zu versorgen, wurden einige Modifikationen in der Gesetzgebung gestattet. An dem grundsätzlichen Bau- und Siedlungsverbot hat jedoch bisher noch keine Regierung gerüttelt.

Vor allem an den Stränden von Catuano und Bonita wurde der Bau von mit Palmblättern gedeckten Hütten gestattet, damit die Urlauber während ihres mehrstündigen Aufenthalts auf der Insel verpflegt werden können. Wenn die am Vormittag zur Insel Saona kommen, wird es eng, und manche sagen – nicht zu Unrecht – ungemütlich an dem Strandabschnitt. Partystimmung und laute Musik dominieren dann. Schließlich wollen die Reiseveranstalter ihr Geld verdienen und die Touristen ihren Spaß haben.

AUTORENTIPP!

WOHNEN IM NATURSCHUTZGEBIET

Die wenigsten Touristen wissen, dass man inzwischen auch auf der Insel Saona, von den Naturschutzbehörden toleriert, übernachten kann. Einige der Fischer haben ihre Wohnhütten aus- und umgebaut, sodass Platz für einfache Fremdenzimmer entstanden ist. Den Gästen werden geführte Wandertouren über die Insel angeboten. Wer möchte, kann auch zwischen November und April nachts die Beobachtungsposten für Schildkröten besuchen, wer möchte, kann auch helfen, die Eier aus den Nestern vor Strandräubern zu schützen und in die Brutstation im Ort zu bringen oder kann später beim Aussetzen der Jungschildkröten helfen. Auch Kitesurfer und erfahrene Taucher finden genügend Aktivitäten.

Auf der Insel gibt es insgesamt zehn Zimmer in Häusern von Fischerfamilien, die sich auch um die Verpflegung der Gäste kümmern. Preis 35 US$ für zwei Personen pro Nacht, ohne Frühstück und Essen. Buchungen über Stefano, Tel. 1809/710 73 36

Im Inseldorf Mano Juan gibt es keine Asphaltstraße.

Oben: Die Insel Saona ist tagsüber gut besucht, aber nie überlaufen.
Mitte: Mano Juan ist der Hauptort der Isla Saona, aber nur die wenigsten kommen in den Weiler.
Unten: Speedboote warten auf die Badegäste, um sie nach Bayahibe zurückzubringen.

Aus Adamanay wird Saona

Als Christoph Kolumbus am 14. September 1494 vor dem heutigen Bayahibe Station machte, war die Insel von kriegerischen Kariben bewohnt, die den Eindringlingen nicht gerade freundlich gesonnen waren. Sie nannten den Archipel Adamanay, die Bedeutung des Namens ist nicht überliefert. Der Amerika-Entdecker schenkte Adamanay seinem Mitreisenden Miguel del Cunneo, der aus der italienischen Hafenstadt Savona stammte und herausgefunden hatte, dass es sich um eine Insel handelt, die keine Verbindung zum Hispaniola-Festland hatte. Er taufte »seine« Insel auf den Namen »Bellas Savonese«, woraus die Inselbezeichnung Saona wurde.

Wachstation und Piratenversteck

Bewohnt war die »schöne Savonerin« jedoch über die Jahrhunderte hinweg nicht. Lediglich sporadisch suchten Fischer dort auf ihren Fangtouren Zuflucht. Aus den spanischen Archiven in Sevilla weiß man, dass die Konquistadoren verschiedentlich Wachstationen einrichteten, um feindliche Schiffe zu beobachten. Möglichweise war die Insel sogar zeitweise Stützpunkt von Piraten. Aus dem

Isla Saona

Jahr 1630 finden sich Unterlagen, dass nicht-spanische Siedler die Herrschaft übernommen hatten, um den reichen Baumbestand an Mahagoni zu schlagen und zu verkaufen.

Während der Diktatur von Rafael Trujillo gehörte die Isla Saona seiner Familie, die dort eine ertragreiche Kokosfarm betrieb. Zeitweise diente das Eiland auch dazu, Gegner des Regimes weitab von jeder menschlichen Behausung zu internieren. 1944 ordnete Trujillo dann die Errichtung einer Siedlung an, um die Kontrolle über den entlegenen Landesteil zu verbessern. 14 Familien zogen nach Mano Juan, viele ihrer Nachfahren leben noch heute in dem Ort. Um ihre Versorgung zu garantieren, wurde ein kostenloser Schiffspendelverkehr von La Romana auf die Insel eingerichtet, den die Bewohner noch heute nutzen können. Die Einwohner arbeiteten auf den Farmen Trujillos und widmeten sich der Viehzucht. An dem Wohnrecht wurde auch nach der Einbeziehung in den Naturschutzpark nicht gerüttelt.

Ein Flachlandparadies

Saona ist durch den Canal de Catuano vom Festland getrennt, an seiner weitesten Strecke beträgt die Distanz zwischen Punta Catuano und dem südwestlichen Punkt des Festlands 1,25, zum südöstlichen 6,25 Kilometer. Der Kanal ist ein einmaliges Ökosystem, das auch weitgehend geschützt ist, obwohl dort auch die Fischerei in kleinem Umfang erlaubt ist, um den wenigen Fischern der Region ihr Überleben zu garantieren. Nur wenige Bereiche der Insel sind hügelig. Im Nordosten erheben sich an der Punta Balaju Kalkfelswände bis zu 40 Meter in die Höhe. Die Lagunen Los Flamencos und Canto de la Playa bestehen aus Salzwasser, Trinkwasser ist in Saona nach wie vor knapp.

Oben: Früher war die Insel Saona eine riesige Kokosnussfarm.
Mitte: Kulinarischer Höhepunkt des Inselbesuchs ist eine Grillparty mit frisch gefangenem Fisch.
Unten: Manche Touristen laufen nur in Badekleidung durch die Ortschaft Mano Juan.

Die Bewohner hier sind auf den Tourismus eingestellt. Es gibt Kioske für eine Erfrischung, Souvenirs und sogar eine Galerie.

DER SÜDOSTEN

Tauchparadies

Nur wenige Meter hinter der Küstenlinie findet man die wohl schönsten und bedeutendsten Korallenriffe des Landes. Innerhalb des Riffs Caballo Blanco befindet sich eine Galeone aus dem 18. Jahrhundert, von der 16 alte Kanonen noch auf dem Meeresgrund ruhen und für Taucher zu sehen sind, die Holzteile sind inzwischen verschwunden. Auch andere archäologische Funde belegen, dass die Umgebung ein beliebter Schutzankerplatz in den Anfängen der Conquista gewesen ist. Interessante Tauchspots rund um Saona sind dabei »Canal de Catuano« (18 m), »Punta Cacón« (14–15 m), »La Parguera« (18 m), »El Faro« (16 m) in Höhe der Laguna Los Flamencos und die »Haifischpunkte« (16, 22–25 m) rund um die Insel Catalinita.

Ein Refugium für Ruhesuchende

Mano Juan ist ein Traum von einem Karibikdorf – das von einer Postkarte zu stammen scheint. Die Holzhäuser sind in allen Farben des Regenbogens gestrichen, Asphaltstraßen und Betonwege sucht man vergebens – Sandwege verbinden die einzelnen Häuser. Aber nur wenige der Reiseveranstalter bringen ihre Kundschaft in den Weiler, sehr zum Verdruss der Bewohner, die auch gerne an den Einnahmen aus dem Tourismus partizipieren würden, denn Arbeitsplätze sind in Mano Juan rar. Die Männer fischen oder verdingen sich als Bootsführer, die Frauen suchen mit Kunsthandwerk einen Nebenverdienst. Dazu kommen zwei ausgewiesene Wanderwege, die mit einem lokalen Führer begangen werden können. Der eine ist 13 Kilometer lang und führt von Punta Catuano über die Laguna de los Flamencos bis nach Mano Juan. Der andere startet in Mano Juan und endet nach zwölf Kilometern in Punta Faro, auf dem Weg liegen auch Höhlen.

Isla Saona

Infos und Adressen

SEHENSWÜRDIGKEITEN
Isla Catalinita. Bootstour in die Mangroven des Canal de la Catuano und auf die Insel La Catalinita. Stefano, Tel. 1809/710 73 36

ESSEN UND TRINKEN
Colmado Mindin y Rosita. Hier kaufen die Bewohner von Mano Juan ein, und es gibt auch Bier und andere Drinks: Mano Juan.

Colmado Felix. Solange es Gäste gibt, ist der Colmado geöffnet. Mano Juan.

Restaurant Mano Juan. Ausschließlich zur Mittagszeit geöffnet, wenn Bootsgäste nach Mano Juan kommen.

EINKAUFEN
Mercado de Artesania. Kunsthandwerk und Bilder. Tägl. 8–17 Uhr. Mano Juan.

AKTIVITÄTEN
Baya Tours. Baden in La Piscina, Kitesurfen vor dem Strand von Mano Juan, Sonnenbaden und Schnorcheln am Strand von Canto de Playa, Wandern rund um den Weiler Mano Juan. Bayahibe, Stefano, Tel. 1809/710 73 36

Schwimmwesten und eine Sicherheitsinstruktion sind Vorschrift vor der Fahrt zur Insel Saona.

Sea Vis. Ausflüge auf die Inseln Saona und La Catalinita. Tägl. 8–17 Uhr, Playa Bayahibe, Bayahibe, Tel. 1829/714 49 47, www.seavisbayahibe.com

Besichtigung der Schildkrötenaufzuchtstation. Auf der Insel Saona existiert eine Schildkrötenaufzuchtstation, die den Besuchern gerne von den Bewohnern präsentiert wird.

INFORMATION
www.explorelaromana.com,
www.laromanabayahibe.news.com

Wer Wellness am Strand liebt, kann sich in einem Open-Air-Spa massieren lassen.

DER OSTEN

21 Higüey
Die Stadt der Jungfrau
der Hohen Gnade **128**

22 Punta Cana und mehr
60 Kilometer Badestrand
an der Ostküste **132**

23 Punta Cana de luxe
An der Ostküste lässt sich auch
luxuriös Urlaub machen **138**

24 Sabana de la Mar – Los Haïtises
Das dominikanische Wasserreservoir **142**

25 Cueva Fun Fun
Abenteuer unter der Erde von
Los Haïtises **150**

DER OSTEN

21 Higüey
Die Stadt der Jungfrau der Hohen Gnade

Higüey, die Hauptstadt der Provinz Altagracia im Osten, ist das Zentrum der Marienverehrung. Die Jungfrau der Hohen Gnade, La Virgen de La Altagracia, ist die Nationalheilige des Landes, und die imposante Basilika jedes Jahr Ziel einer Marien-Wallfahrt, zu der am 21. Januar Pilger aus allen Landesteilen nach Higüey kommen. Zehntausende füllen an diesem Tag die Straßen rund um den Park mit der Basilika, um einmal einen Blick auf das Marienbild werfen zu können.

Einmal im Jahr sind in Higüey die wenigen Hotels ausgebucht, selbst die Motels, die normalerweise Liebespärchen für ein paar Stunden frequentieren, füllen sich dann für eine Nacht mit Pilgern: Am 21. Januar ist die Hauptstadt der Provinz Altagracia im Osten der Dominikanischen Republik Ziel einer Massenwallfahrt. Zehntausende kommen dann aus allen Landesteilen in die knapp 120 000 Einwohner zählende Stadt, um der

Vorangehende Doppelseite: Rund um Macao gibt es kilometerlang weißen und vor allem einsamem Sandstrand.
Mitte: Der erste Wallfahrtsort war die Kapelle San Dionisio in Higüey.
Unten: Geschäftiges Treiben an der Ausfallstraße in Higüey.

MAL EHRLICH

RESPEKT UND WÜRDE
Über Religion lässt sich streiten, über Respekt nicht. Und man muss nicht religiös sein, um von den Menschen beeindruckt zu sein, die zur »Gnadenvollen Muttergottes« nach Higüey pilgern, um eine Fürbitte vorzubringen oder ein Gelübde abzulegen, damit ihnen geholfen wird. Zum Respekt gehört auch, diesen Menschen nicht unangemessen mit Kameralinsen auf den Leib zu rücken. Ungewohnt mag es einen anmuten, lächerlich ist es jedenfalls nicht.

Higüey

Schutzpatronin des Landes zu huldigen. Die Umgebung rund um die Basilica de la Altagracia gleicht dann einem riesigen Lager. Essstände und Devotionalienhändler lassen kaum Platz für die Gläubigen. Selbst auf den Bürgersteigen schlafen am Vorabend Menschen, um sich an dem Tag der verehrten Heiligen ihrem Gemälde nähern zu können, das in der modernen Kathedrale aufbewahrt wird und an dem Unzählige vorbeidefilieren.

Ein Gemälde aus Extremadura

Um die Mariendarstellung von Higüey ranken sich viele Geschichten, nur wenige sind belegbar. Vermutlich kam das Ölbild 1506 mit zwei Brüdern aus dem spanischen Extremadura auf die Insel. Alonso und Antonio Trejo aus Plasencia gehörten zu den ersten Siedlern von Higüey und sollen das Marienporträt in ihrem Gepäck gehabt haben. Das Gemälde wurde nach dem Bau der ersten Pfarrkirche des Ortes zwischen 1569 und 1572 als zentrales Altarbild der Iglesia San Dionisio genutzt.

Die Kirche San Dionisio

Die Iglesia de San Dionisio kann man noch heute im Zentrum der Stadt besichtigen. Sie gilt als eine architektonische Einmaligkeit im Land aufgrund ihres unveränderten Kolonialbaus, der sich an dem mediterranen Renaissancestil für religiöse Bauten orientiert. Architekten loben vor allem die Nüchternheit und Zurückhaltung in der dekorativen Ausgestaltung der Kirche und die Eleganz, die bei den Proportionen gewahrt wurde. Dass diese Harmonie existiert, kann man bei einem Besuch der Betstätte nachvollziehen. Sie liegt nur wenige Hundert Meter von der heutigen Kathedrale entfernt am Parque Central zwischen der Avenida La Altagracia und der Calle Agostin Guerrero. Darin befindet sich noch immer der prachtvolle Maha-

AUTORENTIPP!

MUSEO DE LA ALTAGRACIA

Auf dem Gelände der Basilika befindet sich das 2012 eröffnete, didaktisch gut gestaltete Religionsmuseum, in dem die Marienverehrung von Higüey Thema ist. Auf rund 1560 Quadratmetern wird im ersten Saal gezeigt, wie das Gemälde auf die Insel kam. Im zweiten Saal werden die 16 wichtigsten Wunder in Öl dargestellt, die die Schutzheilige vollbracht haben soll. Im dritten wird sakrale Kunst dominikanischer Maler und aus der peruanischen Cusco-Schule gezeigt. Höhepunkt ist ohne Frage die Schatzkammer mit zahlreichen Gold- und Silbergegenständen, die der Diözese gehören und die Votivgaben, die die Gläubigen an dem Marienbildnis bereits seit Mitte des 17. Jahrhunderts bei ihren Wallfahrten nach Higüey hinterlassen haben.

Museo de La Altagracia. Di–So 9–17 Uhr, Eintritt mit Führung 8 US$, Avenida Arzobispo Nouel innerhalb der Jardines de la Basílica La Altagracia, Higüey.
www.basilicahiguey.com

Vergoldete Votivgaben sind im Kirchenmuseum ausgestellt.

DER OSTEN

Oben: Architektonisches Prunkstück des Landes ist die futuristische Marienkathedrale in Higüey.
Unten: Seit 1567 war die Kapelle San Dionisio Zentrum der dominikanischen Marienverehrung.

goni-Altar, in dessen Zentrum die Altagracia-Darstellung stand.

Marienkult und Schutzheilige des Landes

Der Marienkult, der heute um das Bild aus dem 16. Jahrhundert existiert, stammt aber aus späteren Zeiten, nachdem dem Ölgemälde Wunderwirkungen zugeschrieben wurden. So soll die Fürbitte vor dem Altarbild der Gnadenreichen Jungfrau dazu geführt haben, dass die Spanier in der Schlacht bei der Ortschaft Limonade, im heutigen Haiti, die Franzosen besiegen konnten.

Kleinere, ihr zugeschriebene Wunder taten das ihre, das Abbild zu einem Wallfahrtszentrum zu machen und nach Staatsgründung La Altagracia de Higüey zur Schutzpatronin des Landes zu erklären. Und wie populär dieser Kult ist, zeigt sich auch darin, dass drei von zehn dominikanischen Frauen Altagracia heißen.

Die moderne Kathedrale

Weil die weiß gestrichene Kirche mit ihrem Ziegelsteineingang bald zu klein für den Pilgerstrom wurde, begannen noch in der Epoche von Trujillo die Planungen für eine moderne Großwallfahrtsstätte in Higüey, mit der zwei renommierte französische Künstler und Architekten beauftragt wurden: André Jaques Dunoyer de Segonzac und Pierre Dupré. Am 5. Oktober 1954 wurde der Grundstein gelegt, die offizielle Einsegnung der Basilica de Nuestra Señora de la Altagracia fand jedoch erst am 21. Januar 1971 statt. Der hoch aufragende, parabelförmige Spannbetonbogen (75 Meter), der anstelle eines Kirchturms errichtet wurde, ist heute das weithin sichtbare Wahrzeichen der Stadt.

Higüey

Infos und Adressen

SEHENSWÜRDIGKEITEN
Basilica de La Altagracia. Besichtigungen nur zwischen den Messen. Messen, Mo–Sa 6.30, 8, 18, So 6.30, 8.30, 10, 12 17.30 Uhr, Basilica La Altagracia, Higüey, www.basilicahiguey.com

ESSEN UND TRINKEN
Centro de Mariscos La Delicia. Spezialität: Meeresfrüchteplatte. Tägl. 7–24 Uhr, Avenida Libertad, Higüey, Tel. 1809/554 95 07

D'Yira Restaurant. Das Essen kann man sich an der Schautheke auswählen. Tägl. 8–24 Uhr, Calle Hermanos Trejo 61, Higüey, Tel. 1809/554 19 62

Hotel Don Carlos. Spezialität: Carite-Fisch à la Criolla. Tägl. 7.15 – 23.30 Uhr, Calle Juan Ponce de León, Ecke Sanchez, Higuey, Tel. 1809/554 2344

Restaurant El Nilo. Gute dominikanische Hausmannskost. Tägl. 8–22 Uhr, Calle Augustin Guerrero 64, Higüey, Tel. 1809/554 57 42

Surfer können auch in Macao die richtige Welle finden.

ÜBERNACHTEN
Hotel Don Carlos. Zentral hinter der Basilika gelegenes, gut ausgestattetes Hotel. Calle Juan Ponce de León, Ecke Sanchez, Higuey, Tel. 1809/554 2344

Hotel Restaurant Mira Cielo. Für eine Übernachtung ausreichend. Calle 4 Nr. 1, Chilo Poorriet, Higüey, Tel. 1809/554 17 36

Hotel Restaurant El Nilo. Sehr schlicht und einfach eingerichtet, aber absolut zentral gegenüber der Basilika. Calle Augustin Guerrero 64, Higüey, Tel. 1809/554 57 42

K&C Gran Hotel. Unterkunft etwas außerhalb des Zentrums. Carretera Higüey–Yuma Km 1. Higüey, Tel. 1809/554 17 80

AKTIVITÄTEN
Wallfahrtstag 21. Januar

INFORMATION
Oficina de Turismo. Mo–Fr 9–15 Uhr, Avenida Juan XXIII, Plaza El Naranjo. Higüey, Tel. 1809/554 26 72, www.godominicanrepublic.com, www.higueyonline.blogspot.com

Naturschönheiten wie Wasserfälle, Badeseen und Surfstrände befinden sich im Osten der Insel.

DER OSTEN

22 Punta Cana und mehr
60 Kilometer Badestrand an der Ostküste

Die Region rund um Punta Cana ist für ihre kilometerlangen Sandstrände und Palmenwälder bekannt. Die östliche Spitze der Insel Hispaniola (Punta) ist die Haupttouristenzone der Dominikanischen Republik. Es gibt zwar so gut wie keine touristischen Sehenswürdigkeiten, aber trotzdem verbringen fast zwei Drittel aller Touristen in dem Gebiet, in dem sich ein Hotel an das andere reiht, inzwischen ihren Urlaub, um eins zu erleben: Sonne, Strand, Palmen und Meer.

Was wünschen sich Touristen für ihren Karibikurlaub? Sonne, endlose Sandstrände, sich im Wind wiegende Palmen und ein Meer, dessen changierende Blautöne dem Auge schmeicheln. Manche der Fernreisenden kreuzen bei einer Umfrage vielleicht noch Ruhe als Hauptmotivation für ihre arbeitsfreie Zeit an. Punta Cana hat dies alles zu bieten –, und zwar im Überfluss. In der früher

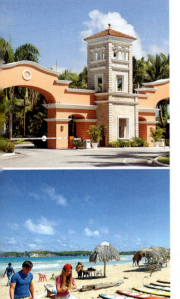

Mitte: Das All-Inclusive-Luxus-Hotel »Bahía Príncipe« ist bei europäischen Touristen beliebt.
Unten: Immer mehr Surfer entdecken das Land für ihre Sportart.

> ## MAL EHRLICH
> **AKTIVURLAUB SIEHT ANDERS AUS!**
> Morgens, mittags, abends Strand. Da kann es Aktivurlaubern schnell langweilig werden. Die sind auch garantiert fehl am Platz in Punta Cana-Bávaro. Zwar werden viele Aktivitäten über Reiseveranstalter angeboten, aber auf eigene Faust Land und Leute zu entdecken wird schwer, weil es keine Nahverkehrsmittel gibt und die Taxis zum Teil unverschämt teuer sind. Die Lösung könnte sein, einen Wagen zu mieten und Touren zu machen: Bayahibe, Santo Domingo oder nach Los Haïtises.

Punta Cana und mehr

Costa del Coco genannten Küstenregion liegen unzählige Hotelanlagen, fast alle bieten Urlaub mit All-Inclusive-Rundumversorgung. Das zieht sich von Cap Cana im Süden über Cabeza de Toro, die von der UNESCO als einer der besten Strände ausgezeichneten Playa de Macao bis nach Úvero Alto, wo sich mehrere hochpreisige Komplettanlagen angesiedelt haben.

Ziele in der Umgebung

Sehenswürdigkeiten sucht man hier vergebens. Die einzige Touristenattraktion, die es in der weiteren Umgebung zu besuchen lohnt, ist die Basilika von Higüey, aber Taxifahrten dorthin sind teuer, und wer mit dem Bus fahren will, muss schon wissen, wo die wenigen Einheimischen-Transportfahrzeuge abfahren. Am einfachsten ist es noch, mit dem Mietwagen die Gegend zu erkunden und vielleicht Richtung Miches zu fahren oder das Naturschutzgebiet rund um die Lagune del Limón zu besuchen. Die wenigen Fischerdörfer, die es mal in Bávaro und Punta Cana gab, sind verschwunden, dafür sind abgeschlossene Wohnsiedlungen entstanden, in denen die führenden Angestellten der Hotels wohnen.

Das gallische Dorf El Cortecito

Trotz der näher heranrückenden Resorts hat El Cortecito noch ein wenig von seinem ursprünglichen Charakter behalten. Es mutet wie ein kleines gallisches Dorf in der Karibik an, wo es noch Kneipen und Kleindiskotheken mit dominikanischem Publikum und Ambiente gibt. Sogar kleine Strandrestaurants, die exzellentes Essen, vor allem Fisch und Langusten servieren, machen von sich reden. Auch in Cabeza de Torro findet man noch Infrastruktur, die auch auf Individualtouristen ausgerichtet ist.

AUTORENTIPP!

EIN AUSFLUG IN DEN PUNTA CANA-ÖKOPARK

Der 600 Hektar große Parque y Reserva Ecológica Ojos Indígenas ist mit seiner typischen subtropischen Bewaldung eine deklarierte Naturschutzzone. Rund 500 Pflanzen- und Baumarten gibt es hier, darunter der gigantische Grigri-Baum mit seinem farblich wunderschönen Holz. Durch das Gelände windet sich ein kleiner Wanderpfad, der an den zwölf Süßwasserlagunen des Parks vorbeiführt. Ihre fast runde Form hat den kleinen Seen ihren Namen gegeben: »Augen der Indios«. In drei dieser Wasserreservoire können die Besucher baden, dort wurden eigene Zugänge geschaffen. Der größte von ihnen ist der Guamá, er ist zum Teil bis zu acht Meter tief. Mit fachkundiger Führung können die Besucher Geschichten aus dem Leben der Taínos hören und Pflanzen und Bäume, Eidechsen und Termiten, die im Park heimische Flora und Fauna der Dominikanischen Republik kennenlernen.

Parque y Reserva Ecológica Ojos Indígenas. Fundación Ecológico Puntacana. Tel. 1809/959 92 21, Buchungen: fepc@puntacana.com, www.puntacana.org

Der Mangokolibri nascht auch gerne von den Blüten der Kakteen.

133

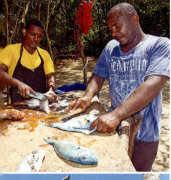

Oben: Verkaufsstände direkt am Meer versorgen die Besucher mit Getränken und Essen.
Mitte: Fischer bieten ihren Fang geschrubbt und ausgenommen direkt am Strand an.
Unten: Dominikaner lieben kühle Getränke beim Strandbesuch.

DER OSTEN

Abgelegene Hotels

Während in anderen Ferienregionen des Landes Besucher tagsüber ohne große Probleme in nahe gelegene Ortschaften Abwechslung vom »alles ist ja schon bei der Buchung bezahlt worden«, finden können, sind hier fast alle Hotelanlagen so gelegen, dass man wenig Lust hat, einmal das Haupteingangstor hinter sich zu lassen, es sei denn an Bord eines Ausflugsbusses. Glücklich jene Urlauber, die in der Nähe von Bávaro untergebracht sind und dort die Plaza Bávaro in Playa Bávaro besuchen können, um an den kleinen Souvenirgeschäften vorbeizuschlendern, mit fliegenden Händlern um den Preis zu feilschen oder ein Bier in den dortigen Kneipen zu trinken.

Die Lagune Bávaro

Naturfreunde sollten auf jeden Fall die Laguna Bávaro auf ihre Merkzettel schreiben. Die »grüne Lagune« von Bávaro und Punta Cana liegt in Cabeza de Torro und ist ein einzigartiges Küstenökosystem, das unter Naturschutz steht. Das gesamte Naturschutzgebiet beträgt über neun Quadratkilometer, wovon 4,1 mit Mangroven bewachsen sind. Beeindruckend ist die Lagune an heißen und feuchten Nachmittagen. Dann verwandelt sich die Wasseroberfläche in einen überdimensionalen Salzwasserspiegel, in dem sich die Natur und Vögel spiegeln.

Das Küstenökosystem ist ein Refugium für zahlreiche Zugvögel aus Nordamerika, die in dieser Karibikregion überwintern. Wissenschaftler haben 233 Baumarten – neun davon kommen nur hier vor – und 87 Vogelarten, registriert. In den Gewässern lebt auch eine Kleinfischart, die es nur in dieser Lagune gibt. Der Cyprinodon Higüey aus der Familie der Zahnkärpflinge wird kaum größer als vier Zentimeter.

Punta Cana und mehr

Infos und Adressen

SEHENSWÜRDIGKEITEN
Laguna Bávaro. Besichtigungen und Ausflüge: Fundación Ecológica y Social Natura Park (FESO-NAP), Tel. 849/214 0977, fesonap@yahoo.com

ESSEN UND TRINKEN
Captain Cook. Rustikal direkt am Strand, Spezialität Meeresfrüchtegrillplatte. Tägl. 12–24 Uhr, Bootshuttle bei Voranmeldung, Playa El Cortecito, El Cortecito, Tel. 1809/552 06 45

Jellyfish Beach Restaurant. Gemütliches Strandrestaurant mit guter internationaler Küche. Mo–So 11–23.30 Uhr, Calle Bávaro Beach, Punta Cana-Bávaro, Tel. 1809/840 76 84, www.jellyfishrestaurant.com

Nam Ñam. Küche für den Hunger zwischendurch in der kleinen, gemütlichen Bar. Di–Sa 11–14.30, 18–23, So 12–15, 19–22 Uhr, Plaza Sol Caribe, Los Corales, Punta Cana-Bávaro, Tel. 1809/988 31 76, www.nam-nams.com

El Navegante Sea Food & Grill. Einfaches Strandrestaurant an der Playa Úvero Alto. Tägl. 9–21 Uhr, Playa Úvero Alto, Punta Cana-Bávaro, Tel. 1809/299 95 80

ÜBERNACHTEN
Apart Hotel Green Coast. Praktisch eingerichtete Apartments zum Wohlfühlen. Calle Pedro Mir, El Cortecito, Tel. 1809/552 07 89

El Cortecito Inn. Einfach ausgestattete Zimmer, eine Alternative zu den All-Inclusive-Hotels, Calle Pedro Mir, El Cortecito, Tel. 1809/556 06 39

Bávaro Princess All Suites. Ein wahres Gartenparadies, in dem die Gebäude versinken, mit dem romantischen Restaurant Chopin. Playa Bávaro, Tel. 1809/221 23 11, www.princess-hotel.com

Barceló Punta Cana. Manche deutsche Gäste kommen schon seit Jahren hierher. Playa Macao, Punta Cana-Bávaro, Tel. 1809/476 77 77, www.barcelo.com

Restaurant à la dominicana: Unter einem solchen Palmendach lebten früher die Ureinwohner.

Infos und Adressen

Barceló Bávaro Palace Deluxe Resort. Auch für kleine Geldbörsen erschwinglicher Luxus. Playa Bávaro, Punta Cana-Bávaro, Tel. 1809/686 57 97

Zoetry Agua Punta Cana. Luxussuiten in einem kleinen, intimen Hotel. Úvero Alto, Punta Cana-Bávaro, Tel. 1809/468 00 00, www.zoetryresorts.com/agua

VIK Hotel Arena Blanca. All-Inclusive-Anlage mit eigenem Ferienklub. Playa Arena Blanca, Punta Cana-Bávaro, Tel. 1809/221 66 40, www.vikpuntacana.com

Runter gekugelt: Erlebnisurlaub im Ultraball

Iberostar Grand Hotel Bávaro. Ferienanlage zum Rundum-sich-Wohlfühlen. Carretera Arena Gorda, Playa Arena Gorda, Punta Cana-Bávaro, Tel. 1809/221 65 00, www.thegrandcollection.com

AUSGEHEN

Fast alle Hotels in der Region haben eigene Diskotheken, zum Teil sehr aufwendig gestaltete Tanzpaläste.

Imagine. Die Superdisco bietet Livekonzerte, die auf Plakaten am Straßenrand, in den Hotellobbys und auf der eigenen Webseite angekündigt werden. 23–4 Uhr, Eintritt mit Hotelshuttle 25 US$, www.imaginepuntacana.com

El Photobar oder La Casa de Piedra. Besonders bei den Anwohnern der Umgebung beliebte Tanzbar direkt am Strand mit Livemusik am Wochenende. Fr, Sa ab 19 Uhr, Playa El Cortecito, El Cortecito, Tel. 1809/804 14 22

Hard Rock Café Punta Cana. Bietet vor allem am Wochenende Liveauftritte von Bands. Tägl. 11.30–2 Uhr, Plaza Palma Real Shopping Village, Carretera El Cortecito 57, Punta Cana-Bávaro, Tel. 1809/552 05 94, www.hardrock.com.do

EINKAUFEN

Palma Real Shopping Village. Tägl. 10–22 Uhr, Plaza Palma Real Shopping Village, Avenida Barceló 57, Punta Cana-Bávaro, Tel. 1809/552 87 25, www.palmarealshoppingvillage.com

San Juan Shopping Center. Tägl. 9–23.30 Uhr, Avenida Barceló, Carretera Veron km 9, Cruce Coco Loco, Punta Cana-Bávaro, Tel. 1809/466 00 00, www.sanjuanshoppingcenter.com

AKTIVITÄTEN

Bei den meisten Veranstaltern ist die Abholung im Hotel im Preis inbegriffen.

Bávaro Adventure Park. Zipline, Klettergarten, Skyglobe, Segway, Paint-Ball, Jumper Bungee Trampolin, Mountainbike, Jurassic Adventure Dinosaur World. Tägl. 8.30–18.30 Uhr, Komplettpacket 169 €, Bulevar Turístico del Este Entrada km 8,5, Cabeza de Toro, Punta Cana-Bávaro, Tel. 1809 933 30 40, www.bavaroadventurepark.com

Manati Park. Themenpark mit reichhaltigem Animierprogramm mit Tieren und Abenteueraktivitäten speziell auch für Kinder. Tägl. 9–18 Uhr Eintritt zum Park 20 US$ (Kinder von 2 bis 12 Jahren), 35 US$ (Erwachsene), Schwimmen mit Delfinen 125 US$ nur mit Reservierung, Carretera Manatí, Bávaro, Tel. 1809/221 94 44, www.manatipark.com

Punta Cana und mehr

Über den Gipfeln am Seil durch den Urwald zu rutschen ist bei Besuchern sehr beliebt.

Marinarium Marine Park & Aquarium. Segelausflüge, Schnorcheln, Kanuausflüge. Cabeza de Toro, Punta Cana-Bávaro, Tel. 1809/468 31 83, www.marinarium.com

Safariausflüge, Canopy, Jeepralley.
Tel. 1809/455 1573, www.outbacksafari.com.do

Punta Cana Eco Adventure. Reitausflüge, Zipline. Tel. 1829/599 58 96, www.horseplaypuntacana.com

Scape Park. Zipline Tour, Buggys, Katamaran, Segeln, Tauchen, Schnorcheln, Strandreiten, Paddle-Board, Kajak und vieles mehr. Tägl. 9–18 Uhr, Cap Cana, Punta Cana, Tel. 1809/469 74 84, www.scapepark.com

GOLF

Hard Rock Golf Club. 18 Loch, Jack Nicklaus, www.hardrockhotelpuntacana.com/hard-rock-golf.htm.

Iberostar Bávaro Golf & Club. 18 Loch, P.B. Dye, www.iberostar.com/de/golf

La Cana Golf Course. 27 Loch, P.B. Dye, www.puntacana.com/la-cana-golf-club.html

Los Corales. 18 Loch, Tom Fazio, www.puntacana.com/corales-golf-club.html

Barceló Lakes Golf Course. 18 Loch, P.B. Dye, www.barcelobavarogolf.net

INFORMATION

Oficina de Turismo. Plaza El Tronco, 2do Nivel, Friusa, Bávaro. Higüey, Tel. 1809/552 01 42, www.godominicanrepublic.com, www.punta-cana.info/de, www.playa-bavaro.de

Haitianische Acrylmalereien werden auch gern auf Bestellung hergestellt.

DER OSTEN

23 Punta Cana de luxe
An der Ostküste lässt sich auch luxuriös Urlaub machen

Punta Cana ist nicht nur »zwei Wochen All-Inclusive-Hotels an makellosen weißen Sandstränden«. In der östlichen Touristenhochburg haben sich in den letzten Jahren ein paar Hotelinseln luxuriöser Glückseligkeit etabliert. Sie suchen Ihresgleichen in der Karibik und sind in vielem konkurrenzlos. Dementsprechend hat sich auch das Standardangebot an dem beliebtesten Strand der Deutschen in der Dominikanischen Republik verbessert.

Die Dominikanische Republik ist schon lange kein Billigferienland mehr. Der Trend, während der schönsten Wochen im Jahr jeden Cent im Portemonnaie umzudrehen, nachdem man zehn Stunden und mehr im Flugzeug gesessen hat, ist rückläufig. Das haben einige Hoteliers an den Stränden Bávaro und Punta Cana im Osten des Landes schon vor einigen Jahren richtig erkannt und ganz gezielt bei ihren Planungen für neue Hotels auf eine kaufkräftige Kundschaft gesetzt. Trendsetter war dabei der Club Med, den es aus Sicherheitsgründen aus der Unruheregion Haiti in den Osten der Insel gezogen hatte. Zu diesem Zeitpunkt war die Küstenregion nur auf einer kaum befestigten Straße zu erreichen, stundenlange Kurverei inklusive.

Mitte: Der Strand von Juanillo in Cap Cana ist traumhaft, aber nur für Gäste zugänglich.
Unten: Körperbetonte Mitbringsel aus dem Urlaub sind Body Painting und Flechtfrisuren.

Investitionen in die Zukunft

Der dominikanische Hotelier Frank Rainieri erkannte das touristische Potenzial der mehr als 60 Kilometer langen traumhaften Sandstrände mit den Palmenwäldern und hatte bereits Ende der

Punta Cana de luxe

1960er-Jahre zusammen mit einem US-Investor rund um Punta Borrachón (»Säufers Spitze«) weite Landstriche billig gekauft. Die Unternehmergruppe Puntacana begann dann Ende der 1970er-Jahre umfangreiche Infrastrukturmaßnahmen zu finanzieren, nachdem auch namhafte Anleger für die Bauprojekte gefunden waren, wie der spanische Sänger Julio Iglesias oder der bekannte dominikanische Modeschöpfer Oscar de la Renta. Mit dem Internationalen Flughafen Punta Cana (PUJ) schuf die Firma den mittlerweile größten Privatflughafen der Welt, auf dem auch die Großflugzeuge der letzten Generation auf den beiden Landebahnen ausrollen können. Heute landen auf dem International Airport Punta Cana mehr als 60 Prozent der Touristen, 2013 waren es insgesamt rund 4,2 Millionen Urlauber.

Luxus rund um die Uhr – Puntacana Resort & Club

Gleichzeitig entstand das Puntacana Resort & Club, eine Luxusferienanlage, die sich gezielt von dem All-Inclusive-Trend in der Dominikanischen Republik abhob und auf eine finanzkräftige Kundschaft setzte, die bereit war, Exklusivität mit einem höheren Preis zu bezahlen. Zu der Anlage gehören neben À-la-carte-Restaurants und einem eigenen Reitstall auch Golfplätze, die inzwischen zu den besten Plätzen des Landes gehören und von den renommierten US-Golfdesignern Tom Fazio (Los Corales) und P. B. Dye (La Cana) gestaltet wurden. Dazu kommen ein großzügig angelegter Jachthafen und ein Naturschutzpark. Das Resort ist so beliebt, dass Julio Iglesias fast ganzjährig dort wohnt, und wenn Bill und Hillary Clinton mit Tochter und Schwiegersohn zur Weihnachtszeit ausspannen wollen, buchen sie sich ebenso bei den Rainieris ein wie die Bush-Familie oder der frühere US-Außenminister Henry Kissinger.

AUTORENTIPP!

LUXUSBOUTIQUEHOTEL TORTUGA BAY

Das kleine Hotel Tortuga Bay darf sich als einziges Hotel in der Dominikanischen Republik rühmen, die begehrte Fünf-Diamanten-Auszeichnung der US-Amerikanischen Automobilvereinigung (AAA Guide) erhalten zu haben. Die 13 Villen liegen abgeschieden und auf Privatheit bedacht innerhalb des Geländes von Puntacana und direkt an einem paradiesischen Strand. Ausgestattet hat sie der dominikanische Modeschöpfer Oscar de la Renta (*1932), der schon Jackie Kennedy, Nancy Reagan, Hillary Clinton und Barbara Bush einkleidete, im karibischen Stil und mit allem nur erdenklichen Luxus. Insgesamt verfügt das Boutiquehotel über 50 Zimmer, ein eigenes, international prämiertes Restaurant, Bamboo, und eine Oscar de la Renta Designer-Boutique.

Tortuga Bay Hotel. Puntacana Resort & Club, Punta Cana, Tel. 1809/959 22 62, www.puntacana.com/accomodations/tortuga-bay

Üppige Badelandschaften in den Ferienresorts von Punta Cana

Das Palmenkap

Nur wenige Kilometer weiter südlich hat Puntacana inzwischen Konkurrenz bekommen, die einen weiten Landstrich exklusiv für sich reklamiert und für einfache Besucher nicht mehr zugänglich ist: Cap Cana. Das Palmenkap verfügt über einen der wohl spektakulärsten Strände der Region. Die Playa Juanillo besteht aus feinstem, blütenweißem Korallensand, der von einem üppigen Palmenhain beschattet ist. Zum Luxuskomplex gehört auch ein Jachthafen, um dessen Zufahrtskanäle und Ankerplätze Luxusapartments, -restaurants und -boutiquen eröffnet wurden. Auf dem riesigen Areal mit Golfanlage, deren Greens von Jack Nicklaus konzipiert wurden, haben inzwischen einige namhafte Luxushotels ihre Pforten für zahlungsfähige Kundschaft eröffnet, die in einem Privatbereich auf dem Flughafen privilegiert abgefertigt werden. Daneben wurden in der Region einige Fünf- und Fünf-Sterne-Plus-Hotels gebaut, die zwar auch auf das »Alles ist schon bei der Ankunft bezahlt«-Konzept setzen, aber ebenso auf große Exklusivität – Abgeschiedenheit an einem kleinen, abgetrennten Strandabschnitt, First-Class-Einrichtung der Zimmer und Spezialitätenrestaurants, die von international ausgezeichneten Starköchen betrieben werden.

Oben: Exklusive Luxuseigentumswohnungen am Hafen von Cap Cana kosten eine Million US-Dollar und mehr.
Mitte: Das Wohngebiet Cap Cana mit seinen Kanälen hat sich zum Klein-Venedig entwickelt.
Unten: Die Marina von Cap Cana

Punta Cana de luxe

Infos und Adressen

ESSEN UND TRINKEN

Passion by Martín Berasategui. Der spanische Meisterkoch mit den sieben Michelin-Sternen bietet Spitzenküche in der Karibik. Degustationsmenü 100 US$. Tägl. 19–22 Uhr nur nach Reservierung, Hotel Paradisus Palma Real, Playa Bávaro, Avenida Alemania, Bávaro, Tel. 1809/688 50 00, App. 80 05, www.paradisuspalmareal.com

La Yola. Das kulinarische Flaggschiff des Puntacana Resort mit seinen Feuerfisch-Spezialitäten. Tägl. 12–15, 19–22.30 Uhr, Happy Hour 17–19 Uhr, Puntacana Resort & Club Marina, Punta Cana, Tel. 1809/959 22 62, www.puntacana.com

Club Med Punta Cana. Exklusive Lage mit 600 Metern Privatstrand. Playa Punta Cana, Punta Cana, Tel. 1809/686 55 00

Puntacana Resort & Club. Mit diesem Resort begann der Luxus. Playa Punta Cana, Punta Cana, Tel. 1809/959 22 62, www.puntacana.com

Sivory Punta Cana Boutique Hotel. Kleines, elegantes Hotel. Playa Sivory, Úvero Alto, Punta Cana, Tel. 1809/333 05 00, www.sivorypuntacana.com

Die Black-Horse-Suite ist absolut luxuriös und sehr privat gehalten.

Eden Roc at Cap Cana. Hotel der exklusiven Relais & Châteaux-Gruppe am Strand von Juanillo. Playa Juanillo, Boulevard Principal, Cap Cana, Punta Cana, Tel. 1809/469 74 69, www.edenroccapcana.com

The Reserve at Paradisus Palma Real Punta Cana. The Reserve ist ein separierter Bereich innerhalb des Melía Resort. Playa Bávaro, Punta Cana, Tel. 1809/687 99 23, www.melia.com/de

Zoetry Agua. Das Hochzeitshotel der Gegend. Úvero Alto, Punta Cana, Tel. 1809/468 00 00, www.zoetryresorts.com

Golden Bear Lodge & Spa. Ein Hotelparadies für Golfspieler. Cap Cana, Punta Cana, Tel. 1809/668 55 87, www.capcanagoldenbear.com

INFORMATION

Oficina de Turismo. Plaza El Tronco, 2do Nivel, Friusa, Bávaro, Higüey, Tel. 1809/552 01 42, www.godominicanrepublic.com, www.punta-cana.info/de

Frisch gefangene Langusten werden direkt am Strand nach Gewicht verkauft.

DER OSTEN

24 Sabana de la Mar – Los Haïtises
Das dominikanische Wasserreservoir

Sabana de la Mar liegt rund 155 Kilometer nordöstlich von Santo Domingo und grenzt direkt an die Bucht von Samaná an. Die Kleinstadt ist Ausgangspunkt für Ausflüge nach Los Haïtises. Von oben sieht das rund 1800 Quadratkilometer große Naturschutzgebiet wie ein überdimensionaler, grüner und symmetrischer Eierkarton aus. Ein Hügelchen drängt sich neben die nächste ebenso dicht bewaldete Erhebung.

Sabana de la Mar ist eine typisch dominikanische Kleinstadt. Ein weitgehend quadratisch angelegtes Straßensystem, ein Park, eine Hauptkirche, eine Polizei- und Marinestation bestimmen das Bild der 1760 von Familien gegründeten Stadt, die von den Kanarischen Inseln gekommen waren. Im Vergleich zu anderen Ortschaften sticht lediglich die Schiffsanlegestelle heraus, von der aus viermal täglich eine Fähre die Bucht von Samaná nach Santa Bárbara de Samaná kreuzt. Aber weil der Hafenbereich völlig versandet ist und der Stadt das Geld fürs Ausbaggern fehlt, müssen die Fährpassagiere etwas beschwerlich und umständlich vom Boot in eine kleine Barkasse umsteigen, die sie an die Mole bzw. von dort zur Fähre bringt. Der Strand wirkt ansonsten verlassen bis auf ein paar kleine Fischerboote. Am Morgen sortieren Männer ihren Fang am Hafen oder flicken ihre Netze.

Kulinarisch hat sich die Stadt mit ihren rund 12 000 Einwohnern durch eine Fischspezialität im

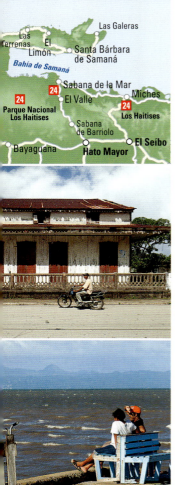

Mitte: In Sabana de la Mar gibt es noch alte, verlassene Warenhäuser aus dem 19. Jahrhundert.
Unten: Auf der Mole von Sabana de la Mar kann man die Zeit beim Warten auf die Fähre überbrücken.
Rechte Seite: Das Info- und Besucherzentrum von Los Haïtises

Land bekannt gemacht: die »Minutos«. Die jungen Roten Schnapper wurden früher von den Fischern wegen ihrer Größe weggeworfen, bis jemand auf die Idee kam, sie zu frittieren und zum Nationalgericht von Sabana de la Mar zu erklären. Allerdings hat die Überfischung dazu geführt, dass wirkliche Minutos kaum noch ins Netz gehen und mittlerweile leider auch fast jeder Jungfisch in die Friteuse wandert, um das Nationalgericht anzubieten.

Der Nationalpark Los Haïtises

Bekannt ist die die Kleinstadt durch ihre Nähe zum größten dominikanischen Nationalpark. Der Parque Nacional Los Haïtises wurde 1976 unter Naturschutz gestellt und seitdem ständig ausgeweitet. Heute erstreckt er sich über 1800 Quadratkilometer. Wer das Gebiet im Südwesten der Bucht von Samana überfliegt, fühlt sich an eine ebenmäßig geformte Buckellandschaft erinnert. Mogotes werden die geomorphologischen, isoliert stehenden Erhebungen genannt. Die Hügellandschaft setzt sich aus Tausenden solcher Buckel zusammen. Die Ureinwohner der Insel, die Taínos, nannten es in ihrer Arawak-Sprache »Land der Hügelchen«, Los Haïtises.

Das Naturschutzgebiet besteht aus Kalkformationen, die sich vor rund 40 Millionen Jahren im Tertiär über Vulkangestein gebildet haben. Der tropische Kegelkarst mit seinen rundlichen Erhebungen und Dolinen genannten Absenkungen ist

AUTORENTIPP!

ECOLODGE PARAISO CAÑO HONDO

Paraiso Caño Hondo darf sich stolz die erste Ökolodge des Landes nennen. Als in den 1990er-Jahren noch alle auf All-Inclusive-Urlaub setzten, begann Reynaldo »Tony« De León Demorizi sein kleines Paradies am Fluss Jivales aufzubauen. Alt- und Bruchholz dominiert, Felsen wurden zu Mauern und Zimmerwänden umfunktioniert, Recyclingmaterial einer ehemaligen Reismühle für Türen und Zimmerdekoration verwendet – Fernseher sind verpönt. Vor allem beeindrucken die elf kleineren und größeren Staubecken, in denen die Gäste im Flusswasser baden können. In dem exquisiter gestalteten Berghaus »Alto de Caño Hondo« gibt es 16 Zimmer, alle nach Vogelnamen benannt und mit Terrassenaussicht auf Los Haïtises. Im »Paraiso« haben einige Zimmer Direktzugang zu Badebecken im Fluss. In den Restaurants wird jedes Gericht frisch gekocht und zubereitet.

EcoLodge Paraiso Caño Hondo.
Carretera Los Haïtises, Sabana de la Mar, Tel. 1809/556 75 80,
www.paraisocanohondo.com

DER OSTEN

Oben: Die Dolinen im »Land der Hügelchen« sind aus Kalkstein.
Unten: Steingravuren mit Götterabbildungen zieren die Höhleneingänge der Taínos.
Rechte Seite: Einige der Hügelinseln dienen als Nistplätze für Fregattvögel.

144

in der Karibikregion einzigartig. Aufgrund der starken Oberflächenerosion ist das Gelände sehr zerklüftet. Da der Kalkstein im Gegensatz zur vulkanischen Grundbodenbeschaffenheit wasserdurchlässig ist, hat sich an der Nahtstelle das durchgesickerte Regenwasser gesammelt und den Kalk ausgewaschen. Dadurch sind unzählige Höhlen, unterirdische Seen und Quellen entstanden. Hunderte Rinnsale durchziehen den Park, dessen jährliche Durchschnittsniederschlagsmenge mit 1500 Millimetern doppelt so hoch ist wie in Deutschland. Überall am Rand der Schutzzone findet man deshalb Rinnsale, die aus dem Boden kommen und sich zu breiten Flüssen entwickeln. Los Haïtises ist mit seiner wässrigen Struktur das wichtigste Naturwasserreservoir des Landes.

Zeremoniestätte der Tainos

In dieser Karstlandschaft befinden sich fast tausend größere oder kleine Höhlen, die von den Ureinwohnern allerdings nur selten zum Wohnen, sondern vielmehr als Zeremoniestätten genutzt wurden. Von den Taínos finden sich noch viele Spuren in den Bergöffnungen, einige davon können bei einer Tour durch das Inselgewirr besichtigt werden. Die bekannteste ist sicherlich die Höhle Cueva La Linea. Sie ist mehr eine Riesengrotte, die nur geringfügig in den Berg hineinführt und von großen Öffnungen in der Decke hinreichend beleuchtet ist. An dem Deckengewölbe hat sich, durch wissenschaftliche Untersuchungen belegt, der Ruß der Lagerfeuer gehalten, die die Ureinwohner während ihrer religiösen Feiern anzündeten. Vermutlich versammelten sich hier Jäger und Fischer, um für ihre Jagd auf Seekühe und Fische den Beistand der Götter zu erbitten. Dass es in der Bucht von Samaná schon vor mehr als 500 Jahren Buckelwale gab, belegt ein in der La Linea-Höhle gefundenes Walpiktogramm, das

DER OSTEN

AUTORENTIPP!

VOGELBEOBACHTUNG LOS HAÏTISES

Los Haïtises ist ein Vogelparadies und ideal für die Beobachtung der in dem Gebiet lebenden einheimischen und überwinternden gefiederten Tiere. Ein Großteil der einheimischen Vogelarten lebt in dem Naturschutzgebiet, einige davon kommen nur hier vor. Dazu gehören Papageienarten wie die Blaukronenamazone und der Haiti-Sittich; in Meeresnähe leben Weißreiher, Pelikane, Fregattvögel, aber auch Raubvögel wie Truthahngeier. In Los Haïtises sind neben dem dominikanischen Nationalvogel, dem Palmschwätzer, auch mehrere Gavilan-Paare heimisch. Diese Sperberart ist vom Aussterben bedroht. In Los Haïtises läuft ein besonderes Programm zum Schutz dieses Kleinraubvogels. Unter sachkundiger Führung können die Vögel bei einem gut vierstündigen Streifzug durch das Hügelgebiet beobachtet werden, nachts außerdem Schleiereulen.

EcoLodge Paraiso Caño Hondo.
Carretera Los Haïtises, Sabana de la Mar, Tel. 1809/556 75 80, www.paraisocanohondo.com

Mit ihrem aufgeblähten Kehlsack buhlen die Männchen.

inzwischen stark verwaschen ist. Insgesamt 950 Zeichnungen gibt es noch in der rund 600 Quadratmeter großen Höhle zu sehen. Die Cueva La Arena, die direkt am Strand liegt, wird von der in Stein gearbeiteten Figur des Regengottes Boinayel bewacht. Zwischen den beiden Höhlen sieht man noch die Reste einer Mole. Hier endete Ende des 19. Jahrhunderts eine von Engländern gebaute Eisenbahnstrecke, mit der aus dem Hinterland Bananen an die Küste gebracht und verschifft wurden. Komplettiert wurde die Ladung mit Guano-Dünger, den Exkrementen von Vögeln und Fledermäusen, der aus den Höhlen geholt wurde.

Nach der Conquista, der spanischen Eroberung der Karibik, nutzten Piraten im 16. und 18. Jahrhundert das Hügelgewirr, um sich zu verstecken, bis sie wieder auf Kaperfahrt gingen, um vor allem Spaniern ihr Gold abzunehmen. Ramírez de Arellano (1791–1825), als Roberto Cofresí gefürchteter Freibeuter, soll in einer der Höhlen sogar einen Schatz versteckt haben, der niemals gefunden wurde. Edward Thatch (1680–1718), alias Blackbeard, hat in Los Haïtises Zuflucht gesucht, ebenso zwei gefürchtete britische Piratenbräute, Anne Bonny (um 1690–1720) und Mary Read (um 1685–1721) nutzten die zerklüftete Küste, um sich zu verstecken. Da wundert es nicht, dass behauptet wird, dass während des Zweiten Weltkriegs die Bucht von Samaná und Los Haïtises deutschen U-Booten als Versteck diente. Gesichert ist allerdings nur, dass die einzigen drei Frachtschiffe der Dominikanischen Republik von deutschen Unterseebooten versenkt wurden.

Die grünen »Schildkrötenbuckel«

Zwischen 45 und 350 Meter sind die Mogotes hoch. Vor der Küste von Los Haïtises gibt es au-

Sabana de la Mar – Los Haïtises

Rundgang durch das Land der Hügelchen

Es gibt eine lange und eine kürzere Tour durch Los Haïtises. Die längere beginnt mit einer Bootstour und endet an der Anlegestelle (K), danach schließt sich eine rund zweistündige Wanderung zwischen den Hügeln und durch den Regenwald an. Die kürzere Bootstour (2 ½ Stunden) endet an der Cueva de La Linea, danach Rückkehr zum Ausgangspunkt.

A Paraiso Caño Hondo – Ausgangspunkt für die Erkundung von Los Haïtises, weil es sich lohnt, schon morgens früh unterwegs zu sein.

B Bootsanlegestelle – Eine Tour kostet für 1 bis 4 Personen 3800 RD$ inklusive eines professionellen Guides und Versicherung.

C Kanalsystem Caño Hondo Mangroven – Die Mehrzahl sind rote (*Rhizophora mangle*), nur der kleinste Teil wird von weißen Mangroven (*Laguncularia racemosa*) gebildet.

D Bucht von San Lorenzo – Sie wird durch eine Mangroven bewachsene Halbinsel von der Bucht von Samaná abgegrenzt.

E Station Parkwächter – An diesem Strand, von dem man aus die Höhle La Arena besucht, wird die Eintrittsgebühr für den Park von 10 US$ bezahlt. Höhle La Arena: Es gibt dort 22 Felszeichnungen, 6 Petroglyphen und 2 Felsritzungen. Der Regengott Boinayel ist in den Stein gearbeitet.

F Höhle von Willy – In dieser Höhle lebte fünf Jahrzehnte lang ein Angestellter der Eisenbahnfirma, Willy Simmons, mit seiner Familie. Er soll 114 Jahre alt geworden sein.

G Ehemalige Eisenbahnmole – Sie dient heute den Seevögeln als Ruhepunkt.

H Punta Arena – weißer Sandstrand

I Cueva de La Linea – Direkt an der Eisenbahnlinie gelegen und deshalb auch Eisenbahn-Höhle genannt. Sie ist wegen ihrer fast 1000 Felszeichnungen die wichtigste Höhle in Los Haïtises.

J Bootsanlegestelle

K Wanderweg durch den Regenwald – Weg zurück zum Ausgangspunkt

AUTORENTIPP!

RANCHO DON REY

Knapp zwei Kilometer vor dem Ortseingang von Sabana de la Mar liegt die Pferdeoase Rancho Don Rey. Die 1,3 Quadratkilometer große Ranch ist ein Klub-Paradies für diese Form der Freizeitbeschäftigung. Über 100 Tiere, darunter auch Ponys und Mulis, stehen in den Stallungen und auf den Weiden. Hier werden Rodeos abgehalten und Reitturniere, Unterricht erteilt und Ausflüge in die Umgebung der Ranch mit ihren ausgedehnten Kakao- und Fruchtbaumplantagen angeboten. Für die Unterhaltung gibt es sogar eine »Mechanical Bull Ride«-Maschine. Wer möchte, kann sich auf der Ranch auch einquartieren, gegen einen geringen Aufpreis ist sogar eine Reitstunde im Preis inbegriffen.

Rancho Don Rey. Anerkannter Reitklub für die Zucht von American Paint Horse, einer gescheckten Pferderasse. Carretera Hato Mayor, 2 km südlich vom Ortsausgang Sabana de la Mar, Tel. 1809/556 76 64, www.ranchodonrey.com

Einst war Don Rey Viehzüchter, heute kommen Touristen zum Reiten.

DER OSTEN

ßerdem noch 56 kleinere Inselchen mit der typischen Rundform. Überall sieht man Farne, Edelhölzer wie Mahagoni (Caoba), Fruchtbäume, Bromelien, über 200 Orchideenarten und die nur hier vorkommende Coco Macao, eine hoch gewachsene, dünnstämmige Palmenart. Im grünen Idyll leben zahlreiche der im Land heimischen Vogelarten. Palmschwätzer klammern sich an die Spitzen der Königspalmen, Kolibris flattern aufgeregt vor den wild wachsenden Passionsfruchtblüten. Das Krakra der Krähen, der lang anhaltende Gesang der Spottdrossel und das Gezeter der Cotorras (Haitiamazone) begleitet einen bei seinem Besuch. Insgesamt sind in dem Gebiet mehr als 100 der 290 einheimischen Vogelarten beheimatet. Dazu kommen noch unzählige Zugvögel aus Nordamerika, die in der Karibik überwintern. Sogar Barancolis findet man hier. Der Eisvogel ist winzig, smaragdgrün gefiedert mit rotem Hals. Er brütet in Erdhöhlen und macht mit einem schnarrenden Geräusch auf sich aufmerksam. Zwei eher seltene Säuger der Insel leben hier zudem, der Schlitzrüssler (*Solenodon paradoxus*) und die Jutia (*Plagiodontia aedium*).

Mangroven, Krabben, Seekühe

Der Küstenstreifen vor den Hügelchen wird durch ein sehr lang gestrecktes, ausgedehntes Mangrovengebiet begrünt. Über 98 Kilometer zieht sich der Wald aus »verholzenden Salzpflanzen« hin. Sie bilden ein Ökosystem, in dem nicht nur Fische laichen und sich verschiedene Krebsarten etabliert haben. Die Mangrovenwälder in der Bahía de San Lorenzo beherbergen darüber hinaus für Naturfreunde eine besondere Sehenswürdigkeit. Hier ist einer der wenigen Orte in der Karibik, an dem man Seekühe in freier Wildbahn sehen kann. Wer sie beobachten möchte, sollte in den frühen Morgenstunden mit einem Führer aufbrechen.

Sabana de la Mar – Los Haïtises

Infos und Adressen

SEHENSWÜRDIGKEITEN

Museo de la Naturaleza. Infozentrum Nationalparkverwaltung. Tägl. 8–18 Uhr, Calle Paseo Elupina Cordero, Sabana de la Mar, Tel. 1809/556 73 33

ESSEN UND TRINKEN

El Caney. Dominikanisches Mittagsgericht: Reis, Bohnen, Fleisch oder Fisch, Krebse. Tägl. 8–22 Uhr, Avenida Diego de Lira, Muelle, Sabana de la Mar, Tel. 1809/556 77 20

Parada del Mar. Mittags Tagesgericht und Minutos, frittierter Jungfisch. Tägl. 8–24 Uhr, Calle Sánchez 2, Ecke Calle Paseo Elupina Cordero, Sabana de la Mar, Tel. 1809/607 33 73

Restaurante Don Clemente. Meeresfrüchte, vor allem Trompetenschneckenragout und Krebseintopf sind zu empfehlen. Tägl. 8–21 Uhr, Altos Caño Hondo, Carretera Los Haïtises, Sabana de la Mar, Tel. 1809/556 75 80, www.paraisocanohondo.com

Im Westen von Los Haïtises dehnen sich riesige Reisfelder aus.

Restaurante El Cayuco. Mittagsbüfett und À-la-carte-Menü. Tägl. 8–21 Uhr, Paraiso Caño Hondo, Carretera Los Haïtises, Sabana de la Mar, Tel. 1809/556 75 80, www.paraisocanohondo.com

Restaurant Johnson. Typisches Gericht: Minutos. Mo 8–17, Di–So 8 Uhr bis Ende offen, Calle Paseo Elupina Cordero 5, Sabana de la Mar, Tel. 1809/556 77 15

ÜBERNACHTEN

Hotel El Triangulo. Preiswert, aber mit Airconditi on ausgerüstet. Avenida de los Héroes, Ecke Calle Condrado Hernández, Sabana de la Mar, Tel. 1809/556 72 64

Hotel River Side. Einfache, aber saubere Unterkunft. Avenida de los Héroes, Sabana de la Mar, Tel. 1809/556 64 65

AKTIVITÄTEN

Fähre nach Santa Bárbara de Samaná. 9, 11, 15, 17 Uhr, 200 RD$ pro Person, Information und Ticket: El Caney

INFORMATION

Sabana Tour. Calle Paseo Elupina Cordero, fast Ecke Avenida Diego de Lira, Tel. 1829/870 18 24 www.ambiente.gob.do

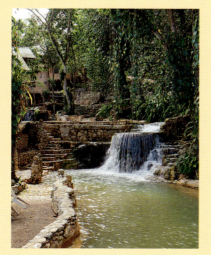

Badebecken und Wasserfälle verteilen sich auf dem Hotelgelände von Paraiso Caño Hondo.

DER OSTEN

25 Cueva Fun Fun
Abenteuer unter der Erde von Los Haïtises

Westlich von Hato Mayor befindet sich in den Ausläufern von Los Haïtises die Cueva Fun Fun. Für Abenteuerlustige ist das riesige unterirdische Höhlensystem eine einmalige Gelegenheit, die Dominikanische Republik unterirdisch kennenzulernen. Auch für nicht bergsteigerisch Erfahrene ist das Abseilen kein Problem, um die karstige Unterwelt auf einer Strecke von rund 1,2 Kilometern kennenzulernen.

Allein die Fahrt zum Rancho Capote, einer Zitrus- und Ziegenfarm, ist schon ein kleines Abenteuer. Tiefe Schlaglöcher, Furten und nicht asphaltierte Pistenstrecken machen ein Fahrzeug mit hoher Reifenaufhängung notwendig. Wer allein fahren will, sollte allerdings telefonisch oder per E-Mail einen Termin vereinbaren, dann wird man sogar in Hato Mayor abgeholt und zum Ausgangspunkt der eintägigen Tour geleitet.

Nach dem Frühstück in Rancho Capote erhalten alle Teilnehmer einen Overall, Ganzkörpergurt und Gummistiefel. Die Besucher brauchen nur Badekleidung, Strümpfe und Wäsche zum Wechseln mitzubringen, denn bei der Tour wird man nass. Danach geht es rund eine dreiviertel Stunde zu Pferd bis an die Grenze des Regenwaldes im Nationalpark Los Haïtises. Nach einem knapp einstündigen Fußmarsch steht der Besucher vor einer kleinen Öffnung im Berg, durch die man sich rund 18 Meter abseilen muss. Bergsteigerische Erfahrung ist nicht notwendig, die Abseilmethode erprobt – und auch Unsportliche kommen nach unten.

Mitte: Savannenlandschaft: In der Nähe von Hato Mayor liegt Rancho Capote.
Unten: Nach einem kräftigen Frühstück geht es mit dem Pferd zum Höhleneingang Cueva Fun Fun.

Cueva Fun Fun

Die ehemalige Teufelshöhle

Der erste Eindruck ist überwältigend: Gespenstische Ruhe, leises Tropfen von den Stalaktiten, das zirpende Pfeifen der Fledermäuse, dazwischen die Anweisungen der Guides, die einen auf dem Weg durch das 1,5 Kilometer lange Labyrinth begleiten. Vom Flügelschlag der Fledermäuse hat die Höhle auch ihren Namen erhalten. Die Flugbewegung verursacht wegen ihres unheimlichen Charakters ein Gräusch wie »fun«. Im Volksmund wurde sie auch Teufelshöhle genannt.

Der Weg führt über Sand- und Kieselboden vorbei an gigantischen Tropfsteinformationen und Sinterterrassen, unzähligen Gängen und Röhren. Domähnliche Hallen von bis zu 20 Metern Höhe lassen erahnen, wie gigantisch dieses 20 Millionen Jahre alte Höhlensystem ist, das sich in zwei Stränge aufteilt. Der nördliche Gang, der teilweise begangen, aber auch durchkrochen wird, ist insgesamt rund drei Kilometer lang, der andere führt durch Seen und Siphons acht Kilometer in östliche Richtung.

Aus einem wasserführenden schmalen Cañon, den man zur Sicherheit und Orientierung an Fixseilen passiert, gibt es nur einen Ausweg, indem man kurz durch eine runde Öffnung tauchen muss. Und schon hört man das typische Geräusch der pflanzenfressenden »Flughunde«, die sich in der Decke ihre Nester gebaut haben. Das immer lautere Rauschen des Flusses Almirante, der später in den Río Higuamo (Macoris) mündet, weist den Ausgang, wo die Taínos eine Kultstätte hatten. Dies wird durch die Petroglyphen in der Ausgangsöffnung belegt. Mit einem Ritt zurück und einem rustikalen dominikanischen Mittagessen endet die abenteuerliche Ausflugtour für die Besucher der Fledermaushöhle.

Infos und Adressen

SEHENSWÜRDIGKEITEN
Cueva Fun Fun. Rancho Capote, nach Voranmeldung, Ausflugspreis: 131 US$ pro Person, für Kinder unter 12 Jahren nicht geeignet, Carretera 78, 28 km westlich von Hato Mayor, Tel. 1809/481 77 73, www.cuevafunfun.net

ESSEN UND TRINKEN
El Conuco de Mois. Dominikanische Küche mit Schwerpunkt auf Fleischgerichten. So–Do 10–24, Fr, Sa 10–2 Uhr, Calle Las Mercedes 35, Hato Mayor del Rey, Tel. 1809/553 40 40

Si Restaurante. Der beste Italiener im Ort. Mo, Di, Do 11–24, Fr–So 11–2 Uhr, Calle Mercedes 21, Hato Mayor, Tel. 1809/553 23 68

ÜBERNACHTEN
Hotel Colinas del Rey. Carretera Hato Mayor-San Pedro de Macoris km 2, Hato Mayor, Tel. 1809/553 10 39, www.colinasdelreyrd.com

INFORMATION
www.visitahatomayor.blogspot.com

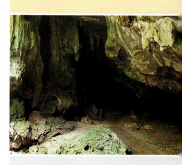

Den Ausgang der Cueva Fun Fun nutzten die Taínos als Kultstätte.

DER NORDOSTEN

26 Samaná und die Wale
Im Kinderzimmer der Buckelwale   **154**

27 Halbinsel Samaná
Ein Paradies der Kokosnüsse   **156**

28 Santa Bárbara de Samaná
Die Stadt der Rikscha-Motorräder   **164**

29 Las Terrenas
Frankophiler Lebensstil in der Karibik **168**

30 Las Galeras
Ein Paradies für Ruhesuchende   **174**

31 Strände von Samaná
Die Piraten und die Buchten   **176**

DER NORDOSTEN

26 Samaná und die Wale
Im Kinderzimmer der Buckelwale

Die Bucht von Samaná wartet von Januar bis März mit einer einzigartigen Attraktion auf. In den drei Monaten suchen Buckelwale die warmen Karibikgewässer an der Halbinsel auf, um ihre Kinder zu zeugen und zu gebären. Jedes Jahr kommen die Riesenwarmblüter aus dem Atlantik zu dem Ort, an dem sie geboren wurden.

Während der Monate Januar bis März ist in Samaná Hauptsaison. Dann ist nicht nur die Luft angenehm warm, sondern auch das Wasser, und in den Gewässern der Bucht von Samaná tummeln sich weitgereiste Gäste: die Buckelwale (*Megaptera novaeangliae*). Schätzungsweise rund 3000 Exemplare dieser Säugetiere nehmen jedes Jahr die beschwerliche Reise von bis zu 5000 Kilometern auf sich. Im Sommer tummeln sie sich meist rund um die fisch- und krillreichen Küstengebiete von Neufundland, Grönland oder Island, um sich genügend Speck anzufressen. Den brauchen sie auch, nicht nur um die anstrengende Reise in die Karibik zu überstehen, sondern auch, weil sie in den warmen Gewässern ihres Winterquartiers keine adäquate Nahrung finden – eine Abspeckkur für die Meeresriesen, die normalerweise bis zu einer Tonne Fisch und Krill pro Tag fressen.

Vorangehende Doppelseite: Zwischen Januar und März kommen Buckelwale in die Bucht von Samaná.
Mitte: Ausflugsboote zu den Riesensäugern
Unten: Der Buckelwal zeigt seine Fluke beim Abtauchen.

Buckelwale

Die Buckelwale werden durchschnittlich zwölf bis 15 Meter lang und sind als ausgewachsene Tiere zwischen 30 und 40 Tonnen schwer. Es gibt aber auch Exemplare, die es auf 16 Meter und 65 Tonnen bringen. Der Name kommt von dem Buckel,

Samaná und die Wale

den die seit 1966 unter Artenschutz stehenden Tiere kurz vor ihrem Abtauchen machen. Wissenschaftler können die einzelnen Meeressäuger sehr genau unterscheiden. Einmal sind da die zahlreichen »Knoten« oder Höcker, die dem Meeressäuger als sensible Nervenzentren dienen. Außerdem haben die Schwertfinne (obere Flosse), die Fluke (Schwanz) und die Flipper (Flossen) charakteristische Eigenarten wie Färbungen, Formen oder Verletzungen, die es zulassen, die einzelnen Buckelwale sehr genau zu identifizieren.

Der Großteil der Tiere, die sich in der Bucht von Samaná, der Nordostküste und der Silberbank vor Puerto Plata tummeln, kommt aus dem Gebiet von Neufundland und Island, wie Wal-Migrationsforscher festgestellt haben. Sie wurden in der Karibik gezeugt und kehren, wie von einer inneren Uhr getrieben, jedes Jahr wieder in ihr Heimatgebiet zurück, bis sie selbst geschlechtsreif sind. Die von Riffen geschützten Küstenregionen und Buchten sind ideal für die Paarung und als Kinderstube. Die Tragezeit dauert ein Jahr; die Jungwale werden gesäugt und brauchen knapp 50 Liter Milch am Tag.

Tierschutz vor Spektakel

Die Umweltbehörde der Dominikanischen Republik hat inzwischen strenge Richtlinien erlassen, um die Tiere zu schützen. Alle zugelassenen Boote müssen mit einer Fahne des Umweltministeriums gekennzeichnet sein. Nur mit solchen Schiffen sollte man rausfahren. Außerdem wurden Annäherungsgrenzen an die Tiere erlassen. Aber weil die Buckelwale ähnlich neugierig sind wie die Ausflügler, die sie beobachten, nähern sie sich oft den Booten, klatschen mit den Flippern oder zeigen die Fluke beim Abtauchen, ein grandioses Schauspiel.

Infos und Adressen

SEHENSWÜRDIGKEITEN

Centro de Naturaleza. Walmuseum. Mitte Jan.–Mitte März: Tägl. 8–17, Mitte März–Mitte Jan. Mo–Sa 9–14 Uhr, 100 RD$, Avenida La Marina, Tiro al Blanco, Santa Bárbara de Samaná, Tel. 1809/538 20 42

AKTIVITÄTEN

Whale Samaná. Von Januar bis März zweimal täglich (9–13.30 Uhr) Ausflüge zur Walbeobachtung in enger wissenschaftlicher Zusammenarbeit mit CEBSE. 59 US$ + 3 US$ Steuern, Kinder unter 10 Jahren 30 US$, Calle Mella, Ecke Avendia La Marina, Santa Bárbara de Samaná, Tel. 1809/538 24 94, www.whalesamana.com

Walflüsterer. Das dominikanische Fremdenverkehrsbüro sucht jedes Jahr einen Walflüsterer, der seine Erfahrungen während der Walbeobachtungsperiode als Blogger publiziert. Bewerbungsadresse siehe unten.

INFORMATION

Centro para la Conservación y Ecodesarrollo de la Bahía de Samaná y su Entorno (CEBSE). Avenida La Marina, Tiro al Blanco, Santa Bárbara de Samaná, Tel. 1809/538 20 42, www.samana.org.do

Bis zu 30 Minuten kann ein Buckelwal unter Wasser bleiben.

DER NORDOSTEN

27 Halbinsel Samaná
Ein Paradies der Kokosnüsse

Individualtourismus wird auf der größten Halbinsel der »DomRep« großgeschrieben. Die Zahl der All-Inclusive-Hotels lässt sich an einer Hand abzählen. Dafür findet man auf persönlichen Kontakt konzipierte und persönlich gestaltete Unterkünfte, verträumte Strände auf der 63 Kilometer langen und zwischen 10 und 20 Kilometern breiten palmenübersäten Peninsula de Samaná. Ein Wanderparadies zudem, mit abgelegenen Naturattraktionen.

Mitte: Der einsame Strand lädt zum Spazieren ein.
Unten: Großszenarien im Taíno Park lassen Geschichte lebendig werden.
Rechte Seite: Das Ballet Folklórico Nacional pflegt die alten Tänze der kolonialen Vorväter.

Die Halbinsel war früher einmal eine Insel. Als Christoph Kolumbus vor der Nordküste des Kazikenreichs Maguá auftauchte, war diese noch durch einen Fluss, später Yuna getauft, und eine Sumpflandschaft vom übrigen Festland getrennt. Innerhalb von 200 Jahren versandete die Meerenge, aus der Insel Maguá wurde die Halbinsel Samaná. Und heute ist die Region durch Trockenlegung der Sümpfe und den Bau der Verbindungsstraßen nach Santa Bárbara de Samaná und Las Terrenas endgültig zum Festland geworden: 770 Quadratkilometer groß, maximal 63 Kilometer lang und zwischen 10 und 20 Kilometer breit.

Als die Segel von Kolumbus' Karavellen an der Küste erschienen, wurde das Eiland von Ciguayo-Indios bewohnt, Arawaken, die wohl aus dem Orinoko-Gebiet, dem heutigen Venezuela, eingewandert waren und im Gegensatz zu den Taíno-Arawaken weniger friedlich waren. Jedenfalls empfingen sie die spanischen Eroberer mit einem Pfeilregen an jener Bucht, die heute östlich der Provinzhauptstadt Samaná liegt und sinnigerweise Playa Las Flechas, der Strand der Pfeile, genannt

wird. Noch nie, so ließ Kolumbus seinen Chronisten im Bordbuch notieren, habe er »so viele Pfeile über ein Schiff fliegen sehen«.

Der Kazike Guarionex, der Häuptling des Stamms, machte Ende des 15. Jahrhunderts noch einmal von sich reden: Erfolglos erhoben sich die Ciguayos gegen die Spanier. Touristen brauchen keine Bogenschützen mehr zu fürchten. Am Pfleilstrand warten heute nur noch Fischer auf Kundschaft, die sich zum teilprivatisierten Eiland Cayo Levantado in der Bucht von Samaná übersetzen lassen wollen, um sich ein paar Stunden auf dem für die Öffentlichkeit reservierten Westufer zu sonnen.

Ein dominikanisches Guantánamo

Um ein Haar wäre die Halbinsel und vor allem die Bucht überhaupt nicht mehr zugänglich. Denn mehrmals versuchten dominikanische Staatspräsidenten aufgrund knapper Haushaltskassen die Region zu verkaufen. 150 000 US$ forderte der damalige Präsident Buenaventura Báez (1812–1884) 1872 von den USA für die 99 Jahre lange Nutzung der Bucht als Militärhafen. Nur innenpolitische Streitigkeiten in den Vereinigten Staaten

AUTORENTIPP!

AUF DEN SPUREN DER VERGANGENHEIT
Im Taíno Park werden diese Fragen in 26 Großszenarien besprochen, die sich bis in die Zeit nach der »Entdeckung« durch den spanischen Eroberer hinziehen. Mit lebensgroßen Figuren wird das Leben der Taínos dargestellt. Der 300 Meter lange überdachte Rundweg dauert etwa eine Stunde. Über einen MP3-Player erhält man zu jeder Darstellung die entsprechenden Erklärungen, u.a. auch auf Deutsch. Ein kleines Museum stellt 200 archäologische Originalartefakte der Taínos aus, und ein rustikales Landrestaurant bietet typisch dominikanisches Essen.

Taíno Park Samaná. Tägl. 9–17.30 Uhr, Kinder bis 12 Jahre gratis, ab 12 Jahren 250 RD$, Erwachsene 500 RD$, Los Róbalos, Carretera Samaná, Sánchez, www.tainopark.com

AUTORENTIPP!

MIT SANTÍ ZUM SALTO

Santí und seine Kollegen bieten die Tour zum Wasserfall von El Limón seit Jahren an. Das kleine Restaurant mitten im Dorfe El Limón ist das Zentrum für die Gruppe von Wanderführern, die sich zusammengeschlossen haben, um die Früchte ihrer Arbeit nicht den Reiseveranstaltern zu überlassen. Santí ist Spanier und kennt die Bedürfnisse und Interessen der ausländischen Besucher, die einheimischen Führer kennen die Wege, die zum Salto führen wie ihre Westentasche. Sie bringen auch ihre Maultiere mit, die die Touristen für ihren Weg mieten können und warten am Wasserfall auf die Rückkehrer. Wer auch die anderen Wasserfälle der Umgebung besuchen will, kann das mit diesen Reiseführern perfekt organisieren.

Santi Rancho Tours. Tägl. 8–15 Uhr, je früher desto besser, Führer 500 RD$, Maultier 750 RD$, Carretera Las Terrenas, Ecke Carretera Samaná, El Limón, Tel. 1829/342 99 76, www.cascadalimonsamana.com

DER OSTEN

verhinderten die Unterzeichnung des Pachtvertrags. Jahre später versuchte Ulises Heureaux, »Lilís«, (1845–1899) es noch einmal, auch das Deutsche Reich war anfänglich an einem Stützpunkt dort interessiert. Letztendlich entschieden sich die US-Abgeordneten aber dann für das kubanische Guantánamo.

Die Kokosnuss

Palmen über Palmen und Berge von faserigen Kokosnussschalen, dies ist das markanteste Zeichen, dass sich dem Besucher bietet. Über sieben Millionen Exemplare der sich keck emporreckenden *Cocos nucifera*, so der wissenschaftliche Name der Nüsse produzierenden Palme, stehen auf der Halbinsel. Über Jahrhunderte und auch heute noch eine der wichtigsten Cash Crops. Daneben lassen nur noch die Touristen mehr Geld in die Kassen der Einwohner fließen. Aber während an der Nord- und Ostküste des Landes der Tourismus boomte, blieb Samaná ein gut gehütetes Geheimnis unter jenen, die einen Bogen um Sonnenhungrige in Massen machen. Die fehlende Infrastruktur tat das ihrige. Nur über eine mit Schlaglöchern gepflasterte Fahrbahn verbunden, scheuten viele den mehrere Stunden dauernden langen Anreiseweg.

Auch kulinarisch haben die Früchte des Palmgewächses auf der Halbinsel Spuren hinterlassen. Eine der großen Spezialitäten, die die Restaurants dort immer wieder ihren Gästen anbieten, ist der Fisch in einer Kokosmilch-Tomaten-Soße. In Variationen wird sie auch bei Krabbengerichten angeboten. Ebenso wie Pescado al Coco sollte man auch Kokosbrot probieren. In den Strandregionen wird es oft von Kindern angeboten, die die Tagesproduktion ihrer Mutter verkaufen. Ein guter Hungerstiller für einen Strandtag.

Auf zahmen Maultieren geht es zum Wasserfall von El Limón.

Halbinsel Samaná

Tourismusreiseziel Samaná

Mitte des 2000er-Jahrzehnts versuchte die dominikanische Regierung dann, die Halbinsel aus dem vermeintlich touristischen Tiefschlaf zu holen. Ein internationaler Flughafen für Großmaschinen wurde gebaut und gleichzeitig eine Mautautobahn quer durchs Land vom Süden in den Norden geschlagen, um die Region zugänglicher zu machen. Nach anfänglichem Erfolg ist der Flugverkehr wenigstens aus Europa fast vollständig zum Erliegen gekommen. Ab und an landen noch Maschinen aus den USA. Fakt ist, die Zone ist gar nicht ausgelegt für den Bau von großen Hotelanlagen, um einen solchen Airport lukrativ zu machen. Die Touristen freuen sich, denn zwischen Sánchez und Las Galeras, zwischen Santa Bárbara de Samaná und Las Terrenas gibt es für die Urlauber noch dominikanische Lebensweise pur und trotzdem genügend preiswerte Unterkünfte.

Das ehemalige Handelszentrum Sánchez

An den Häusern in den Straßen von Sánchez kann man noch ablesen, dass diese Hafenstadt im Südwesten der Halbinsel einmal bedeutsam war: eine dem Verfall überlassene Hafenanlage, viktorianische Holzgebäude, die von den über die Jahrzehnte aufgetragenen Farbschichten zusammengehalten werden. Normalerweise verirren sich nur selten Touristen in den Ort, der Ende des 19., Anfang des 20. Jahrhunderts einer der wichtigsten Häfen in der Bucht von Samaná war. Hier endete die von einer britischen Firma betriebene Eisenbahnlinie. Sie verband La Vega und Santiago über San Francisco de Macoris mit Sánchez. Neben Kaffee, Kakao, Kokosnüssen und Palmöl für den Export wurden auch Personen transportiert. In den 1930er-Jahren nötigte Trujillo durch Steuererhöhungen die englischen Betreiber zum

Oben: Die ehemalige Handelsmetropole Sánchez ist heute ein verschlafenes Nest.
Unten: Kokosnüsse sind das Haupthandelsprodukt auf der Halbinsel Samaná.

Oben: Die Maultiertreiber warten, bis die Touristen ihr Bad beendet haben.
Mitte: 40 Meter tief fällt der El-Limón-Fluss in das Naturbecken.
Unten: Wagemutige Jungen springen manchmal zur Gaudi der Touristen den Wasserfall hinunter.

Verkauf – an ihn. Bald war der Schienentransport unrentabel. Die Schienen wurden verschrottet, der Bahnhof verfiel. Heute ist Sánchez nur noch Umsteigestation für Busreisende, die nach Las Terrenas wollen. Kurz hinter dem Ortsausgang auf der Hauptstraße nach Samaná zweigt an der Tankstelle nach links die Bergpanoramastraße in die Ferienenklave Las Terrenas ab.

Kleine Dorfstrände

Weiter Richtung Samaná gelangt man nicht nur zum sehenswerten Historien-Taino-Park, sondern passiert zahlreiche kleine Dörfer, die einen kleinen, meist aber wenig gepflegten Strand haben. An einigen findet man die Schneckenhäuser der Trompetenschnecke, die in der Bucht gefunden wird, und aus deren Fleisch die Dominikaner, richtig gekocht, ein schmackhaftes Ragout machen. Schon die Taínos haben diese Meeresschnecke auf ihrem Speiseplan gehabt. Kurz hinter Puerto Bahía zweigt von der Straße nach Santa Bárbara de Samaná links eine Straße in Richtung El Limón und Las Terrenas ab. Vorbei an Häusern, die mit biblischen Sermonen dekoriert sind, weil ihre Bewohner einer evangelikalen Glaubensgemeinschaft angehören, gelangt man zu der kurvenreichen Strecke in Höhe des Wasserfalls von El Limón. Dieser gehört zu den am häufigsten besuchten und populärsten Ausflugsattraktionen der Halbinsel.

Halbinsel Samaná

Der Wasserfall von El Limón

Aus rund 40 Metern stürzt das Wasser des Flusses Arroyo am Wasserfall El Limón in einen kleinen See, der bei Touristen als Badebecken beliebt ist. Entlang der Straße liegen mehrere sogenannte Paradas, von denen aus Trekkingtouren zu dem Sturzbach angeboten werden. Der obere Weg ist der kürzere und endet oberhalb des Wasserfalls. Um zum See zu gelangen, muss man eine bei Regenfällen reichlich glitschige Holztreppe hintersteigen. Der Vorteil ist aber, dass auf diesem Weg auch fußläufig der Wasserfall für jene zu erreichen ist, die sich nicht gern auf dem Rücken eines Maultiers transportieren lassen.

Maultierritt zum Wasserfall

Die am Dorfrand von El Limón liegenden Paradas bieten einen wesentlich längeren etwa 2,5 Kilometer langen, aber sehr schön gelegenen Maultierritt auf dem unteren Zugangsweg an. Die Begleitung durch einen Maultierführer ist üblich. Die meisten Paradas bieten zusätzlich ein deftiges dominikanisches Mahl bei Rückkehr an.

Bei der Tour mit den handzahmen Reittieren werden Furten gequert, vorbei geht es an Feldern und Kakaoplantagen. Auf einer Anhöhe kurz vor dem Wasserbecken des Saltos werden die Maultiere angebunden. Danach geht es die wenigen Meter zu Fuß weiter. Auf jeden Fall sollten Besucher Badekleidung eingepackt haben, für ein kühles und erfrischendes Bad. Wer davon noch nicht genug hat, der sollte mit den Guías sprechen und sie bitten, noch die anderen in der Nähe liegenden Wasserfälle Cola del Indio, Río Palmarito und La Tosa anzusteuern. Der Letztere bietet ein spektakuläres Szenario, denn von der Seite gelangt man hinter den herabstürzenden Wasservorhang, ohne nass zu werden.

AUTORENTIPP!

ABGETAUCHT

Die Halbinsel von Samaná ist auch für Taucher ein idealer Ferienort. Vor allem rund um Las Galeras, in den etwas raueren Gewässern des Atlantischen Ozeans, befinden sich Tauchplätze für Personen mit unterschiedlicher Taucherfahrung. Regelrechte Korallengärten lassen sich erforschen, Labyrinthe aus Korallen und Höhlen durchschwimmen, Steilwände und Schiffswracks bieten einmalige Erlebnisse, bei denen man Schildkröten, Rochen und Barrakudas beobachten kann. Ein besonderer Tauchspot liegt bei Cabo Cabrón, ein Turm aus Korallen, der bei 5 Metern beginnt und bis 55 Meter Tiefe reicht.

Turtle Dive Center. Mo–Sa 10–12.30, 16–19 Uhr, Centre Commercial, El Paseo de la Costanera, Las Terrenas, Tel. 1829/903 06 59, www.turtledivecenter.com

Las Galeras Divers. Mo–So 8.30–18 Uhr, Calle Principal, Las Galeras, Tel. 1809/538 02 20, www.las-galeras-divers.com

Rund um die Halbinsel Samaná liegen viele Unterwasserattraktionen.

161

Infos und Adressen

ESSEN UND TRINKEN

El Cayo. Restaurant im Xëliter Vista Mare. Tägl. 11–24 Uhr, Carretera Las Galeras, km 12, Las Galeras, Tel. 1809/538 20 51, www.xeliter.com/hotels/xeliter-vista-mare-samana/restaurants-bars–6

Ocean Grill Beach Club. Cosón, Tel. 1829/598 49 62

Restaurant Ecocampo La Sangría. Mittagessen auf Anfrage und Vorbestellung. Camino Real El Rincón, Los Tocones, Las Galeras, Tel. 1829/814 46 89, www.ecocampolasangria.com

Geraspeltes »Frío Frío«-Eis, gesüßt mit Fruchtsirup, ist eine beliebte Erfrischung.

Santí Rancho. Typisch dominikanische Essen servieren Santí und seine Frau. Tägl. 8–18 Uhr, Carretera Las Terrenas, Ecke Carretera Samaná, El Limón, Tel. 1829/342 99 76, www.cascadalimonsamana.com

Tam-Tam. Terrassenrestaurant mit internationaler Küche. Avenida 27 de Febrero, Punta Popi, Las Terrenas, Tel. 1829/466 48 48

ÜBERNACHTEN

Bahía de los Dioses Hotel & Resort. Carretera Sánchez – Samaná, km 17, Los Róbalos, Sánchez, Tel. 1809/532 39 04, www.bahiadelosdioses.com

Balcones del Atlántico. Kleines Luxushotel mit eigenem Strand, der jedoch durch eine Straße abgetrennt ist. Carretera Las Terrenas–El Limón, Las Terrenas, Tel. 1809/240 50 11, www.balconesdelatlantico.com.do

Beach Hotel Palapa. Avenida 27 de Febrero, Punta Popi, Las Terrenas, Tel. 1829/466 48 48, www.hotelpalapa.com

Casa Azul. Pizza, Cocktails und ein Supermeerblick. Calle Libertad 6, Las Terrenas, Tel. 1829/707 04 04

Casa Lotus. Zimmer im Privathaus, sehr familiär. An der Kreuzung links, neben Villa Serena, Las Galeras, Tel. 1809/538 01 19, www.casalotus.ch.vu

Casa Robinson. Kleines, sehr persönlich geführtes Hotel wenige Meter vom Strand entfernt. Calle Prudhom 2, Las Terrenas, Tel. 1809/240 6496, www.casarobinson.it

El Portillo Beach Club & Spa. Carretera Las Terrenas-El Limón, km 4, El Portillo, Las Terrenas, Tel. 1829/961 64 38, www.elportillobeachclub.com

Familie Kellermann. Apartments mit Blick auf die Bucht von Samaná. Loma de la Pina, Punta Balandra, Samaná, Tel. 1829/605 05 72, www.ozeanic-caribbean.com

Gran Bahía Príncipe El Portillo. All-Inclusive-Hotel, Carretera Las Terrenas-El Limón, km 4, El Portillo, Las Terrenas, Tel. 1809/240 61 00, www.bahia-principe.com

Hotel Las Ballenas. An einem Abhang zur Bucht gelegene Zimmer und Bungalows. Carretera 5, Las Galeras, Los Naranjos, Samaná, Tel. 1809/495 08 88, www.hotelsamana-lasballenasescondidas.com

Hotel Playa Colibrí. Playa Las Ballenas, Las Terrenas, Tel. 1809/240 64 34, www.hotelplayacolibri.com

Halbinsel Samaná

Luxury Bahía Príncipe Cayo Levantado. Luxus pur auf einer Ínsel im Naturschutzgebiet. Isla Cayo Levantado, Samaná, Tel. 1809/538 32 32, www.bahia-principe.com/en/hotels/samana/resort-cayo-levantado

Sublime Samaná. Das Hotel gehört zur Gruppe Small Luxury Hotels of the World. Bahía de Coson, Las Terrenas, Tel. 1809/240 50 50, www.sublimesamana.com

The Bannister Hotel. Luxushotel in einem Jachthafen. Carretera Sánchez 5, Puerto Bahía, Tel. 1809/732 20 10, www.thebannisterhotel.com

The Peninsula House. US-Reisemagazine haben es unter die zehn besten Luxusboutiquehotels gewählt: »einfach perfekt«. Calle Cosón, Las Terrenas, Tel. 1809/962 74 47, www.thepeninsulahouse.com

Villa Serena Hotel. Hotel im Kolonialstil mit eigenem Kleinstrand. An der Kreuzung links, Hinweisschild folgen, Las Galeras, Tel. 1809/538 00 00, www.villaserena.com

Xëliter Vista Mare. Apartmentanlage in eigener Bucht. Carretera 5, Las Galeras, Tel. 1809/562 67 25, www.xeliter.com

EINKAUFEN

Supermercado Lindo. Mo–Sa 8.30–13, 15–20, So 9–13 Uhr, Plaza Rosada, Calle Juan Pablo Duarte, Las Terrenas, Tel. 1809/240 60 03

AKTIVITÄTEN

ADA. Autovermietung. 7 Plaza Taïna, Las Terrenas, Tel. 1809/704 32 32, www.ada-santodomingo.com

Arena Tours. Ausflüge und Reisebüro. Plaza Linda, Calle Juan Pablo Duarte, Tel. 1809/968 54 74, www.arenatours-lasterrenas.com

Samaná Zipline. 12 Seilrutschen zwischen 100 und 330 Metern Länge, 130 Höhenmeter. Mo–So 9–16 Uhr, Carretera Samaná-Las Terrenas, El Valle, Samaná, Tel 1829/550 01 79, www.samanazipline.com

Parada La Manzana. Hier können Maultiere und Führer gemietet werden. Martín y Antonia, Carretera Limón–Samaná, Arroyo Surdido, El Limón, Tel. 1829/931 69 64.

Puerto Bahia. Jachthafen westlich von Samaná. Carretera Sánchez, km 5, Puerto Bahía, Tel. 1809/503 63 63, www.puertobahiasamana.com

Kite World Center. Tägl. 8–18 Uhr, Avenida 27 de Febrero, Punta Popi, Las Terrenas, Tel. 1829/714 69 24, www.kiteworldlasterrenas.com

INFORMATION

Oficina de Turismo de Samaná. Avenida Santa Bárbara 4, Santa Bárbara de Samaná, Tel. 1809/538 23 32, www.godominicanrepublic.com www.the-samana-page.com

Autopista del Nordeste. Bezahlautobahn zwischen Santo Domingo und Samaná. Von Autopista Las Américas bis Cruce del Rincón de Molinillo, 106 km, 3 Mautstationen mit jeweils Beträgen von 53 RD$, 106 RD$ und 133 RD$.

Autopista El Boulevard del Atlántico. Von Cruve del Rincón de Molinillo bis Portillo, 24 km, 1 Mautstation, 507 RD$.

Dominikaner lieben individuell gestaltete Terrassenbrüstungen.

DER NORDOSTEN

28 Santa Bárbara de Samaná
Die Stadt der Riksha-Motorräder

Santa Bárbara de Samaná, 245 Kilometer von Santo Domingo entfernt, ist die Hauptstadt der Provinz Samaná, einer Halbinsel. Die Stadt ist Ausgangspunkt für Ausflüge in die Bucht von Samaná, die im ersten Quartal jeden Jahres die Kinderstube für Hunderte von Buckelwalen ist, und zum Naturschutzpark Los Haïtises.

Mitte: Die neue Kirche von Samaná thront oberhalb der Ortschaft neben dem alten Gotteshaus.
Unten: Auf die Bacardi-Insel kann man tagsüber zum Sonnenbaden.
Rechte Seite: Nur noch ein kleiner Teil des Cayo Levantado ist für das breite Publikum zugänglich.

Die Geschichte der Provinzhauptstadt der Halbinsel Samaná ist relativ jung. Im Jahr 1751 wurde sie vom spanischen Gouverneur Francisco Rubio y Peñaranda als Bollwerk gegen die Dominanz französischer und englischer Piraten gegründet und als Schutzpatronin die Heilige Bárbara ausgewählt. Am 4. Dezember feiern die etwa 40 000 Einwohner der Stadt nach wie vor ihre Patronales mit einem großen Fest. Die spanische Herrschaftshoheit über die Stadt und die Region ging jedoch schon bald nach der Gründung verloren, als nach dem Frieden von Basel 1795 Spanien auch den Westteil der Insel Hispaniola an die Franzosen abtreten musste. Große Pläne, den Ort in einen »Port de Napoleón« umzubauen, vereitelten die Unabhängigkeit Haitis und die Besetzung der Region durch haitianische Truppen. Auf Einladung des haitianischen Staatspräsidenten Jean-Pierre Boyer (1776–1850) siedelten sich in Samaná in den Jahren 1822 bis 1825 freigekaufte Sklaven aus den USA an, die das Land ihrer Knechtschaft verlassen wollten. Mehrere Hundert Ex-Sklaven kamen 1824 mit dem Segelschiff »Turtle Dove« in die Stadt. Sie brachten nicht nur neue Lebensmittel mit wie den Reis, sondern auch

religiöse Traditionen wie den Protestantismus und ihre englische Sprache. Aus der Mischung von französischen, spanischen, englischen und afrikanischen Sprachelementen bildete sich im Nordosten eine eigene Sprache. Das sogenannte Samané wird noch heute in Samané wird heute nur noch von Älteren gesprochen.

The Wesleyan Methodist Church

Kulturelles und religiöses Zentrum der Nachfahren der Zuwanderer ist die »Churcha«, die Kirche, deren Name eine sprachliche Verbindung eines englischen Begriffs mit einer spanischen Endung ist. Die Bauteile für die First African Wesleyan Methodist Church of Samaná wurden 1881 aus England in Einzelteilen importiert und zusammengebaut. Als 1946 bei einer Feuersbrunst die Holzhäuser niederbrannten und die viktorianischen Gebäudestruktur des Ortes vernichtet wurde, ging nur die »Churcha« nicht in Flammen auf.

Ein Blick auf die Bucht

Die alte Methodistenkirche in der Calle Teodoro Chassereaux im Ortskern ist nicht zu übersehen.

AUTORENTIPP!

SONNENBADEN AM BACARDI-STRAND

Auf Cayo Levantado wurde einer der ersten Bacardi-Werbeclips gedreht. Die »aus dem Meer herausragende« Insel hieß früher einmal Cayo Bannister, benannt nach dem englischen Freibeuter Joseph »Jack« Bannister. Bannister wurde in Port Royal, Jamaika, hingerichtet, das nach ihm benannte Inselversteck umbenannt. Im Prinzip ist das Eiland frei zugänglich. Seitdem aber der Großteil des Geländes Teil der Ferienanlage einer großen spanischen Hotelkette ist, dürfen Urlauber, die nicht Gäste des Hotels sind, nur noch auf die westliche Spitze, um sich dort zu sonnen.

Vom Hafen in Samaná sowie von der Playa Las Flechas bringen Fischerboote Passagiere zum Cayo Levantado. Preis Verhandlungssache.

DER NORDOSTEN

Oben: Der Puente de Escondida ermöglicht einen Spaziergang zu den vorgelagerten Inseln von Samaná.
Mitte: Im Schutz von Palmen genießen die Anwohner ihren Trago.
Unten: Motorradrikschas bilden das Rückgrat des öffentlichen Nahverkehrs in Samaná.

Der Blick von der Anhöhe auf die Uferpromenade und die Bucht rechtfertigen den Weg allemal. Man kann natürlich dafür auch eine der vielen Motorrikschas mieten, die in Samaná als öffentlicher Nahverkehr und eine Art Taxi fungieren. Die Motorrikschas sind auch eine gute Alternative, das Stadtzentrum und die Umgebung kennenzulernen. Besonders die östlichen Stadtteile bieten aufgrund ihrer Hanglage die beste Aussicht, schließlich gehört die Bucht von Samaná seit 2009 zu dem illustren Klub der schönsten Buchten der Welt.

Samaná und der Tourismus

In den 1970er-Jahren gab es ambitionierte Pläne, aus dem verschlafenen Ort ein Touristenzentrum zu machen. Die Grundstruktur der heutigen Hafenpromenade wurde damals geschaffen, ebenso wurden neue Straßen und der Kreisverkehr im Hafen angelegt. Die Regierung Balaguer bewilligte sogar Gelder für den Bau einer Fußgängerbrücke am südlichen Rand der Hafenbucht, die die Anhöhe Loma Escondida mit den drei kleinen vorgelagerten Inselchen verbinden sollte, auf denen man Panoramarestaurants bauen wollte. Die Regierung wurde abgewählt, die Zahlungen für die Projekte wurden eingestellt.

Die 60 Meter lange Brücke Punte de Escondida hat die Regierungswechsel überlebt, seitdem wurde jedoch kein Geld mehr für ihren Erhalt ausgegeben. Trotzdem ist ein Spaziergang zu den beiden Cayos Linares und Vigia ein kleines Erlebnis, denn dort gibt es winzige Buchten zum Baden. Attraktiv wird es am späten Nachmittag am Malecón. Dann kommen die Einwohner von Samaná, um bei einem kühlen Bier und mit Meerblick ihren Feierabend zu genießen. Warum es ihnen nicht gleichtun?

Santa Bárbara de Samaná

Infos und Adressen

ESSEN UND TRINKEN
Cayenas del Mar Beach Club Restaurant & Bar. Strandklub mit Restaurant. Playa Anadel, Carretera Samaná-Las Galeras, km 4, Santa Bárbara de Samaná, Tel. 1809/538 31 14

La Mata Rosada. Mo–So 8–23 Uhr, Malecón 5, Santa Bárbara de Samaná, Tel. 1809/538 23 88, www.lamatarosada-recettes-gratuites.com

La Royal Snack. Snack und französischer Imbiss. Di–So 7.30–19.30 Uhr, Avenida Malecón 3, Samaná, Tel. 1829/994 29 51

Taberna Mediterranea. Grillgerichte sind die Spezialität der spanischen Taverne. Mo–Fr 11–23.30 Uhr, Avenida Malecón 1, Santa Bárbara de Samaná, Tel. 1829/994 36 34

ÜBERNACHTEN
Bahía View. Zentral gelegen, einfach, aber zweckmäßig möbliert. Avenida Circunvalación 4, Santa Bárbara de Samaná, Tel. 1809/538 21 86

Gran Bahía Príncipe Cayacoa. All-inclusive-Anlage auf den Klippen vor Samaná. Loma Puerto Escondido, Santa Bárbara de Samaná, Tel. 1809/538 31 31, www.bahia-principe.com

Hotel Docia Backpackers Samaná. Preiswerte Unterkunft für Rucksacktouristen. Calle Téodoro Chassereaux 30, Santa Bárbara de Samaná, Tel. 1809/538 24 97

EINKAUFEN
Pueblo Principe Center. Souvenirs, Mode und Cafés. Avenida Malecón, Santa Bárbara de Samaná.

AKTIVITÄTEN
Centro de Buceo. Tauchen und Tourveranstalter. Tägl. 8–16 Uhr, Avenida Malecón 6, Samaná, Tel. 1829/605 05 72, www.ozeanic-caribbean.com

Fähre nach Sabana de la Mar. 8, 10, 14, 16 Uhr, 200 RD$, Ablegestelle Samaná

INFORMATION
Oficina de Turismo de Samaná. Avenida Santa Bárbara 4, Santa Bárbara de Samaná, Tel. 1809/538 23 32, www.godominicanrepublic.com www.gosamana-dominicanrepublic.com

Das Pueblo Prinicipe Center mit seinen Souvenirläden wurde im Karibikstil nachgebaut.

DER NORDOSTEN

29 Las Terrenas
Frankophiler Lebensstil in der Karibik

Las Terrenas hat sich zu einem Ferienort für Reisende entwickelt, die Individualität suchen. Abgeschirmt durch ein Gebirge bietet der Ort, der erst seit Kurzem durch eine moderne Autobahn zugänglich ist, kleine Hotels, ausgezeichnete Restaurants, Bars und Diskotheken. Urlauber haben die französischen Piraten von einst abgelöst, aber das französische Savoir-vivre, der frankophile Lebensstil, hat sich erhalten.

Auch wenn es den Boulevard del Atlantico gibt, eine mautpflichtige, überteuerte Autobahn ab El Catey, die den Reisenden von dort in knapp 15 Minuten in den Ferienort Las Terrenas führt, sollte man die alte Bergpassage von Sanchéz aus nutzen. Schon nach knapp zwei Kilometern ermöglicht eine Parkbucht einen atemberaubenden und einmaligen Panoramablick auf die Bahía de Samaná, die Bucht von Samaná. Die kurvenreiche Gebirgsstraße mit zum Teil 15 Prozent Steigung führt an malerischen Straßendörfern wie El Nan-

Mitte: Das ehemalige Piratenversteck Las Terrenas ist heute ein beliebter Urlaubsort für Individualreisende.
Unten: Musizieren gehört zu den beliebtesten Freizeitbeschäftigungen von Jugendlichen und Erwachsenen.

> ## MAL EHRLICH
> **VORHER HANDELN**
> »Komm, ich fahr dich schnell!« Was viele nicht bedenken, die Motoconcho-Fahrer in Las Terrenas sind Motorradtaxis, die gegen Bezahlung Transportdienste leisten. Dass sie das Unwissen der Touristen gern ausnutzen, um am Ende der Tour überhöhte Preise zu verlangen, ist ärgerlich, aber wer will es ihnen verdenken? Wer sich Ärger und Diskussionen ersparen will, handelt vorher den Preis aus oder geht zu Fuß.

168

Las Terrenas

jarito vorbei. Weiden, Palmen, Hibiskussträucher und Bougainvillen sowie rot blühende Flammenbäume säumen den Weg, und kurz hinter Los Puentes kann man von oben auf die Atlantikküste und Las Terrenas sowie die vorgelagerten Inselchen Las Ballenas blicken.

Las Terrenas

Wie ein umgekehrter Keil liegt die Ortschaft am Meer. Nur wenige Wohngebäude in der Gebirgsfalte, zum Strand hin immer breiter werdend, ergießt sich das Häusermeer. Rund 6000 Menschen leben in Las Terrenas, davon viele französische, italienische und deutsche »Wohnsitzinhaber«, »Residenten« werden sie genannt. Der Ortsname kommt vermutlich von dem französischen Wort La Terrienne (»Boden«). Nicht von ungefähr. In dem einst nur durch einen Dschungelpfad übers Gebirge zugänglichen Küstengebiet residierten vom 16. bis ins 19. Jahrhundert vornehmlich französischstämmige Freibeuter.

Nach wie vor dominieren Frankokanadier und Franzosen im Pueblo mit den bezaubernden Strandbereichen, die sich über mehrere Kilometer am Atlantik entlang hinziehen. Über drei Jahrzehnte war Las Terrenas ein touristischer Geheimtipp. Das Frankophile macht sich nicht nur an den Zugezogenen fest, sondern auch an den französischen Cafés und Bäckereien, in denen man sich schon im Morgengrauen sein Baguette kaufen und einen kleinen schwarzen Kaffee auf die Schnelle trinken kann. Sogar eine französische Schule befindet sich in dem Ort.

Der Multikulti-Ort

Die von Sanchéz kommende Landstraße endet kurz vor dem Strand am Friedhof. Hinter der eher

AUTORENTIPP!

MIT HERZBLUT GEKOCHT

Florian Strahlheim aus Wertheim, von Freunden nur Flo genannt, hätte schon längst einen Stern verdient, so weltmeisterlich ist seine Küche im »Mi Corazón« in Las Terrenas. Das von den Schweizern Daniel-André Müller und Werner Kipfer aufgebaute, etwas versteckt im Dorf gelegene Restaurant sucht im Land seinesgleichen. Für die Fusion-Küche werden nur Naturprodukte verwendet, die in der Region gekauft werden. Die Gerichte werden frisch zubereitet, und das Degustationsmenü ist eine Eloge an die feinen Geschmacksnerven und ein Rausch für die Sinne. Dazu werden erlesene, wohltemperierte Weine geboten, auch eine Seltenheit im Land der tropischen Hitze. Danach kann man in der Lounge des dreigeschossigen Gebäudes den Abend ausklingen lassen.

Mi Corazón. Nov–April Di–So, Mai–Okt. Di–Sa ab 19 Uhr, Calle Duarte 7, Las Terrenas, Tel. 1809/240 53 29, www.micorazon.com

AUTORENTIPP!

IM GARTEN EDEN

So stellte man sich das Paradies vor: Üppiges Grün und bunte Tropenpflanzen, dazwischen Mangobäume und Kokosnüsse, Passionsfrüchte hängen von Ranken herab. Im Ökopark Ecotopia findet man Bromelien, Palmfarne, weiße, lila- und rote Alpinia aus der Familie der Ingwergewächse, Hibiskus, Agaven, Orchideen, Passionsfrucht- und Bougainvillae-Pflanzen sowie unzählige Helikoniengewächse in fast allen Farben des Regenbogens. Seit 1998 betreibt Andreas Serra den 30 Hektar großen Garten Eden als Anschauungseinrichtung für Bauern der Umgebung und Ruheinsel für die Touristen aus der Region, die durch dieses Biotop spazieren wollen. Wer möchte, kann sich auch Helikoniengewächse als Geschenk flugsicher verpacken lassen und mitnehmen.

Ecotopia. Mo, Sa 8–18 Uhr, Sa 11 Uhr Führung, Hoyo de Cacao, Las Terrenas, Tel. 1809/505 04 65, www.ecotopia-dr.com, Wanderkarte aus dem Netz herunterladbar.

Ein Kunstwerk für sich ist die Blüte der Bromelie.

DER NORDOSTEN

an eine mexikanische Finca-Umzäunung erinnernden Mauer bildet sich ein wenig die Geschichte der Bewohner ab. Dominikanische Gräber liegen neben Begräbnisstätten mit deutschen, französischen, englischen, italienischen Namen. Der multikulturelle Charakter schlägt sich auch in den Baustilen der Wohnhäuser der Zugezogenen nieder, vor allem der französisch-antillanische mit seinen Veranden und Verzierungen wird geliebt.

Die italienische Pizza ist ebenso beliebt wie das Boulespielen am Strand. Daneben gibt es Supermärkte, in denen internationale Delikatessen angeboten werden. Juwelierläden und Souvenirshops, Apotheken und Zeitungskioske, Bademode- und Immobiliengeschäfte – die meisten in ausländischer Hand. Die kleinen Tante-Emma-Läden, in denen sich die Bevölkerung einst versorgt hat, sind sogenannten »Drinks« gewichen, in denen man sich mit Alkoholika zu jeder Tages- und Nachtzeit versorgen kann. Die Fischbuden in einfachen Hütten am Strand wurden von Restaurants verdrängt, in denen Fischcarpaccio und Sushi en vogue sind.

Fremdenzimmer für Individualtouristen

Die beschwerliche Anfahrt nach Las Terrenas, die erst 2011 mit dem Bau der gebührenpflichtigen Atlantikautobahn endete, war aber auch die Garantie dafür, dass der Massentourismus diese Gegend links liegen gelassen hat. Hotels mit mehr als 30 Zimmern gelten schon als Großanlagen. Kleine Pensionen und oft sehr individuell gestaltete Fremdenzimmer dominieren das Übernachtungsangebot.

Die Hauptstraße, die Calle Juan Pablo Duarte, trennt die Strandbereiche. Direkt neben dem

Friedhof in Richtung El Portillo haben die Fischer des Ortes einen Markt etabliert, an dem sie jeden Morgen ihren frischen Fang anbieten. Einige Hundert Meter weiter östlich gelangt man zur Punta Popi mit ihrem flachen Strand. Er ist nicht nur bei Kitesurfern beliebt, sondern an Wochenenden auch bei Dominikanern, die den schattigen Palmenhain zum Picknickplatz erkoren haben. Dahinter liegt eine von Palmen gesäumte Sandbucht neben der anderen, bis man nach El Portillo kommt, mit seinen beiden großen Ferienanlagen und der kleinen Inlandsflugpiste.

Pueblo de los Pescadores und Strand Las Ballenas

In westlicher Richtung liegt das Pueblo de los Pescadores. Bis vor wenigen Jahren lebten hier die Fischer des Ortes in windschiefen Hütten, die mit Palmblättern gedeckt waren. Nach und nach etablierten sich dort kleine, von Ausländern geführte Restaurants, bis das gesamte Gelände und die gut zehn Restaurants und Kneipen 2012 in Flammen aufgingen. Auch wenn das neu gebaute »Fischerdorf« nicht mehr an die urige Atmosphäre heranreichen kann, die Tische waren unter Palmen direkt im Sand aufgestellt, bilden die neuen Esslokale und Bars eine Attraktion, in denen am Wochenende die Musik erst am frühen Morgen ausgeschaltet wird.

Oben: An den Stränden von Las Terrenas kann man stundenlang spazieren gehen.
Unten: Ein Lächeln hilft über viele Verständigungsprobleme hinweg.

DER NORDOSTEN

Ruhiger geht es nur ein paar Meter weiter westlich zu. Der Strandweg ist gepflastert, sodass man auch ohne Probleme die einzelnen Ferienvillen und zahlreichen Pensionen an der Playa Las Ballenas erreichen kann. Zum Sonnenbaden hervorragend geeignet, ist dieser Strandbereich für Badefreudige jedoch nicht sehr attraktiv, weil die bis ans Ufer heranreichenden Korallenriffe wenig Schwimmmöglichkeiten bieten. Der Strand hat seinen Namen von der kleinen, vorgelagerten Inselgruppe, die wie im Meer dümpelnde Buckel von Walen aussieht.

Playa Bonita und Playa Cusón

Über die Jahrzehnte so gut wie überhaupt nicht verändert hat sich der durch einen kleinen Gebirgszug abgetrennte und über eine Umgehungsstraße erreichbare »schöne Strand« von Las Terrenas. Playa Bonita ist der ideale Platz für Urlauber, die während ihrer Ferien nur eins wollen: Ruhe. Ein halbes Dutzend kleine Hotels haben sich hier angesiedelt, die den Gästen alles bieten. Das Fleckchen Erde am Westrand von Las Terrenas hat auch den ehemaligen Koch des früheren französischen Staatspräsidenten François Mitterrand (1916–1996), Gérard Prystasz, dermaßen begeistert, dass er die Küche des Palais de l'Élysée gegen ein Hotel mit Feinschmeckerrestaurant an der Playa Bonita eingetauscht hat. Die moderaten Wellen der Strandbucht sind bei Surfern beliebt. Stundenlang lauern sie auf dem Wasser, um den richtigen Surf zu erwischen. Nur eine halbe Spazierstunde entfernt liegt im Westen der Strand von Cusón, den mittlerweile vor allem Apartmentbesitzer für sich reserviert haben. Die fast bis ans Wasser heranreichenden Palmen bieten einen idealen Ort mit Schatten, um hier einen ungestörten Tag zu verbringen, zumal es eine Fischbude mit Speisen und Getränken gibt.

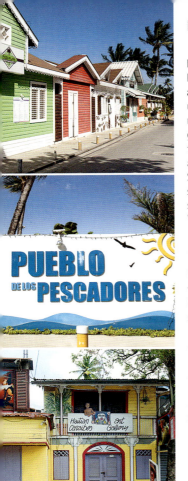

Oben: Die ehemaligen Fischerhütten direkt am Strand beherbergen Restaurants und Kneipen.
Mitte: Im Pueblo de los Pescadores geht das Licht erst aus, wenn der Morgen graut.
Unten: Die Haitian Art Gallery ist in Las Terrenas eine Institution.

Las Terrenas

Infos und Adressen

ESSEN UND TRINKEN
Boulangerie Française. Original französische Bäckerei. Mo–Sa 7–19.30, So 7–19 Uhr, Plaza Taína, Calle Duarte, Las Terrenas, Tel. 1809/240 67 51

Cayuco. Restaurant mit spanischen Spezialitäten. Di–So 11–1 Uhr, Calle Francisco Caamaño Deño, Pueblo de los Pescadores, Las Terrenas, Tel. 1809/240 6885, www.elcayucolasterrenas.com

Restaurant Atlantis. Hier kocht der ehemalige Chefkoch des Élysée-Palasts, Gérard Prystasz. Tägl. 8–10, 12–15, 19.30–22 Uhr, Playa Bonita, Las Terrenas, Tel. 1809/240 61 11, www.atlantis-hotel.com

Restaurante La Terrasse. Mediterrane Küche, Spezialität Grillplatte. Tägl. 11–24 Uhr, Calle Francisco Caamaño Deño, Pueblo de los Pescadores, Las Terrenas, Tel. 1809/240 67 30, www.laterrasserestaurante.com

ÜBERNACHTEN
Coyamar. Familiäre Atmosphäre im deutsch geführten Hotel direkt am Strand. Playa Bonita, Las Terrenas, Tel. 1809/240 51 30, www.coyamar.com

Hotel Atlantis. Geschmackvoll, individuell eingerichtet und ruhig gelegen. Playa Bonita, Las Terrenas, Tel. 1809/240 61 11, www.atlantis-hotel.com

Las Palmas Residence. Kleine Gartenanlage mit voll eingerichteten Villen. Calle Benelux, Las

Zahlreiche Hotels sind im Stil des 19. Jahrhunderts gebaut.

Terrenas, Tel. 1809/240 64 36, www.vamosalaspalmas.com

AUSGEHEN
Gaia. Calle Francisco Caamaño Deño, gegenüber dem Pueblo de los Pescadores, Las Terrenas, Tel. 1809/914 10 23, www.gaialasterrenas.com

La Bodega Bar. Die Diskothek in Las Terrenas: Bachata, Salsa, Merengue. Tägl. 22–4 Uhr, Plaza Linda, gegenüber Friedhof, Avenida 27 de Febrero, Las Terrenas, Tel. 1809/787 11 78

EINKAUFEN
Haitian Caraibes Art Gallery. Mo–Sa 9–13, 16–20 Uhr, Calle Juan Pablo Duarte, gegenüber vom Paseo de la Costanera, Las Terrenas, Tel. 1809/240 62 50

Nativ'Arte. Calle Duarte 270, Las Terrenas, Tel. 1829/262 34 06

AKTIVITÄTEN
Flora Tours. Ausflüge. Avenida Juan Pablo Duarte, gegenüber Plaza Taína, Calle Duarte, Las Terrenas, Tel. 1809/240 54 82, www.flora-tours.net

INFORMATION
Oficina de Turismo de Las Terrenas. Mo–Fr 9–15 Uhr, Calle Libertad, gegenüber der Polizei, Las Terrenas, Tel. 1809/240 61 41, www.godominicanrepublic.com
www.las-terrenas-live.com

Naive haitianische Kunst ist eine beliebte Urlaubserinnerung.

DER NORDOSTEN

30 Las Galeras
Ein Paradies für Ruhesuchende

28 Kilometer von Santa Bárbara de Samaná entfernt im Nordosten liegt die kleine Fischerenklave Las Galeras. Die gut ausgebaute Straße endet kurz vor dem Strand. An Wochenenden sind an dem Strand überwiegend einheimische Ausflügler, aber an den Wochentagen gehört der weitläufige Strandbereich den Individualreisenden, die in diesem Weiler garantiert eines finden: Ruhe und Erholung.

Der Weg an den Nordostzipfel der Dominikanischen Republik lohnt sich. Das Hotel- und Restaurantangebot ist, bis auf das abseits, aber idyllisch gelegene All-Inclusive-Grand-Paradise-Hotel Samaná auf Individualreisende abgestimmt. Die Übernachtungsmöglichkeiten zeichnen sich fast alle dadurch aus, dass sie sehr nett gestaltet sind und besonderen Wert auf persönlichen Kontakt zu den Gästen legen. Wer ein paar Tage ausruhen und nichts anderes machen will, als sich vor seinem Hotelzimmer im Sand zu wälzen und zu sonnen, hat den richtigen Ort gefunden.

Eine Asphaltkreuzung, ein Sandstrand – Las Galeras

Las Galeras besteht eigentlich nur aus zwei Straßen, der Carretera, die von Samaná hierherführt, und dem kreuzenden asphaltierten Weg kurz vorm Strand, der nach rechts zum Großhotel und nach links, vorbei an kleinen Privathäusern und Kleinhotels, im Nichts endet. Die Mehrzahl der Häuser gehört europäischen Einwanderern, die die Idylle an der Nordküste einmal besucht hatten und wiederkamen. Die Straßenkreuzung ist so et-

Mitte: Die Playa Rincón ist einer der Geheimtipps auf der Halbinsel Samaná.
Unten: In Las Galeras werden Langusten und Fische frisch zubereitet und preiswert angeboten.

Las Galeras

was wie die Dorfmitte, wo sich die Bank, einige kleine Restaurants, Souvenirläden und Colmados befinden. Daneben gibt es in Sichtweite des Strandes eine kleine vorgelagerte Insel, El Cayito. Die Privatinsel ist allerdings nicht zugänglich.

Seinen Namen verdankt der Ort zwei spanischen, sehr flach gebauten Schiffen »La Galera«. Sie ankerten in der Bucht Mitte des 16. Jahrhunderts, um auf Anweisung des spanischen Königs die Schifffahrtswege gegen Schmuggler und Piraten zu schützen, die an der dominikanischen Küste auf die Goldtransporte der spanischen Flotte lauerten. Die Schiffe sind verschwunden, dafür heben und senken sich in der Dünung kleine Fischerboote. In den frühen Morgenstunden sind sie auf dem Meer, danach warten sie auf Touristen, die sich von ihnen an die verschiedenen Traumstrände wie Playa Frontón, Playa Madame und Playa Rincón in der Umgebung von Las Galeras bringen lassen wollen, wofür sie zwischen 40 und 50 Euro für eine Tour mit maximal vier Personen verlangen.

Spaziergänge und Schwammsuche

Einen Abstecher sollte man zum »Kleinen Kap« El Capito machen, einer kleinen Hotelanlage, die drei Kilometer hinter dem Grand Paradise Hotel Samaná zehn Meter hoch über den Klippen liegt. Von hier aus kann man bei ruhiger See die Steilwand hinunter ins Meer springen und über eine Seiltreppe wieder hinaufklettern. Auf dem Weg dorthin befindet sich vor dem Grand Paradise das »Kaio Natural Aquarium« mitten im Meer, das nach einem japanischen Meeresbiologen benannt ist, der dieses Areal aufgebaut hat. Beliebt ist der Besuch bei Schnorchlern besonders während der Fütterungszeiten der rund 50 Meerestiere, die rund 300 Meter vor der Küste leben.

Infos und Adressen

ESSEN UND TRINKEN
Chez Denise. Doña Denises Spezialität sind Crêpes, aber auch Fisch in Kokossoße. Mo–So 8–23 Uhr, Calle Principal, Las Galeras, Tel. 1809/538 02 19

ÜBERNACHTEN
Hotel Todo Blanco. Ein kleines Paradies mit Strandzugang und gutem Restaurant. Calle de la Playa, Las Galeras, Tel. 1809/538 02 01, www.hoteltodoblanco.com

El Cabito. Wohnen oder zelten auf den Klippen. El Cabito, Las Galeras, Tel. 1809/820 22 63, www.elcabito.net

La Lomacita Lodge. Wohnen in einer kleinen Villa in einem Naturpark. Las Galeras, Tel. 1829/905 3272, www.lalomacita-lodge.com

AKTIVITÄTEN
Las Galeras Divers. Mo–So 8.30–18 Uhr, Calle Principal, Las Galeras, Tel. 1809/538 02 20, www.las-galeras-divers.com

Kaio Natural Aquarium. Fütterungszeit der Fische, 11, 14, 15.30 Uhr, Eintritt 10 US$, Tel. 1809/883 88 36

INFORMATION
www.las-galeras-info.de

Natürliche Aussichtsplattform in der Nähe des Dorfes Guazuma

DER NORDOSTEN

31 Strände von Samaná
Die Piraten und die Buchten

Die Peninsula de Samaná, die Halbinsel von Samaná war schon immer besonders. Abgelegen durch ihre isolierte Lage wurden die rund 150 Kilometer der Küste noch unter spanischer Kolonialherrschaft zum Versteck von allerlei Abenteurern, vor allem Piraten, die es auf das Gold der Spanier abgesehen hatten.

Playa Jackson ist etwa einen Kilometer lang und liegt in der Nähe von El Catey. Die Playa ist per Boot (von Las Terrenas aus), zu Fuß oder auf dem Maultierrücken zu erreichen. Playa Cosón, rund sechs Kilometer Länge, ist mit einem Allradfahrzeug zugänglich. Die 1,5 Kilometer lange Playa Bonita schließt sich direkt an. Dort stehen ebenso wie an den Stränden Las Ballenas, Punta Popi und El Portillo zahlreiche Hotels und Restaurants.

Strände der Playa Alemán zur Playa Ermitanio

Die Playa Alemán heißt eigentlich Strand Estillero. Einsam gelegen, wurden hier früher einmal Kokosnüsse nach Deutschland verladen. Der Strand ist über eine sandige Straße von El Limón aus erreichbar und schließt sich an die drei Kilometer lange Playa El Limón an. Um die Playa Morón zu erreichen, sollte man auf dem fünf Kilometer langen Weg öfter fragen, weil die kleine Sandbucht versteckt liegt, dafür umso reizvoller ist. Einen Kilometer weiter östlich liegt die Playa Las Canas, für die man einen 4×4-Wagen braucht. Zu Fuß gelangt man von dort zur Playa Ermitanio, einem Traumstrand. Von oben sieht man den davorliegenden 60 Meter langen Strand Playa Onda.

Samaná ist für seine zahlreichen und einsamen Strände berühmt.

Strände von Samaná

Strände: Playa El Valle und Rincón

Den 1,2 Kilometer langen Strand von El Valle mit seinen heftigen Wellen, eingebettet zwischen zwei Bergen, erreicht man nur mühselig über eine Pistenstraße, die aber allein schon die Wegstrapaze wert ist. Dort gibt es Fischbuden, die Fisch und Langusten anbieten. Weniger wellenreich ist die Playa Rincón, ein vier Kilometer langer Strandstreifen mit Tausenden von Palmen. Ihn kann man mit dem 4x4-Fahrzeug oder mit dem Boot erreichen. Fischer bieten fangfrische Krebse aus dem nahe gelegenen Fluss.

Strände: Playa Madame und Playa Frontón

Die beiden Strände Playa Madame und Playa Frontón sollte man auf keinen Fall verpassen. Am besten mietet man sich ein Boot in Las Galeras. Die Playa Madame liegt knapp vier Kilometer östlich. Natur pur: Klippen, Höhlen, eine Lagune und ein Strand mit pinkfarbenem und weißem Sand. Perfekt für Abenteuerlustige ist die Playa Frontón, an der man aufgrund des vorgelagerten Riffs auch gut schnorcheln kann.

Man sollte den Strand möglichst früh besuchen, denn nachmittags herrscht Schatten. Eine über 100 Meter hohe Steinwand, für die es derzeit 13 Routen gibt, lädt zum Klettern ein. Das Touristenministerium hat außerdem Wanderrouten ausschildern lassen. Von hier sollte man auch dem nahe gelegenen »Rachen des Teufels« einen Besuch abstatten. Es handelt sich um eine Felsspalte, aus der das Meerwasser emporschießt. Schon von Weitem hört man das Grollen des Meeres und sieht die Gischt in die Höhe steigen. Ein beeindruckendes Naturschauspiel.

Infos und Adressen

SEHENSWÜRDIGKEITEN
Proyecto Guariquén. Leguan-Aufzuchtstation für den dreihöckrigen Nashornleguan, eine gefährdete Echsenart. Camino Real El Rincón, 2 km nach dem Abzweig Playa Rincon, Los Tocones, Las Galeras, Tel. 1809/390 02 12

ESSEN UND TRINKEN
Strandrestaurants. An den Playas Cosón, Bonita, Las Ballenas, Punta Popi, El Portillo, El Valle, Rincón und Las Galeras gibt es Fischbuden, an denen man frischen Fisch und Langusten essen kann.

ÜBERNACHTEN
Clave Verde. Mehrpersonen-Ferienhäuser in der Nähe von El Limón. Ausgeschildert, La Barbacoa, El Portillo, Tel. 1809/802 11 46, www.claveverde.com

Ecocampo La Sangría. Sieben Öko-Hütten in dominikanischem Wohnstil. Camino Real El Rincón, Los Tocones, Las Galeras, Tel. 1829/814 46 89, www.ecocampolasangria.com

AKTIVITÄTEN
Ruta del Jenibre. Das Projekt Guariquén bietet auch Wanderungen zu Ingwer-Feldern und Kaffeeplantagen an.

In Los Tocones kümmert man sich um die Aufzucht von Leguanen.

177

DER NORDEN

32 Río San Juan, Playa Grande
Lagunen, Mangroven, Sandstrände **180**

33 Cabarete
Windsurfen und Wellenreiten **184**

34 Sosúa
Von der jüdischen Siedlung
zum Touristenzentrum **188**

35 Puerto Plata
Die »Braut des Atlantiks« **194**

36 Luperón, Isla Paraiso, La Isabela
Paradiesische Strände und Inseln **202**

37 Montecristi und Dajabón
Abseits der Touristenrouten **208**

DER NORDEN

32 Río San Juan, Playa Grande
Lagunen, Mangroven, Sandstrände

Wäre da nicht die Lagune Gri Gri, würde sich kaum ein Urlauber in den Ort Río San Juan verirren. Aber in der rund 90 Kilometer östlich von Puerto Plata gelegenen Ortschaft tritt mitten im Zentrum ein unterirdischer Fluss an die Oberfläche und ergießt sich aus der Lagune ins Meer, gesäumt von Mangrovenbäumen. Und so kommen wochentags zahlreiche Touristenbusse, um Urlauber zu einem Bootsausflug hierherzubringen.

Río San Juan ist ein verträumter Ort, wie so viele in der Dominikanischen Republik. Gerade mal 9000 Einwohner leben hier direkt am Meer, die touristischen Zentren sind weit entfernt.

Mitten im Zentrum von Río San Juan liegt ein kleines grünes Paradies. Nur wenige Hundert Meter von der Küste entfernt tritt hier aus dem Karststeinuntergrund ein Fluss an die Oberfläche. Der mit einer Steinmauer eingefasste See ist Teil der sogenannten Laguna Gri Gri und wird von den

Vorangehende Doppelseite: Ein paar Bretter, ein Palmdach und ein Grill – und schon sind die Essstände am Strand fertiggestellt.
Mitte: Die Laguna Gri Gri liegt im Zentrum des Orts Río San Juan.
Unten: Ein Kanal zieht sich durch die Mangroven bis zum Meer.

MAL EHRLICH
MANGROVEN SIND NICHT GLEICH MANGROVEN
Durch eine Wasserstraße zu fahren, die von Mangroven gesäumt ist, beschert ein beeindruckendes Erlebnis. Wer dies schon einmal erfahren hat, muss nicht unbedingt nach Río San Juan kommen. Der Kanal und der Ausflug fallen reichlich kurz aus – und ehrlich gesagt, es gibt schönere Mangrovenwälder auf der Insel Hispaniola.

Río San Juan, Playa Grande

Fischern als Anlegeplatz genutzt, um Touristen, die für einen Ausflug kommen, einzuschiffen. Der Name des Naturparks stammt von den hohen Gri-Gri-Bäumen in der Umgebung der Lagune.

Der Kanal, der von der Lagune ins Meer führt, wird von roten und weißen Mangroven gesäumt, die zahlreichen Wasser- und Zugvögeln ein Refugium bieten. Auf dem Weg zur Playa Caletón passieren die Bootsführer die Cueva de los Golondrinos. In ihrer Umgebung haben sich unzählige Vögel eingenistet. Dazu gehört auch der Truthahngeier, der ein Auge auf das geworfen hat, was die Fischer aus Río San Juan vom Fang wegwerfen. Der Bootstrip führt dann zur Playa Caletón, einem Strandbereich mit grobkörnigem gelblichem Sand, der rund zwei Kilometer außerhalb der Ortschaft liegt.

Fischessen an der Playa Grande

Sieben Kilometer östlich von Río San Juan auf der Landstraße 5 Richtung Cabreras, erreicht man die Playa Grande, eine weite Bucht, an deren Westrand einer der ersten Golfklubs des Landes liegt. Der Strand ist trotz der Unterströmung bei Wellenreitern beliebt. Die Fischerfrauen bieten am östlichen Ende des Strands in geräumigen Küchenhütten Fischgerichte an. Außerdem gibt es Umkleidekabinen und Toiletten, von denen auch die Touristen vom danebenliegenden kleinen Strand Playa Preciosa profitieren können.

Parque Nacional Cabo Francés Viejo

Zehn Kilometer weiter im Osten steht ein fünf Kilometer langer schmaler Küstenstreifen im Ort Abreu unter Naturschutz. Der Spaziergang auf den Klippen des Nationalparks Cabo Francés Viejo,

AUTORENTIPP!

EIN BLICK VOM HOCHZEITSZIMMER

Das Hotel Bahía Blanca hat zugegebenermaßen schon wesentlich bessere Zeiten erlebt. Seitdem haben die französischen Besitzer leider wenig für die Instandhaltung dieses dreigeschossigen Hotels direkt auf den Klippen im Ortszentrum von Río San Juan getan. Das nimmt diesem kleinen Hotel, in dem Geruhsamkeit anstatt Hektik das Lebensprinzip zu sein scheint, jedoch nicht den romantischen Charme direkt über dem Meer. Viel dazu beigetragen haben die Eckzimmer in den oberen beiden Etagen. Sie werden gerne als Hochzeitszimmer genutzt und lassen einen fantastischen Blick von der eigenen Terrasse aufs Meer zu. Man denkt, man wäre auf einem Schiff, rundherum nur das Meer.

Hotel Bahía Blanca. Calle Gastón Deligne 5, Río San Juan, Tel. 1809/589 25 62

Traditionell wird noch mit dem Holzkocher das Essen zubereitet.

DER NORDEN

Oben: Das Cabo Francés war vor 500 Jahren eine wichtige Orientierung für Seefahrer.
Mitte: Der Blaue See (Lago Azul) liegt versteckt im Wald am Rande eines Kalksteingebirges.
Unten: Der Lago Azul befindet sich in der Nähe der Playa Diamante.

auf dem sich noch ein alter, halb zerfallener Leuchtturm befindet, dauert etwa 20 Minuten. In den Abhängen gedeihen zahlreiche Orchideen. Vorher zweigt ein schmaler Pfad zur Playa Bretón ab. In dem Küstenbereich östlich von Río San Juan locken neben Playa Caletón, Grande, Preciosa und Bretón noch die Strände Diamante und Entrada. Vor der La Entrada (Eingang) liegt eine kleine Insel. Hier fühlt man sich wie an einer Robinson-Crusoe-Küste, denn bis auf eine Ecke, La Boca genannt, ist der drei Kilometer lange, von Palmen gesäumte Streifen noch immer nicht kommerzialisiert. Die Playa Diamante ist besonders bei Familien mit kleinen Kindern beliebt, weil das Wasser auch bei Flut nur knietief ist. In La Boca am Strand von La Entrada mündet der Fluss Arroyo Salado in den Atlantik. Dort, wo sich der Fluss und das salzige Meerwasser vereinen, befindet sich ein Badetümpel, der besonders an Wochenenden bei der hiesigen Bevölkerung aus den umliegenden Dörfern beliebt ist.

Laguna Dudú

In der Nähe der Playa Diamante befindet sich die Lagune Dudú. Der wie ein Krater aussehende See liegt auf einem Privatgelände, und für die Besichtigung wird Eintritt verlangt. Nach der Legende soll in der Nähe der Lagune ein Taíno mit dem Namen Dudú in einer nur wenige Meter entfernten Höhle gelebt haben. Eine andere besagt, dass der Name vom spanischen Wort für zweifeln, *dudar*, kommt, weil niemand wusste, wie tief das intensiv türkisfarbene Gewässer ist. Dieser Zweifel ist ausgeräumt. Der See ist 33 Meter tief und bei Höhlentauchern sehr beliebt, weil es Verbindungen zu anderen Seen in der Nähe gibt. Etwa 25 Prozent des Wassers der Dudú-Lagune sind stark salzig, der Rest ist Süßwasser, das von insgesamt 16 kleinen Zuflüssen herrührt.

Río San Juan, Playa Grande

Infos und Adressen

SEHENSWÜRDIGKEITEN
El Lago Dudú. Die Einfahrt zum Lago El Dudú oder Azul ist aus beiden Richtungen ausgeschildert. Tägl. 9–17 Uhr, 100 RD$, die Taucherlaubnis kostet 10 US$.

ESSEN UND TRINKEN
Diego's Restaurant & Bar im Hotel La Catalina. Köstlich der Kuchen und göttlich der Ausblick am Nachmittag von der Terrasse. 20 km östllich von Río San Juan, Los Farallones, Río San Juan, Tel. 1809/589 77 00, www.lacatalina.com

Fischbuden an der Playa Grande. Strand und Meer im Blick, Palmen als Schattenspender und auf dem Tisch Fisch oder Langusten bieten die Fischbuden am Strand von Playa Grande. Tägl. ab 9–20 Uhr, Playa Grande, 7 km östlich von Río San Juan

Le Café de Paris. Neben einem Tagesgericht gibt es eine frische Meeresfrüchteplatte. Calle Sanchez, fast Ecke Calle Duarte, Río San Juan, Tel. 1809/778 06 87

An Getränke- und Essbuden können sich Besucher des Playa Grande versorgen.

Fischer schippern Besucher durch die Lagune.

ÜBERNACHTEN
Bahía Príncipe San Juan. Das einzige Fünf-Sterne-All-Inclusive-Resort in der Umgebung. Carretera Gaspar Hernandez-Río San Juan, km 18, Río San Juan, Tel. 1809/226 15 90, www.bahia-principe.com

Caliente Resort. Diskret vermerkt das abseits der großen Strände gelegene Ferienresort auf seiner Webseite »Kleidung optional«, weil FKK im Land nicht gern gesehen wird. Trotzdem wird sich dort nackt am Strand gesonnt. Östlich von Río San Juan, Tel. 1809/696 33 97, www.calienteresorts.com

Hotel La Catalina. Die Zimmer mit Meerblick oberhalb der Küstenstraße auf die Bucht von Cabo Francés sind einmalig. 20 km östllich von Río San Juan, Los Farallones, Río San Juan, Tel. 1809/589 77 00, www.lacatalina.com

AKTIVITÄTEN
Ausflüge Laguna Gri Gri. Tägl. 8–16 Uhr, einstündige Tour für 3–4 Personen um die 25 US$, Sindicato de Botero de la Laguna, Tel. 1809/589 22 77

INFORMATION
www.facebook.com/pages/RIO-SAN-JUAN-REP-DOMINICANA/171202413898
www.riosanjuanrd.blogspot.com

DER NORDEN

33 Cabarete
Windsurfen und Wellenreiten

Cabarete ist unbestreitbar das Wassersportzentrum des Landes. In dem 39 Kilometer östlich von Puerto Plata gelegenen ehemaligen Fischerdorf dreht sich alles um Wasser, Wellen und Wind. Sportarten wie Windsurfen, Kitesurfen, Paddle und Wellenreiten werden großgeschrieben. Und jeden Abend, kaum dass die Sonne am Horizont verschwunden ist, beginnt am lang gezogenen Strand des Ortes die Party.

Surfen bestimmt das Leben in dem ehemaligen Fischerdorf. Gegründet wurde Cabarete von einem Sklavenhändler aus Florida, der nach dem Verbot des Sklavenhandels in den USA mit seinem »menschlichen Besitze« von 53 Personen in die Karibik geflohen war.

Zum Fischfang aufs Meer fährt schon lange keiner der Bewohner mehr, dafür gibt es Surf- und Kitesurf-Schulen. Wenn der Wind weht an dem rund zehn Kilometer langen Hauptstrand, sieht man vom Zentrum des Ortes aus, wie die Windsurfer

Mitte: In der Bucht von Cabarete tummeln sich rund ums Jahr Windsurfer.
Unten: Egal ob am Strand oder im Meer, gut aussehen kann man immer.

> ## MAL EHRLICH
> **TAGSÜBER SURFEN, ABENDS SCHWOFEN**
> Wer Ruhe sucht und die Seele baumeln lassen will, sollte einen Bogen um Cabarete machen. Der kleine Küstenort ist ein junges und aktives Surferparadies. Tagsüber werden die herrlichen Brisen und Wellen ausgenutzt und am Abend ist Fete angesagt. Wer sich in einem der Billigzimmer direkt über den Restaurants und Bars eingemietet hat, findet selten vor dem Morgengrauen Ruhe.

Cabarete

kreuzend jeden Wind ausnutzen. Gut geeignet auch für Anfänger, denn ein vorgelagertes Riff hält die großen Wellen fern, und trotzdem bietet die auflandige Brise, die an mehr als 300 Tagen beständig weht, ideale Bedingungen auch für die Meister ihrer Klasse.

Surferzentrum

In den 1980er-Jahren war das Dorf ein Geheimtipp für die jungen Surfbrett-Reiter. Ab mittags herrschen oft Windgeschwindigkeiten von vier bis sechs Beaufort, meist sideshore, seitlich zum Ufer wehend. Seit US- und kanadische Windsurfer-Magazine über Cabarete als den neuen Non-plus-Ultra-Surferspot berichteten, tummeln sich Windsurfer und inzwischen auch Paddler direkt am lang gestreckten Hauptstrand. Hier befinden sich auch mehrere Windsurfschulen, die Surfer ausbilden und auch das entsprechende Ausrüstungsmaterial zum Ausleihen bereithalten.

Kitesurfen am Kitebeach

Einen Kilometer weiter westlich wiegen sich schon frühmorgens und auch noch spät nachmittags die bunten Drachensegel wie Schmetterlinge im Wind. Der Kitebeach ist das Mekka der Kitesurfer, die sich mit ihrem Surfbrett von einem Gleitschirm über die Wellen ziehen lassen. Zwei Hotels mit angeschlossenen Kitesurfschulen haben sich dort etabliert und sich auf die Bedürfnisse ihrer Kundschaft spezialisiert. Aufgrund der hervorragenden Windbedingungen an dem Strandbereich, an dem Sonnenbaden reichlich verpönt ist, kommen internationale Spitzensportler des Kitesurfens hierher, um zu trainieren. Und wer sich dafür interessiert, kann das Strandgeschehen auch über eine eigens dafür installierte Webcam verfolgen: www.cabaretekitebeachwebcam.com.

AUTORENTIPP!

NATURA CABANA BOUTIQUE & SPA

Ein üppiges Paradies versteckt sich in einer Wohnsiedlung außerhalb von Cabarete. Die elf kleinen Bungalows, einige sogar zweistöckig, liegen in einer Gartenlandschaft. Jede der Hütten ist individuell und nach Feng-Shui-Kriterien gestaltet. Gebaut hat das eine chilenische Familie Ende der 1990er-Jahre als Wohnsitz. Freunde und Bekannte kamen zu Besuch und mussten untergebracht werden. Jetzt lassen sich sogar Rockmusiker aus Spanien und Lateinamerika hier verwöhnen und genießen die Ruhe. Pilates- und Yoga-Kurse werden angeboten, ein kleines, aber sehr exquisites Spa befindet sich auf dem Gelände, ebenso wie zwei offene Restaurants, eins davon direkt am Strand. In ihnen werden Gemüse und Kräuter aus dem eigenen Garten verarbeitet.

Natura Cabana Boutique & Spa.
Paseo del Sol 5, Perla Marina,
Cabarete, Tel. 1809/571 15 07,
www.naturacabana.com

Ein Restaurant des Hotels Natura Cabana liegt direkt am Strand.

DER NORDEN

Wellenreiten am Strand Encuentro

Im Gegensatz zum Surfen und Kitesurfen ist das Wellenreiten an der Playa Encuentro eine Entwicklung der letzten Jahre. Besonders beliebt ist der 1,6 Kilometer lange Strand wegen seiner bei Surfern begehrten Dünung (*swell*). Besonders die Monate zwischen November und Februar, wenn der Wind etwas abgeschwächt weht, versprechen am »Treffstrand« ideale Wellen, auf denen man surfen kann. Dabei bietet der Wellenreiterstrand ideale Bedingungen aufgrund der unterschiedlichen Wellenbrechungen, die sowohl für Könner eine Herausforderung sind als auch Anfängern (der mittlere Strandbereich) ein Gefühl für die richtige Welle ermöglicht. Den Könnern zuzusehen ist ebenfalls ein Vergnügen.

Abtauchen in der Höhle von El Choco

Eine ganz andere Art von Wassersport bietet die erst kürzlich erforschte Unterwasserhöhle im Parque Nacional El Choco. Der 77 Quadratkilometer große Nationalpark El Choco bietet Wandermöglichkeiten und Reitausflüge in die gebirgige und bewaldete Umgebung südlich von Cabarete, in der sich zahlreiche Orchideenarten angesiedelt haben. Unumstrittene Attraktion ist die Tropfsteinhöhle El Choco mit ihren skurrilen Stalaktiten- und Stalagmitenformationen in den Nördlichen Kordilleren. Aber nicht nur wegen seiner einzigartigen geologischen Formation macht die Gesteinsöffnung von sich reden, sondern wegen ihrer überfluteten unterirdischen Gänge, die sich in bis zu 25 Meter Tiefe über einen Kilometer hinwegziehen und in trocknen Höhlen ohne Ausgänge enden. Das kann sich in den kommenden Jahren durchaus zu einem besonderen Platz für Höhlentaucher entwickeln.

Oben: Arbeiten und entspannen: Neben den Sonnenschirmen parken Fischer ihre Boote.
Mitte: Holz und Steine aus der Region wurden für die luxuriös ausgestatteten Naturhütten verwendet.
Unten: Der Kitebeach in Cabarete ist das Mekka der Kitesurfer.

Cabarete

Infos und Adressen

SEHENSWÜRDIGKEITEN
Parque Nacional El Choco. Tägl. 9–16 Uhr, Callejón de la Loma, Einfahrt gegenüber von Plaza Comercial Ocean Dream, 2 km geradeaus, Cabarete.

ESSEN UND TRINKEN
Bliss Restaurant. Mediterrane Küche mit italienischem Touch in einem Patio mit Pool. Do–Di 18–24 Uhr, Callejón de la Loma 1, Cabarete, Tel. 1809/571 97 21

La Casita de Don Alfredo. Bei Papí wird nur fangfrischer Fisch serviert, deshalb früh da sein. Mo–Sa 11–23 Uhr, Playa Cabarete, Calle Principal, Cabarete, Tel. 1809/986 37 50

Otra Cosa. Feine französische Küche am Strand. Tägl. 18.30 Uhr bis der letzte Gast geht, La Punta, neben Velero Beach Resort, Cabarete, Tel. 1809/571 06 07

ÜBERNACHTEN
Hotel Cabarete Surfcamp. Hier wohnen die Surf-Freaks. Calle Bahia 11, ProCab, Cabarete, Tel. 1809/571 07 33, www.cabaretesurfcamp.com

Secret Garden. Privathaus in einer Wohnanlage, das mit viel Liebe zum Detail in ein kleines Hotel umgewandelt wurde. Perla Marina, Carretera Sosúa, Cabarete, Tel. 1809/571 20 35, www.the-secretgarden.com

Villa Taína. Charmantes, deutsch geführtes Strandhotel mit eigener Surfschule. Calle Principal, Cabarete, Tel. 1809/571 07 22, www.villataina.com

Kitebeach. Kitesurfen, nicht wohnen wird hier großgeschrieben. Kite Beach, Carretera Sosúa km 10,5, Cabarete, Tel. 1809/571 08 78, www.kitebeachhotel.com

Extreme Hotel. Beliebtes Hotel für Kitesurfer. Kite Beach, Carretera Sosua Cabarete km 10,5, Cabarete, Tel. 1809/571 03 30, www.extremehotels.com

AUSGEHEN
Direkt am Strand liegen mehrere Bars, die bereits tagsüber öffnen, aber vor allem ab der Happy Hour beliebt sind. Stimmung kommt oft erst ab 24 Uhr auf: Onno's, Lax, Bambú, Mojito, Playa Cabarete, Calle Prinicpal, Cabarete

AKTIVITÄTEN
Cabarete Windsports Club. Calle Principal, Cabarete, Tel. 1809/571 07 84, www.cabaretewindsportsclub.com

Encuentro Surf School. Mo–Fr 6–19 Uhr, Playa Encuentro, Cabarete, Tel. 1809/805 27 05, www.encuentrosurfschool.com

Iguana Mama Eco & Adventure Tours. Tägl. 8–18 Uhr, Calle Principal 74, Cabarete, Tel. 1809/571 09 08, www.iguanamama.com

Kitexcite. Kiteschule direkt am Kitebeach, Kitebeach, Carretera Sosúa, Cabarete, Tel. 1809/571 95 09, www.kitexcite.com

INFORMATION
www.activecabarete.com
www.discoverpuertoplata.com

24-Stunden-Rhythmus in Cabarete: Tagsüber surfen, abends chillen.

DER NORDEN

34 Sosúa
Von der jüdischen Siedlung zum Touristenzentrum

Die Bucht von Sosúa ist ideal für individuelle Ferien, rund ein Kilometer breit ist die Einbuchtung an der Nordküste, rund 25 km östlich von Puerto Plata gelegen. Feiner weißer Sandstrand, die dicht an dicht stehenden Palmen bieten ausreichend Schutz vor der Sonne während eines geruhsamen Tages. Der Ferienort ist bei deutschen Karibikreisenden schon seit den 1990er-Jahren sehr beliebt – leider auch bei alleinstehenden Männern.

In Sosúa wird seit gut 75 Jahren Deutsch gesprochen – manchmal mit Wiener Dialekt. Vielleicht ist dies auch der Grund dafür, dass sich Ende der 1980er- und Anfang der 1990er-Jahre, als die Ortschaft für den Massentourismus entdeckt wurde, besonders deutschsprachige Fernreisende in der Karibik so wohlfühlten. Sicher trugen auch die kleinen Hotels und Pensionen dazu bei, die bereits existierten, als die dominikanische Regierung die dominikanische Nordküste um Puerto Plata und

Mitte: Die Bucht von Sosúa mit ihrem halbrunden Strand ist seit Jahrzehnten Urlaubszentrum der Karibik.
Unten: Bier und Essbuden am Strand von Sosúa helfen gegen den kleinen Hunger zwischendurch.

MAL EHRLICH
UNGEWOLLTE OFFERTEN
Lästig ist es, wenn Mann keinen Meter gehen kann, ohne von zum Teil sehr hübschen Frauen für ein kostenpflichtiges Schäferstündchen angebaggert zu werden. Sosúa hat leider den Ruf weg, ein Paradies für Männer auf der Suche nach billigem Sex zu sein. Eine rigide Stadtverwaltung hat inzwischen dafür gesorgt, die schlimmsten Auswüchse einzudämmen, aber das größte Problem ist noch immer die Nachfrage, die das Angebot bestimmt.

Sosúa

Sosúa zum Touristengebiet erklärte und dort einen Flughafen baute. Der Internationale Flughafen Gregorio Luperón war bis zur Jahrtausendwende der am häufigsten angeflogene Flughafen des Landes. Inzwischen landen die meisten Maschinen mit Touristen auf dem Flughafen Punta Cana, im Osten der Insel.

Wie alles anfing

Sosúa besteht aus zwei Ortsteilen. Am südwestlichen Ende der Bucht von Sosúa liegt Los Charamicos, wo vor allem Dominikaner wohnen. Am anderen Ende befindet sich El Batey, so nannten die Ureinwohner den Ritualplatz in ihren Siedlungen. Die Ursprünge der Ortschaft liegen in El Batey. Bis Ende der 1930er-Jahre war die Region eine Einöde und Malariagebiet mit wenig wirtschaftlicher Perspektive. In der Umgebung hatte in den 1920er-Jahren die American Fruit Company Bananen angebaut, dies wegen Unrentabilität jedoch wieder aufgegeben. Zurück blieben 24 leer stehende Wohnhäuser und Lagerhäuser.

Von Èvian nach Sosúa

1937 hatte Diktator Rafael Trujillo in der dominikanisch-haitianischen Grenzregion mehr als 17 000 Haitianer aus rassistischen Gründen massakrieren lassen, um das Gebiet zu dominikanisieren. Aber er hatte nicht mit den Protesten seines engsten Verbündeten, den USA, gerechnet. Um sein Verhältnis zu den Vereinigten Staaten zu verbessern, bot er 1938 auf einer Flüchtlingskonferenz im französischen Èvian, auf der die Verfolgung der Juden durch Nazi-Deutschland thematisiert wurde, jüdischen Flüchtlingen aus Europa Zuflucht an. Es mögen auch persönliche Gründe gewesen sein, denn seine Tochter Flor de Oro (Goldblume) war in den 1920er-Jahren auf eine

---

AUTORENTIPP!

IM REICH DES WELTENKÖNIGS
Es ist halb Museum, halb verwunschenes Traumschloss – es ist einfach nur verrückt und sympathisch zugleich. Hoch in den Bergen thront über Sosúa das Mundo King Art Museum und sein Erbauer Rolf Schulz. Der skurril wirkende Deutsche hat sich etwa einen Kilometer vom Stadtzentrum entfernt sein eigenes künstlerischen Reich geschaffen. Mitten im Grünen stehen weiße Mauern; Türme und Zinnen überragen den schlossähnlichen Wohnbau mit seinen Ornamenten und künstlerischen Verzierungen. Hier lebt der Museumsdirektor, Kunstsammler und Lebenskünstler »Weltenkönig« wie er halb ironisch, halb ernst gemeint, sagt. Überall findet man Skulpturen, die Schulz vornehmlich in Haiti fertigen lässt. Finstere Gestalten aus Mahagoni, die wie Wachposten in dem Areal wirken, Granitfiguren, die einige Tonnen wiegen.

Mundo King Art Museum. Mo–Fr 8–19 Uhr, Camino Del Llibre, Sosúa, Tel. 1809/972 20 57, www.castillodelmundo.webs.com

Skurrile Kunst wird im Mundo King Museum geboten.

189

Oben: Playa Alicia: Das Meer hat den Sand für den neuen Strand angeschwemmt.
Mitte: Am Mirador oberhalb der Playa Alicia wird an die jüdischen Gründer der Stadt erinnert.
Unten: Das Museo Judío dokumentiert die Geschichte des Ortes.

Höhere Töchterschule in Frankreich geschickt und dort von den Mitschülerinnen wegen ihrer dunklen Hautfarbe diskriminiert worden – ihre einzige Freundin war eine deutsche Jüdin.

Die Dominican Republic Settlement Association (Dorsa)

Nach langen Verhandlungen einigten sich die jüdische Hilfsorganisation Jewish Joint Distribution Committee (Joint) und der dominikanische Staat aufgrund der Lage und der bereits vorhandenen Wohnmöglichkeiten auf das Gelände in Sosúa, um eine Gruppe von Flüchtlingen aufzunehmen. Ursprünglich sollten bis zu 100 000 Jüdinnen und Juden aufgrund ihrer Verfolgung in der Dominikanischen Republik eine neue Heimat erhalten. Aber der Ausbruch des Zweiten Weltkriegs und die Intensivierung des U-Boot-Kriegs im Atlantik durchkreuzten diese Pläne. Nur rund 800 Jüdinnen und Juden kamen nach Sosúa, dessen Name von dem bandwurmartigen Fluss in der Nähe kam. In der Sprache der Chibcha, eines südamerikanischen Indio-Volkes, wird ein »Wurm« mit dem Wort »Sosúa« bezeichnet.

Das Siedlungsprojekt Sosúa

Anfang Mai 1940 kamen die ersten Siedler: 27 Männer, zehn Frauen und ein Kleinkind. In den

Sosúa

Rundgang El Batey, Sosúa

Der knapp anderthalbstündige Rundgang führt an Gebäuden der ehemaligen Siedler und Einrichtungen der Gemeinschaft vorbei.

A und **B** **Museo Judío de Sosúa und Synagoge** – Das Museum erzählt die Geschichte der Ortsgründung. Mo–Fr 9–12, 14–16 Uhr, 3 US$, Calle Alejo Martínez, El Batey, Sosúa, Tel. 1809/571 13 86, www.sosuamuseum.org

C **Jüdischer Friedhof** – Camino del Llibre, Avenida El Mirador, an der ersten großen Abzweigung links halten.

D Das vollständig erhaltene **ehemalige Lagerhaus** wurde anfangs als Wohnbaracke genutzt und beherbergt heute Geschäfte.

E Die erhalten gebliebene ehemalige Wohnbaracke ist das Bürogebäude von **Productos Sosúa**, die von den Siedlern gegründete Vermarktungsfirma für Wurst-, Milch- und Käseprodukte.

F Im **Restaurant La Roca** befand sich das Warenlager der Siedler.

G In der heutigen **PF Kneipe** war die frühere Werkzeugausgabe.

H Die einstige **Casa Grande** war das Verwaltungsgebäude der 1940 gegründeten (DORSA).

I Frühere **Arztpraxis** und **Krankenstation** der Siedlung.

J Restauriertes ehemaliges **Siedlerhaus.**

K **Parque Mirador de Sosúa** – Calle Dr. Rosen (Calle sin). Auf dem Boden breitet sich der »Magen David«, der Stern Davids, aus. Die Pfosten symbolisieren die offenen Türen, die die Juden aus Europa im Land vorgefunden haben.

L **Calle La Puntilla** – Die zahlreichen Holzhäuser mit typischen Veranden stammen aus der Zeit, als hier die Verwaltung einer Bananenplantage war.

AUTORENTIPP!

CASA GOETHE – SPRACHSCHULE

Sprachen im Urlaub, in tropischer Umgebung, erlernen: Casa Goethe macht es in Sosúa möglich. Die von Deutschen gegründete Schule befindet sich in einem wunderschönen historischen Haus in der Calle La Puntilla. Sie arbeitet vornehmlich in kleinen Gruppen, und ab und an können die Schülerinnen und Schüler ihre erworbenen Kenntnisse bei Ausflügen direkt anwenden. Wer möchte, kann auch Einzelunterricht oder Intensivkurse belegen. Die Lage ist so ruhig, dass oft auch im Freien unterrichtet werden kann. Dazu kommt noch das umfangreiche Sportangebot, das Sosúa bietet, wie Tauchen, Surfen, Wandern, Schwimmen. Die Schule hilft auch dabei, dass ihre Sprachschüler eine Wohnmöglichkeit finden.

Sprachschule Casa Goethe. Spanisch in den Ferien im IIC-Sosúa lernen. Calle La Puntilla 2, El Batey, Sosúa, Tel. 1809/571 31 85, www.edase.com

Schnell kommt man mit grundlegenden Kenntnissen ins Gespräch.

DER NORDEN

nächsten Monaten folgten weitere. Die Gegend wurde gerodet, Gärten und Felder angelegt, Wohnhäuser für Familien und landwirtschaftliche Gemeinschaften in der Art von Kibbuzim waren geplant. Aber die klimatischen und Bodenbedingungen brachten das Projekt sehr schnell an den Rand des Scheiterns. Ende der 1940er-Jahre verließen viele der Siedler das Siedlungsprojekt und wanderten in die USA aus.

Erst als Landwirtschaftsexperten anreisten, die Farmen privatisiert und von Landbau auf Viehwirtschaft umgestellt wurde, begann die Erfolgsstory der jüdischen Gemeinschaft. Käsereien, Milch- und Butterherstellung sowie ein Fleisch verarbeitender Betrieb machte »Productos Sosúa«. Noch heute steht der Name in der Dominikanischen Republik für Qualitätsproduktion.

Die ersten Hotels

Schon in den ersten Jahren verfügten die »Colonos« über ein Hotel, um angekommene Familienmitglieder unterzubringen. Diese Infrastruktur half in den Anfängen des dominikanischen Tourismus, Sosúa zu einem Zentrum zu machen, zumal die Urlauber im Ort nicht nur freundliche Aufnahme fanden, sondern auch in kleinen Restaurants mit deutscher Küche und österreichischem Kuchen »wie zu Hause bei Muttern futtern konnten«. Die Urlauber hatten täglich Kontakt mit den Bewohnern, weil alles dicht beieinander liegt. Die Calle Pedro Clisante, eine der Hauptstraßen des Ortes, wurde zur Fußgängerzone. Der Strand in der Bucht bekam eine kleine Schwester. Die Strömung des Atlantiks spült seit 2003 beständig Sand unterhalb der Calle sin Salida, der Verlängerungsstraße der Calle Dr. Rosen, an. Der neu entstandene Strand Alicia ist eine der zentralen Strandattraktionen von Sosúa.

Sosúa

Infos und Adressen

ESSEN UND TRINKEN

Baileys. Terrassenrestaurant mitten im Zentrum mit österreichischer Kuchentheke. Tägl. 8.30 bis der letzte Gast geht, Calle Alejo Martínez, El Batey, Sosúa, Tel. 1809/571 30 85, www.baileys-sosua.com

La Puntilla de Piergorgio. Romantisches Dinner über den Klippen der Bucht mit Blick auf den Strand. Tägl. 18–23 Uhr, Calle La Puntilla, El Batey, Sosúa, Tel. 1809/571 22 15, www.piergiorgiohotel.com

La Roca. Die gegrillten Shrimps in dem ehemaligen Lagerhaus sind Legende. Tägl. 8–24 Uhr, Calle Pedro Clisante 1, Sosúa, Tel. 1809/571 38 93

Restaurant Casa Veintiuno. Internationale ausgezeichnete Küche mit frischen Zutaten, sogar das Brot wird selbst gebacken. Mo–So 18–22 Uhr, Calle Piano 1, Reparto Tavares, Sosúa, Tel. 1829/342 80 89, www.casaveintiuno.com

ÜBERNACHTEN

Casa Valeria Hotel. Kleines Hotel im mexikanischen Stil für Individualreisende. Calle Dr. Rosen 28, El Batey, Sosúa, Tel. 1809/571 35 65, www.hotelcasavaleria.com

Der Weg zum Sosúa-Strand ist von Andenkenläden gesäumt.

Im Monkeydschungel sind Affen aus Lateinamerika die Attraktion.

Casa Veintiuno. Kleines, aber mehr als feines Boutiquehotel mit nur drei Zimmern. Calle Piano 1, Reparto Tavares, Sosúa, Tel. 1829/341 85 51, www.casaveintiuno.com

AKTIVITÄTEN

Divecenter Merlin. Playa Sosúa, Sosúa, Tel. 1809/571 29 63, ww.tauchschule-merlin.com

Monkey Jungle. Die Gewinne aus dem Affendschungel mit Höhlen und Seilrutschen werden für soziale Projekte verwendet. Tägl. 8–16 Uhr, Eintritt mit Zipline und Monkey Jungle 70 US$, Kinder 45 US$, Carretera El Choco km 9, El Choco, Tel. 1809/629 45 55, www.monkeyjungledr.com

INFORMATION

Fluchtpunkt Karibik. Jüdische Emigranten in der Dominikanischen Republik. Hans-Ulrich Dillmann, Susanne Heim, Ch. Links Verlag, Berlin 2009, 192 S., 24,90 €

Oficina de Turismo. Plaza Erich Hauser, Carretera Sosúa-Cabarete, 2. Etage, Sosúa, Tel. 1809/571 34 33, www.godomicanrepublic.com www.discoverpuertoplata.com www.sosuanachrichten.com (deutschsprachig) www.sosua.gob.do

DER NORDEN

35 Puerto Plata
Die »Braut des Atlantiks«

Puerto Plata ist das Zentrum an der dominikanischen Nordküste. Westlich und östlich der rund 220 Kilometer und mindestens drei Fahrstunden von Santo Domingo gelegenen Hafenstadt befinden sich mehrere Strände, an denen sich große Hotelanlagen befinden. Sie bieten ihren Gästen »alles inklusive«. Als laut und chaotisch empfinden viele Besucher den »Silberhafen«, bis sie seine Schönheiten im Stadtzentrum entdecken.

Offiziell heißt Puerto Plata, die Stadt an der Nordküste, »San Felipe de Puerto Plata«. Als Christoph Kolumbus die Gegend mit seiner markanten Anhöhe während seiner ersten Reise am 12. Januar 1493 entdeckte, hatte er sie ganz spontan »Monte de Plata« benannt, nach dem damals reichlich vorhandenen Grayumbo-Baum, dessen Blätter bei Feuchtigkeit silbern funkelten. Die heutigen rund 120 000 Einwohner nennen die Hafenstadt dagegen liebevoll »Novia del Atlantico«.

Mitte: Die Fortaleza San Felipe schützte den »Silberhafen« Puerto Plata vor Piraten.
Unten: Die zweigeschossige »Glorieta Siciliana« ist ein Prachtexemplar viktorianischer Architekturkunst.

> ### MAL EHRLICH
> **RUMSELIGE BESICHTIGUNGSTOUR**
> Wer interessiert sich nicht für die Destillation von Rum? Dementsprechend ist auch der Zulauf für die Rumtour in Puerto Plata. Die Erwartungen werden kaum erfüllt. Ein kurzer Einführungsfilm in Sachen Zuckerrohrernte, Destillierprozess und Reife, und dann darf man von oben beobachten, wie in leere Flaschen hochprozentiger Rum abgefüllt wird. Schluss der Vorstellung. Ein kleiner Rumpunsch – und schon geht es schnöde kommerziell in den Verkaufsshop.

Puerto Plata und Umgebung

Die »Braut des Atlantik« wurde 1495 besiedelt, das Stadtrecht hat sie offiziell seit 1502. Aber bereits wenige Jahrzehnte danach musste die Stadt geräumt werden, weil die Spanier die Kontrolle über die Nordküste an Piraten verloren hatten. Nach der Rückkehr der Spanier wurde der breite Hafen, den schon Kolumbus als strategisch interessant markiert hatte, befestigt und geschützt. 1562 begannen die Spanier mit dem Bau einer Festung direkt an der Hafeneinfahrt, die Bauarbeiten zogen sich über eineinhalb Jahrzehnte hin. Das trutzige Geviert auf einer Anhöhe mit dicken Grundmauern, den steinernen Wachhäuschen und seinen Sicherungstürmen wurde 1577 fertiggestellt. Es sollte nicht nur den Hafen schützen, sondern auch die Anbindung von Santiago an den Atlantik sichern.

Über lange Zeit funktionierte das Fort auch als Haftanstalt. Die winzigen Zellen wurden noch bis in die 1970er-Jahre genutzt, um Gegner der jeweiligen Regierenden zu inhaftieren. Heute ist die Festung wegen ihrer Aussicht bei Touristen sehr beliebt und dient seit 1974 als Militärmuseum. In ihm werden zahlreiche Artefakte aus der spanischen Kolonialzeit und der Gründerzeit des Landes gezeigt wie Gewehre, Kanonenkugeln, Revolver, Bajonette, Schwerter, Äxte und andere Waffen aus dem 18. und 19. Jahrhundert, sowie landwirtschaftliche Gerätschaften und Münzen, die bei der Rekonstruierung der Fortaleza im Jahr 1972 gefunden wurden. Beim Besuch sollte man auf seinen Kopf achten, denn die niedrigen Durchgänge können hoch gewachsene Menschen nur in gebückter Haltung passieren.

Feuer und Neuanfang

Puerto Plata selbst wurde Opfer innenpolitischer Auseinandersetzungen. Nach Brandstiftungen

AUTORENTIPP!

BERNSTEIN UND MUSEUM
Vielen ist der gelblichbraune Bernstein noch in Erinnerung, aus dem angeblich das genetische Material der Dinosaurier für den Spielberg-Film *Jurassic Park* gewonnen wurde. Das Harz mit dem fossilen Moskito gibt es wirklich. Er stammt aus dem Bernstein-Museum in Puerto Plata – der Rest ist Filmfantasie. Aber in den Bergen rund um El Cumbre, südlich von Puerto Plata, wird noch täglich das fossile Baumharz mit Einschlüssen von Termiten, Ameisen, Moskitos, Fliegen, Samenkörnern und Blättern gefunden. 1982 wurde das Museum in der »Villa Bentz«, die einst von einem deutschen Einwanderer erbaut und dann Besitz des italienischen Migrantenehepaars Aldo und Didi Costa wurde, mit Ausstellungsstücken eröffnet, die sie im Laufe der Jahre gesammelt hatten.

Museo de Ambar. Mo–Sa 9–18 Uhr, 100 RD$, Calle Duarte 61, Tel. 1809/586 28 48, www.ambermuseum.com

Bernsteinmuseum: Inspiration zu einer Szene in *Jurassic Park*.

AUTORENTIPP!

TAGESTRIP MIT DEM WAGEN IN DIE UMGEBUNG

Das Vergnügen sollte man sich gönnen, auch wenn man dazu einen Wagen mieten muss. Von Puerto Plata aus fährt man die Carretera 5 nach Sosúa bis zur Gran Parada und biegt dort nun rechts ab auf die Ruta Panorámica Richtung Santiago. Die enge, kurvenreiche Straße hat immer wieder schlechte Wegstrecken, die man langsam passieren sollte. In Yasika gibt es ein Zipline Center. Rechts und links der stark bewaldeten Strecke liegen Obststände der Bauern, an denen man auch billig selbst gemachten Kakao kaufen kann. In El Cumbre gibt es Bernstein-Schleifereien, in denen man den Arbeitern über die Schulter schauen kann. An der Polizeistation kann man einen Abstecher nach links zum Denkmal der ermordeten Schwestern Mirabal (s. S. 238 Salcedo) machen. Weiter geht es bis nach Gurabo. Direkt am Ortsanfang geht es links zum Rancho Camp David ab, wo man Mittagessen mit Panoramablick genießen kann.

Eine Strecke von rund 60 km, Dauer etwa 2–3 Std. mit Aufenthalt, www.rutapanoramica.com/2013/interactive-map

Im Landesinnern verkaufen Bauern ihre Ernteerträge am Wegesrand.

DER NORDEN

während des Restaurationskrieges brannte es am 4. Oktober 1863 fast vollständig ab, wurde jedoch zwei Jahre später, nach der endgültigen Loslösung von Spanien, wieder aufgebaut. Danach begann, auch aufgrund der Aufhebung der spanischen Zollreglementierung, die Blütezeit der Stadt, die noch dadurch verstärkt wurde, dass der dominikanische Staatspräsident, General Gregorio Luperón (1838–1898), das Land vorübergehend von dort aus regierte.

Denkmal für Flugzeugabsturz

Neben der Fortaleza steht ein Gedenkstein. Er erinnert an die Opfer eines Flugzeugabsturzes am 6. Februar 1996. Aufgrund von technischen Problemen stürzte die Chartermaschine Birgenair, Flug 301, nach Frankfurt am Main kurz nach dem Start 26 Kilometer vor der Küste Puerto Platas ins Meer. Bei dem Unglück kamen 167 deutsche und neun polnische Passagiere sowie elf türkische und zwei dominikanische Crewmitglieder ums Leben.

Das goldene Zeitalter im Silberhafen

Am Hafen liegt der ehemalige Bahnhof der Stadt, der die Schiffsanlegestelle und Santiago nicht nur für den Güter-, sondern auch für den Personenverkehr verband. Die Eisenbahnlinie Puerto Plata bis Santiago (68 Kilometer lang) wurde am 16. August 1897 vom damaligen Staatspräsidenten eröffnet, in den 1950er-Jahren wurde der Schienenverkehr eingestellt.

Aus dem 19. Jahrhundert, dem Goldenen Zeitalter der Stadt, stammen zahlreiche viktorianische Gebäude, heute zum Teil aufwendig restauriert, die sich in den Straßen rund um den Parque Central befinden und bei einem ausgedehnten Spazier-

Puerto Plata und Umgebung

Rundgang Puerto Plata

Der zwei- bis dreistündige Rundgang führt zu viktorianischen Bauten und historischen Gebäuden.

Ⓐ Antigua Estación del Ferrocarril – Ein Relikt aus alter Zeit, in der früher die Züge aus Santiago de Caballeros ankamen. Daneben befindet sich eine alte Dampflok, die in Deutschland gebaut wurde.

Ⓑ Faro de Puerto Plata – Der Metallleuchtturm von 1879 steht im Katalog des World Monuments Fund (WMF) der 100 gefährdeten Denkmäler.

Ⓒ Fortaleza San Felipe – direkt am Malecón

Ⓓ Denkmal für die Opfer des Flugzeugabsturzes – In den Steinquader sind die Namen der Todesopfer eingraviert.

Ⓔ Logia Restauración – Die Logia Restauración Nº 11 in der Calle Sánchez, Ecke Calle Separación, wurde 1867 gegründet. Das restaurierte Gebäude steht unter Denkmalschutz.

Ⓕ Cuartel de Bomberos – Das Hauptquartier der 1897 gegründeten Feuerwehr von Puerto Plata in der Calle Sánchez erhielt erst 1930 das noch immer genutzte Gebäude mit seinen beiden symmetrischen Aussichtstürmen.

Ⓖ Casa Museo General Gregorio Luperón – Das Geburtshaus des ehemaligen dominikanischen Präsidenten beherbergt heute ein Museum über ihn. Di–So 9–17 Uhr, Calle 12 de Julio, Puerto Plata, Tel. 1809/261 86 61, www.facebook.com/Museo.Gregorio.Luperon

Ⓗ Viktorianische Häuserzeile – Mehrere viktorianische Häuser sind in der Calle Prof. Juan Bosch.

Ⓘ Callejón de Doña Blanca – Hier wurde das erste Hotel vor mehr als 100 Jahren gegründet.

Ⓙ Casa de las Artes Camilo Brugal – Galerie mitten im Zentrum mit Ausstellung über zeitgenössische Künstler der Stadt.

Ⓚ Puente de la Guinea – Die einzige Ziegelsteinbrücke des Landes am Zusammentreffen der Straßen Calle José del Carmen Ariza, Calle Separación aus dem 19. Jahrhundert. Sie verbindet zwei Stadtteile miteinander.

Ⓛ Parque Independencia mit Glorieta – Bemerkenswert ist die zweigeschossige viktorianische Glorieta Siciliana aus dem Jahr 1872 im Zentrum des Zentralplatzes.

Ⓜ Catedral San Felipe – Die Kathedrale San Felipe Apóstol wurde im Jahr 1502 gegründet und brannte 1863 ab. 1929 erfolgte der Wiederaufbau, der jedoch erst im Jahr 1950 abgeschlossen wurde.

DER NORDEN

Oben: Rund um den Parque de la Restauración stehen zahlreiche restaurierte viktorianische Häuser.
Mitte: Die Seilbahn führt in den Parque Nacional Isabela de Torres.
Unten: Von hier hat man einen hervorragenden Blick auf den »Silberhafen«.

gang besichtigt werden können. Die von dem Dekorationsstil aus der Zeit der Regentschaft der britischen Königin Victoria (1819–1901) inspirierte Gestaltung der Herrschaftshäuser ist eines der Charakteristiken des Zentrums von Puerto Plata. Bei der Umsetzung des Stils haben die karibischen Zimmerleute eigene, verspielte Zeichen an den Brüstungen der Galerien und den Dachabschlüssen gesetzt und damit nur in dieser Region zu findende Laubsägearbeiten geschaffen.

Die Zierarchitektur über den Türen soll die Luftzirkulation unter den Zinkdächern verbessern, auch wenn sie in einigen Gebäuden durch Jugendstilfenster ersetzt wurde. Durch die höher gesetzten Satteldächer und die verzierten Öffnungen unter dem Dach sollte die Temperatur während des Tages niedrig gehalten werden. Der besseren Durchlüftung dienten auch die hohen Türen in den Parterregeschossen.

Der Zentralpark mit der Glorieta

Ein Paradebeispiel dieser Baukunst ist das zweigeschossige viktorianische Laubenrondell auf dem Zentralpark vor der Diözesankirche von Puerto Plata, der Iglesia de San Felipe. Der aufgrund seines besonderen viktorianischen Baustils »Glorieta Siciliana« genannte Oktagonbau wurde 1892 errichtet. In den folgenden Jahren fanden hier an Sonntagen Platzkonzerte statt, heute ist die Glorieta Siciliana nur noch ein architektonisches Schmuckstück innerhalb des neu gestalteten Parque Central de la Restauración.

Playa Dorada

Knapp fünf Kilometer westlich der Innenstadt befindet sich die Hotelzone Playa Dorada mit insgesamt acht großen Hotels, einem Einkaufszentrum,

Puerto Plata und Umgebung

Hubschrauberlandeplatz, Kinos, Bars und Restaurants. Bereits in den 1970er-Jahren begannen die Arbeiten für die Errichtung dieser Enklave, die besonders in den 1990er-Jahren Schwerpunkt des Tourismus an der Nordküste war.

Teléferico und Parque Nacional Isabela de Torres

Etwas außerhalb des Stadtzentrums befindet sich der Zugang zum botanischen Nationalpark Isabela de Torres an der Umgehungsstraße. Knapp zehn Minuten dauert die Fahrt mit der Seilbahn, bei der die Gondel acht Meter pro Sekunde zurücklegt und dabei 2730 Meter und 711,5 Höhenmeter überwindet. Insgesamt ist der Berg 782 Meter hoch. Am oberen Ende des Teléfericos befindet sich eine Christus-Statue, die auf einer Betonkuppel steht, mit ausgebreiteten Armen der Nordküste zugewandt. Das 16 Meter hohe Monument ist eine Kopie der Erlöserfigur aus Rio de Janeiro. Der Berg lässt sich auch über einen Pfad erklimmen, der an der unteren Seilbahnstation beginnt. Etwas Kondition ist dazu aber vonnöten. Mehr als 700 Meter Höhenunterschied sind zu überwinden.

Ein Besuch des Naturschutzgebiets lohnt sich eigentlich hauptsächlich vormittags, denn gegen Mittag ziehen sich oft in der Höhe Wolken zusammen und trüben die Sicht auf das grandiose Panorama von Puerto Plata und der Nordküste. Der rund zwei Stunden dauernde Wanderweg durch die üppige Bewaldung bietet Reste von Regenwald sowie Höhlen und führt an fast 600 verschiedenen Pflanzen und Bäumen sowie zahlreichen Orchideenarten vorbei, die in dem 22 Quadratkilometer großen Schutzgebiet gedeihen. Dabei können unter anderem Palmschwätzer, Cotora-Papageien, Baumfrösche und Geckos beobachtet werden.

AUTORENTIPP!

LOS 27 CHARCOS DE DAMAJAGUA

Jahrelang haben die 27 Wasserpfützen von Damajagua ein Schattendasein geführt, abseits der Touristenzentren und ohne Infrastruktur für Touristengruppen. Dazu kam ihre Unzugänglichkeit in der Umgebung der Ortschaft Imbert. Heute haben deren Bewohner mithilfe internationaler Organisationen alle 27 Sturzbäche erreichbar gemacht. Zuerst klettert man begleitet gegen den Strom, je nachdem, wie hoch man hinaus möchte und fit ist. Und dann geht es schwimmend, rutschend und springend sieben, zwölf oder alle 27 Wasserfälle wieder hinunter.

Los 27 Charcos de la Damajagua. Tägl. 8–15 Uhr, Eintrittspreis 1.–7. Wasserfall: 280 RD$; 1.–12. Wasserfall: 340 RD$; 1.–27. Wasserfall: 500 RD$, Llanos de Pérez, Municipio de Imbert, Carretera 5 km 30, nach der Ortschaft Imbert, von Puerto Plata aus ausgeschildert, Tel. 1809/739 20 41, www.saltosdamajagua.com, www.27charcos.com

Auf dem Weg zu den Damajagua-Wasserfällen

Infos und Adressen

SEHENSWÜRDIGKEITEN
Fabrica de Ron Brugal. Mo–Fr 9–12, 14–17 Uhr, kein Eintritt, Avenida Manuel Tavarez Justo, Richtung Sosúa, gegenüber der Plaza Popular, Puerto Plata, Tel. 1809/586 25 31

Fortaleza San Felipe. Di–So 9–17 Uhr, 100 €, Avenida General Gregorio Luperón, Westende des Malecón, Puerto Plata, Tel. 1809/261 60 43

Parque Nacional Isabel de Torres. Tägl. 8.30–17 Uhr

Teleférico. Tägl. 8.30–17 Uhr, letzte Fahrt 16.45 Uhr, Fahrt 350 RD$, Calle Manolo Tavárez Justro, Los Flores, Puerto Plata, Tel. 1809/970 05 01, www.telefericopuertoplata.com

In der Eisdiele »Helados La Mariposa« gibt es österreichische Kuchen und Backwaren.

ESSEN UND TRINKEN
Aguaceros. Touristentreffpunkt mit mexikanischer Küche. Avenida Gregorio Luperón 32, Malecón, Puerto Plata, Tel. 1809/586 27 96

Escape al Mar. Stilvoll direkt am Malecón mit Meerblick speisen. Avenida Gregorio Luperón, Malecón, kurz vor dem Long Beach, Tel. 1809/352 65 08

Helados La Mariposa. Selbst gemachtes Eis und guter österreichischer Kuchen. Tägl. 9–20 Uhr, Calle Beller 38, direkt gegenüber dem Parque Central, Puerto Plata, Tel. 1809/970 17 85, www.facebook.com/HeladosMariposa

Papillon. Hervorragende Steaks serviert Thomas Ackermann. Villas Corfresí, Carretera Navarette, fast gegenüber dem Eingang zum Lifestyle Hotel, Hinweisschild am Abzweig, Tel. 1809/970 76 40, www.le-papillon.de

Polanco. Kreolische Küche in einer ehemaligen Kaufmannsvilla. Mo–Sa 8–23 Uhr, Calle Beller 60, Puerto Plata, Tel. 1809/586 91 74

Tam Tam Café. Treffpunkt direkt am Malecón, Avenida Gregorio Luperón 4, Puerto Plata, Tel. 1809/970 09 03, www.facebook.com/restotamtamcafe

ÜBERNACHTEN
Grand Paradise Playa Dorada. Beliebtes, weil preiswertes All-Inclusive-Hotel. Carretera Luperón km. 5, Playa Dorada, Puerto Plata, Tel. 1809/320 36 63, www.amhsamarina.com

Aparta-Hotel Lomar. Apartments direkt am Malecón, die Mehrzahl mit Balkon, Avenida Gregorio Luperón 8, Malecon, Puerto Plata, Tel. 1809/320 85 55

Barceló Puerto Plata. All-Inclusive-Anlage in der Hotelzone. Carretera Luperón km. 5, Playa Dorada, Puerto Plata, Tel. 1809/320 50 84, www.barcelo.com

Blue JackTar Hotel. Elegantes Hotel nur mit Frühstück inklusive. Carretera Luperón km. 5, Playa Dorada, Puerto Plata, Tel. 1809/320 38 00, www.bluejacktar.com

Casa Colonial. Modern gestylte Suiten in stilvoller Umgebung mit eigenem Strand. Carretera Luperón, km 5, Playa Dorada, Puerto Plata, Tel. 1809/320 32 32, www.casacolonialhotel.com

Celuisma Playa Dorada. Neu renoviertes All-Inclusive-Hotel. Carretera Luperón km 5, Playa Do-

Puerto Plata und Umgebung

rada, Puerto Plata, Tel. 1809/ 320 62 26, www.celuismacaribe.com

Clubhotel Riu Merengue und Bachata. Besonders bei Deutschen beliebte All-Inclusive-Anlage am Strand von Maimón. Bahía de Maimón, Puerto Plata, Tel. 1809/320 10 10, www.riu.com

Gran Ventana. Mit Liebe zum Detail gestaltete All-Inclusive-Anlage. Carretera Luperón, km 5, Playa Dorada, Puerto Plata, Tel. 1809/320 21 11, www.granventanahotel.com

Iberostar Costa Dorada. Die All-Inclusive-Alternative zu den 08/15-Hotels in Playa Dorada. Carretera Luperón, km 2,5, Costa Dorada, Puerto Plata, Tel. 1809/320 10 00, www.iberostar.com

Puerto Plata Village. Vier-Sterne-All-Inclusive-Hotel mit Golfplatz. Carretera Luperón, km 5, Playa Dorada, Puerto Plata, Tel. 1809/320 40 12, www.puertoplatavillage.com

Tubagua Plantation Eco-Village. Unterkünfte im Robinson-Crusoe-Stil mit traumhafter Aussicht auf die Nordküste. Carretera Gregorio Luperón, km 19, Puerto Plata, Tel. 1809/696 69 32, www.tubagua.com

EINKAUFEN
Kunstgewerbemarkt. So 10–15 Uhr, Calle Beller, Ecke Calle Separación

VERANSTALTUNGEN
Dominican Republic Jazz Festival. Im November sowohl in Puerto Plata als auch Auftritt in Sosúa und Cabarete, Tel. 1809/571 38 80, www.drjazzfestival.com

AKTIVITÄTEN
Casa de las Artes Camilo Brugal. Galerie, Museum und Kulturzentrum in einen Kolonialhaus. Calle Beller 30, Santiago, Tel. 1809/481 25 90, www.twitter.com/camilocrb

Ocean World Adventure Park, Marina & Casino. Abenteuerpark mit Delfinschwimmen, Löwen- und Papageiengehegen, Bademöglichkeiten, Kasino und Varieté. Tägl. 9–18 Uhr, Erwachsene 69 US$, Kinder 4–12 Jahre 54 US$, Abholung aus dem Hotel inbegriffen, Preise für Schwimmen und Berühren der Delfine um die 100 US$, Calle Principal 3, Cofresí, Puerto Plata, Tel. 1809/291 11 11, www.oceanworld.net

Outback Adventure. Ausflüge werden in den Hotels angeboten. Tel. 1809/20 25 25, www.outbackadventuresdr.com

Strände. Playa Maimón, Playa Costambar (klein, aber sehr hübsch), Long Beach direkt in der Stadt von Puerto Plata, Playa Dorada

Yasika Zipline Adventure. 8 Seilrutschen zwischen 100 und 300 Meter lang. Mo–Sa 8–17 Uhr, Tour 84 US$, Carretera Turistica Puerto Plata nach Santiago, La Cruz de Yasika, Yasika, Tel. 1809/739 58 38, www.yasikaadventures.com

INFORMATION
Oficina de Turismo. Mo–Sa 9–17 Uhr, Calle José del Carmen Ariza 45, Puerto Plata, Tel. 1809/586 36 76,
www.godominicanrepublic.com
www.discoverpuertoplata.com
www.puertoplataguide.com
www.puertoplata.com.do
www.puertoplatadigital.com
www.puertoplata.com
www.popreport.com

Am Malecón spielen am Wochenende Bands auf.

DER NORDEN

36 Luperón, Isla Paraiso, La Isabela
Paradiesische Strände und Inseln

Touristische Attraktionen bietet Luperón keine. Entsprechend selten verirren sich Besucher in den Ort, und das Hotel- und Restaurantangebot ist eher kärglich. Dagegen sind die Strände in Punta Rusia und Estero Honda, die kleine flache Insel Cayo Arena, auch Paradiesinsel genannt, und die archäologische Ausgrabungsstätte La Isabela, die erste Siedlung mit Steinhäusern in der »Neuen Welt«, Anziehungspunkte für Touristen.

Kaum hat man über die Landstraße aus Puerto Plata kommend den Ortsrand von Luperón erreicht, hat man das Städtchen auch schon – gefühlsmäßig – durchquert. Knapp 4200 Einwohner zählt das abgelegene Luperón an einer tief eingeschnittenen Bucht, knapp 50 Kilometer westlich von Puerto Plata entfernt. Gegründet wurde es 1863, das genaue Datum ist nicht bekannt. Zu Kolonialzeiten war die Gegend bei Schmugglern

Mitte: In der Bucht von Luperón sind Segelschiffe vor Stürmen sicher.
Unten: Neben dem Tourismus ist die Landwirtschaft Hauptwirtschaftszweig.

MAL EHRLICH

ZU VIEL REMMIDEMMI IM PARADIES

Manche finden es toll. Das Wasser spritzt, wenn die Bootsspitze in die Welle taucht. Juchzen, schreien, laute Musik und Bierschaum beim Besuch des paradiesischen Eilands vor Punta Rusia Cayo Arena. Das flache Eiland ist wirklich idyllisch, hat aber schon lange durch den Massenansturm seinen wirklichen Reiz verloren. Ein Geheimtipp ist es nicht mehr, wenn ihn alle kennen. Und ein Paradies wie dieses Inselchen ist verloren, wenn sich Dutzende dort drängen.

Luperón, Isla Paraiso, La Isabela

beliebt, die sich mit Nachschub versorgen konnten oder Schutz vor offiziellen spanischen Galeonen suchten. Wenn heute über Luperón geredet wird, dann sind es entweder Segler, die seinen erwiesenermaßen vor Hurrikans sicheren Hafen Puerto Blanco Marina loben, oder Touristen, die es als Orientierungshilfe nutzen, um zu den Resten der Kolumbus-Siedlung La Isabela zu kommen.

Die erste Siedlung Amerikas

La Isabela ist die erste wirkliche Stadt, die auf Anweisung des Karibik-Entdeckers Christoph Kolumbus entstand und aus Steinhäusern bestand. Allerdings ist La Isabela die zweite Siedlung, die auf der Insel entstand. Auf seiner ersten Reise 1492 hatte Kolumbus im Inselteil, der heute zu Haiti gehört, bereits das Fort La Navidad errichten lassen, nachdem sein Flaggschiff, die »Santa Maria«, auf ein Riff gelaufen und gesunken war. Zur Befestigung des Wohnprovisoriums wurde das Holz des Schiffes genutzt. Als der Entdecker im November 1493 mit 17 Schiffen und etwa 1500 Leuten wieder vor der Festung auftauchte, war diese niedergebrannt. Die Bewohner waren von den Ureinwohnern umgebracht worden, aus Rache für die schlechte Behandlung, die die spanischen Seeleute, von Goldgier getrieben, den Arawaken angedeihen hatten lassen.

Die erste Kolonialstadt: La Isabela

Am 10. Dezember des gleichen Jahres gelangte der Seefahrer dann mit seinen Leuten an die Küste der Flussmündung des Río Bajabonicos, der so breit und befahrbar war, dass er ihm genügend Schutz vor den Unbilden der Natur und möglichen Angriffen bot. Bis April 1494 ankerte hier die Kolumbus-Flotte, während seine Männer auf

AUTORENTIPP!

EIN ROMANTISCHER ZUFLUCHTSORT

Ein richtiger Hideaway ist die Punta Rusia Lodge am Ortsrand von Punta Rusia direkt am Meer. Der kleine, nicht gerade billige Hotelkomplex verfügt über 13, einige mit mehreren Zimmern ausgestattete, weiß gestrichene Bungalows, die Dächer sind tief gezogen und mit Palmblättern gedeckt. Eine wirkliche Oase der Ruhe, für die sich die etwas anstrengende Reise von Puerto Plata allemal lohnt. Der für viele Touristen stolze Preis von 120 US-Dollar pro Person rechtfertigt sich aber durch die Wohnqualität, die Einrichtung auf dem drei Hektar großen Gelände mit allen Annehmlichkeiten sowie dadurch, dass in dem Preis nicht nur das Frühstück, sondern auch ein Abendessen à la carte inbegriffen ist. Über die hoteleigene Mole werden auch Ausflüge zu der 30 Minuten entfernten Paradies-Insel angeboten.

Punta Rusia Lodge. Playa Ensenada, Punta Rusia, Luperón, der Weg ist ausgeschildert,
Tel. 1849/858 84 00, www.puntarucialodge.com

Vom Sturm ramponierte Werbung für ein Luxuswohnprojekt

AUTORENTIPP!

PLAYA ENSENADA.
Auch wenn der Strand nicht breit ist, gehört er zu den schönsten in dieser Region. Feiner weißer Korallensand, der von den Riffen stammt, die diesen Abschnitt vor zu starken Wellen schützen. Gleichzeitig bietet das Riff Urlaubern, die es lieben, in Strandnähe zu schnorcheln, ideale Bedingungen. Die Korallenwelt an diesem Strandabschnitt ist noch weitgehend intakt. Für die Versorgung sorgen die Bretterbuden, die sich vor allem am östlichen Teil des Strands etabliert haben. Hier kann man im Schatten der Terrasse frittierte Fische und Langusten genießen. Wem das nicht genügt, kann sich von einem der Mitglieder der Bootsführervereinigung, die ihre Bude unmittelbar an der Playa Ensenada hat, wo die Parkplätze sind, nach Cayo Arena übersetzen lassen.

Compania Turistica del Coral.
Tägl. 8–15 Uhr, Tel. 1849/862 95 66, bei 6 Personen im Boot kostet die zweistündige Tour 1200 RD$ pro Person, inklusive eines typisch dominikanischen Tagesmenüs nach der Rückkehr.

Der Strand liegt geschützt in der Bucht von Punta Rusia.

DER NORDEN

einem Kap eine Siedlung errichteten und das Hinterland nach Gold erkundeten. Diesmal nutzten die Eroberer jedoch von Anfang an Steine, um die wichtigsten Gebäude standfest zu machen und das gesamte Gelände zu schützen. Als Erstes entstand ein 42 mal 13 Meter großes Vorratshaus mit einem Wachturm direkt oberhalb der Felsklippe, danach wurden das festungsähnliche Wohnhaus von Kolumbus selbst und eine Kirche errichtet. Darin wurde angeblich am 6. Januar 1494 die erste Messe in Amerika gelesen.

Aber kaum, dass die meisten Gebäude fertiggestellt waren, beschloss Kolumbus, die Siedlung zugunsten einer Stadt an der Südküste aufzugeben, dem heutigen Santo Domingo. Die Lebenssituation der Zurückgebliebenen muss danach unerträglich gewesen sein, denn einige der Bewohner versuchten sogar Schiffe zu kapern, um wieder nach Spanien zurückzukehren. Heftige Wirbelstürme taten das ihre, um den Ort schnell dem Vergessen anheimfallen zu lassen. Da half auch wenig, dass 1497 30 Spanierinnen aus Bordellen und Gefängnissen nach Hispaniola gebracht wurden, um Familien zu gründen.

Parque Arqueologico La Isabela

Das Ruinenfeld von La Isabela ist heute Teil eines Archäologischen Parks in dem kleinen Weiler EL Castillo. Er liegt 17 Kilometer westlich von Luperón und ist über eine gut asphaltierte Straße zu erreichen. Direkt hinter dem Haupteingang befinden sich ein kleines Museum, mit Fundstücken aus der Gründerzeit, und einige Häuschen, die den Archäologen vor Jahren als Wohnungen dienten. Auf dem früheren Ausgrabungsgelände sieht man jedoch fast ausschließlich kaum über den Boden herausragende Grundmauern. Das hat seine Ursache im Jahr 1952. Damals wollte Trujillo mit spa-

Luperón, Isla Paraiso, La Isabela

nischen Forschungsgeldern den Ort archäologisch erforschen lassen. Leider verstand der zuständige Bauingenieur die Anweisung Trujillos, »das Gelände zu säubern«, so radikal falsch, dass dieser dem Wildbewuchs mit einem Schaufelbagger zu Leibe rückte und dabei auch große Reste der Siedlung, die noch weitgehend erhalten waren, im Meer entsorgte.

Kolonialgräber

Während für die Gerätschaften, Waffen und den Almirante Colón Steinhäuser gebaut wurden, lebte die Mannschaft in einfachen Palmhütten, deren vermutete Umrisse im Boden markiert sind. Von den 1500 Begleitern von Kolumbus starben allein 400 im Jahr 1494 an Malaria. Dies belegen die Ausgrabungen von mehr als 90 Grabstätten auf dem Gelände, die mit Kreuzen markiert sind. Eines der Skelette ist beispielhaft freigelegt und konserviert worden, der um die 30 Jahre alte Mann hatte den Stich eines Malaria übertragenden Moskitos nicht überlebt. Wie stark das Haus von Kolumbus gegen die Witterungseinflüsse geschützt war, lässt sich dagegen gut erkennen. Das Haus am Meeresrand besitzt fast einen Meter dicke Mauern und hatte nur einen zentralen Zugang. Inzwischen ist es zum Schutz gegen die Witterungseinflüsse überdacht. Dennoch sind Teile aufgrund des starken Wellengangs ins Meer gestürzt.

Estero Hondo und die Manatis

Um über eine halbwegs befahrbare Straße ins weiter westlich gelegene Estero Hondo zu gelangen, muss man den Umweg zurück über Luperón, Villa Isabela, Laguna Grande und Los Pilones in Kauf nehmen. Estero Hondo ist Ausgangspunkt für den Besuch des Schutzgebiets für Meerestiere,

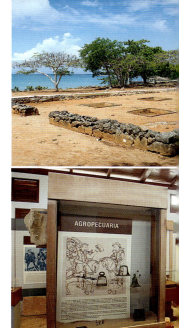

Oben: In La Isabela ließ Ch. Kolumbus die erste Siedlung errichten.
Mitte: Im Archäologischen Museum findet man Fundstücke aus der Gründerzeit.
Unten: Die Mehrheit der ersten Siedler von La Isabela erkrankte und starb am Sumpffieber.

Oben: An der Playa La Ensenada legen die Boote zur Paradiesinsel ab.
Mitte: Manchmal gibt es auf dem paradiesischen Eiland kaum noch Liegeplätze.
Unten: Sieben Hütten und ein Haufen Sand mitten im Meer

DER NORDEN

besonders für Seekühe, von denen einige Exemplare in dem 48,36 Quadratkilometer großen Santuario de Mamiferos Marinos de Estero Hondo, zu dem auch ausgedehnte Mangrovenwälder gehören, leben. Wenn man der Straße Richtung Punta Rusia folgt, gelangt man zur Playa Ensenada. Dort starten Boote, die die offizielle Erlaubnis haben, in die Schutzzone fahren zu dürfen.

Man sollte schon aus Umweltschutzgründen darauf achten, nur von der Umweltbehörde autorisierte Bootsführer zu akzeptieren. Zwar gibt es eine eigene Beobachtungsstation für die schwergewichtigen Meeressäuger, den »Mirador de Manatíes«, aber es ist äußerst selten, dass man die scheuen Tiere – und wenn, dann nur morgens sehr früh – antrifft. Sie sind in der Dominikanischen Republik vom Aussterben bedroht. Die Weibchen der Karibik-Manatis werden bis zu drei Meter lang und 600 Kilogramm schwer, die Männchen können schon mal sechs Meter messen und fast 1500 Kilogramm auf die Waage bringen.

Punta Rusia und die paradiesische Insel

Von der Playa Ensenada ist es nicht mehr weit nach Punta Rusia. Auch an diesem elfenbeinfarbenen Strand sind besonders Taucher und Schnorchelfreunde am richtigen Ort. Auch von dieser Stelle geht es hinüber zu dem in Küstennähe liegenden, 20 Minuten entfernten kleinen Juwel im Meer, der bei den Einheimischen als Cayo Arena, in Touristenkreisen als Isla Paraiso bekannten Sandbank. Das dominikanische Paradies ist rund 60 Meter lang und etwa 25 Meter breit, zu klein eigentlich für die inzwischen dort errichteten Hütten und die Menge der Touristen, die sich an manchen Tagen hier drängen. Trotzdem bleibt das Eiland mit dem Korallensand ein Traum.

Luperón, Isla Paraiso, La Isabela

Infos und Adressen

SEHENSWÜRDIGKEITEN
Parque Nacional de La Isabela. Museum und archäologische Ausgrabungsstätte. Tägl. 8–17 Uhr, 100 RD$, La Isabela, Luperón, Tel. 1809/498 35 34

ESSEN UND TRINKEN
D' la France. Pizzeria mit Katinenatmosphäre. Tägl. 10–22 Uhr, Calle Duarte 55, Luperón, Tel. 1809/571 87 72

Fischbuden. Am Strand der Playa Deborah, in La Isabela, gibt es drei Fischbuden, die frittierten Fisch, Reis und Bohnen anbieten.

La Yola. Reichlich und schmackhaft sind die Gerichte in dem Restaurant, das einer ehemaligen deutschen Stewardess gehört, in dem auch ein Zimmer vermietet wird. Fr–So 10–23 Uhr, Calle 27 de Febrero 69, Luperón, am Ortsausgang Richtung La Isabela, Tel. 1809/571 85 11

Letti. Das Tagesgericht Reis, Bohnen und Fleisch ist gut. Mo–Sa 8–22 Uhr, Avenida Duarte 84, Ecke Calle 27 de Febrero, Luperón, Tel. 1809/405 22 79

ÜBERNACHTEN
Hotel Casa del Sol. Calle 27 de Febrero, kurz hinter La Yola, Luperón, Tel. 1809/571 84 15, www.casa-del-sol-luperon.com

Kleine Hotels bieten abenteuerlustigen Reisenden ganzjährig Unterkunft.

Hosteleria Rancho del Sol. Eine einfache, aber die einzige und sogar preiswerte Übernachtungsmöglichkeit direkt neben der Ausgrabungsstätte mit eigenem kleinem Strand. Parque Nacional La Isabela, El Castillo, Luperón, Tel. 1809/571 80 52

AKTIVITÄTEN
El Paraiso Tour. Tauchausflüge und Touren zu Cayo Arena, Isla Paraiso. Tägl. nach Anmeldung, Plaza Turisol, Local Nº 61B, Puerto Plata, Tel. 1809/320 76 06, www.cayoparaisord.com

INFORMATION
Ministerio de Turismo. Calle General Luperón 50/Ecke Calle Hugo Kunhard, Parque Central, Luperón, Tel. 1809/571 80 02

Strandbetten und Restaurants werden in Punta Rusia angeboten.

DER NORDEN

37 Montecristi und Dajabón
Abseits der Touristenrouten

Montecristi und Dajabón liegen abseits der touristischen Routen im Nordwesten direkt an der haitianischen Grenze. Die Fahrt dorthin ist anstrengend, aber dafür wird der Besucher mit einer landschaftlichen und kulturellen Realität belohnt, die sich von anderen Landesteilen extrem unterscheidet. In Montecristi bezaubern Höckergebirge und Korallenriffe, in Dajabón fasziniert ein quirliger binationaler Wochenmarkt.

Montecristi ist einmal eine reiche Stadt gewesen. Von diesem Reichtum zeugen noch die antillianisch-viktorianischen Häuser und eines der beiden Wahrzeichen der Stadt: Der eiserne Uhrenturm aus dem 19. Jahrhundert auf der Plaza de Reloj, der extra in Frankreich angefertigt wurde. Aus dem Cibao-Tal führte damals eine Eisenbahntrasse bis in den Hafen. Sie endete dort, wo heute am Strand der Playa Juan de Bolaños die Büste von José Martí steht. Die Schienen sind jedoch nicht

Mitte: Kleinstädte wie Sabaneta liegen auf dem Weg nach Montecristi.
Unten: Schuhputzer überbrücken das Warten auf Kundschaft gern mit einem Schwätzchen.

MAL EHRLICH
KEIN PLATZ FÜR SCHNÄPPCHENJÄGER

Wer Billigurlaub im Nordwesten von Hispaniola sucht, ist eindeutig fehl am Platze. Einsame Strände und dann noch romantisch gelegene und ökologisch geführte Übernachtungsmöglichkeiten lassen sich nicht zu Dumpingpreisen vermarkten. Ärgerlich mag der eine das finden, der andere rechnet mit spitzem Bleistift und merkt mit Erstaunen, das Exklusivität nicht nur ihren Preis hat, sondern unterm Strich im Verhältnis zur Leistung manchmal sogar preiswerter ist.

Montecristi und Dajabón

mehr zu sehen. Im 18. und 19. Jahrhundert wurden hier vor allem Tabak, Felle, Bananen, Salz und Campeche-Blutholzbaum oder Blauholzbaum (*Haematoxylum campechianum*) umgeschlagen. Viele der Schiffe hatten Hamburg als Heimathafen, der Campechebaum wurde in der deutschen Textilindustrie zum Färben genutzt.

Der wilde Nordwesten

Gegründet wurde Montecristi 1533 von 60 Bauernfamilien von den Kanarischen Inseln, die in diesem, damals schon eher unwirtlichen Teil des Landes, Landwirtschaft betreiben sollten. Den Namen verdankt es Christoph Kolumbus, der beim Anblick des 237 Meter hohen Tafelbergs, der sich nördlich der Stadt am Meeresrand erstreckt, Christus huldigen wollte: Berg Christi. Nachdem die Inselhauptstadt aber in den Süden verlegt worden war, verlor Spanien nach und nach die Herrschaft über diesen Landesteil an Piraten, Bukaniere und Schmuggler.

1606 reagierte der spanische Gouverneur Antonio de Osorio auf Befehl aus Madrid darauf und ließ den Norden entvölkern. Über 150 Jahre war Montecristi eine Geisterstadt, abgesehen von jenen Seefahrern, die Jagd auf spanische Schiffe mit ihren Goldladungen machten. Erst gegen Ende des 18. Jahrhunderts machten der Zuckerrohranbau, die Salzgewinnung und riesige Bananenplantagen die Region wieder so lukrativ, dass sich erneut Familien ansiedelten. Heute zählt San Fernando de Montecristi, so der offizielle Stadtname, rund 15 000 Einwohner.

Die Salzgewinnung

Rund um El Morro gibt es noch heute große Salinen, die aktiv betrieben werden. Die Gewinnung

AUTORENTIPP!

EIN HOTEL IM NATURSCHUTZGEBIET

Im El Morro Eco Adventure Hotel kann man wirklich die Seele baumeln lassen. Pool und Spa, geschmackvoll eingerichtete Zimmer. Hier lässt es sich aushalten, zumal der Küchenchef einem mit regionalen Gerichten wie im gusseisernen Topf in Rosmarin geschmorter Ziege den Aufenthalt unvergesslich macht. Ansonsten ist El Morro auch der ideale Ausgangspunkt, um in den frühen Morgenstunden oder gegen Abend den Morro zu besteigen. Von dort kann man das einmalige Schauspiel genießen, wenn die Sonne im Meer versinkt. Oder man geht einfach Richtung Strand La Granja mit seinem weißen Sand spazieren. Für die Gäste stehen zusätzlich kostenlos nutzbare Mountainbikes oder Mietbuggys zur Verfügung. Außerdem werden Kajaktouren durch das Mangrovengebiet mit Führung angeboten.

El Morro Eco Adventure Hotel.
Carretera El Morro, C/El Morro,
San Fernando de Montecristi,
Tel. 1849/886 16 05,
www.elmorro.com.do

Der Berg El Morro ist das Wahrzeichen der Nordwest-Region.

Oben: El Morrito, der kleine Berg, erhebt sich steinern aus dem Meer.
Mitte: Bootsanleger am Playa Juan de Bolanos
Unten: Dornbüsche und -bäume bestimmen die Vegetation rund um Montecristi.

des Natriumchlorids, früher wichtig zum Pökeln, wird durch das verästelte Kanalnetz des riesigen Mangrovengebiets begünstigt. Die Mangroven säubern zudem das Wasser, wodurch das Salz, das in der Nähe dieser Wälder gewonnen wird, besonders gut ist. Bereits die Arawak-Völker, die die Insel bewohnten, haben in dem nördlichen Kazikentum Marién Salz auf ähnliche Weise gewonnen, wie es heute noch in den Salzpfannen zu sehen ist. Insgesamt gibt es rund 300 Salinen und 250 Produzenten in Montecristi, die dieses traditionelle Gewerbe noch betreiben.

Der Nationalpark El Morro

Morro steht im Spanischen für eine isoliert stehende Erhebung in der Landschaft. Ganz allein befindet sich El Morro nicht, er hat noch einen kleinen Bruder, den Morrito, der ebenso aus Kalkstein besteht und vor ein paar Millionen Jahren entstanden ist. Warum Kolumbus in seinem Logbuch bei der ersten Reise diesen Ort als »das schönste Land, das je ein menschliches Auge erblickt hat«, bezeichnet, versteht schnell, wer diesen 1300 Quadratkilometer großen Naturschutzpark, der ständig erweitert wird und fast die gesamte Küste umfasst, besucht hat. Neben den Möglichkeiten von Wanderungen (festes Schuhwerk wichtig), Kanufahrten und Bootstouren befindet sich am Fuß des Morro ein Besucherzentrum mit Sanitäreinrichtungen und Erklärtafeln.

Montecristi und Dajabón

Rundgang Montecristi

Die Tour führt an den interessanten Häusern und Gebäuden der Stadt vorbei.

A Reloj – Der eiserne Uhrenturm ist mit 29 Metern Höhe der größte in der Dominikanischen Republik. Eingeweiht wurde er am 27. Februar 1897 gemeinsam mit den vier Springbrunnen, die noch heute in den Ecken des Parks vorzufinden sind.

B Villa Doña Emilia (1895) – Das Haus gehörte einer Kaufmannsfamilie. Sämtliche Holzteile wurden aus Frankreich importiert, sogar die Zimmerleute kamen von dort. Für Montecristi ein regelrechter Palast mit geräumigen Zimmern und einer ersten Etage im englischen Mansardenstil.

C Casa Isidor Silva – Typisches Wohnhaus von Montecristi. Allerdings ist das Verandadach separiert. Im Innern befinden sich noch immer Originalmöbel aus dem 19. Jahrhundert.

D Casa Rivas Petit (1875) – Eckholzhaus mit ungewöhnlichem Walmdach und drei Türen auf der Stirnseite, die sich zur Straße hin öffnen. Die Doppeltüren auf der Längsseite sind französischen Ursprungs.

E Casa Nouel Peña (1892) – Separierte Veranda mit eigenem Dach. Geländer und Laubsägeverzierungen sind noch Originale.

F Casa Rojas Nouel (Ende des 19. Jh.) – Die Pfosten der vom Haus getrennten Galerie sind symmetrisch angeordnet. Im Innern sind gut erhaltene Möbel aus dem 19. Jahrhundert und alte Fotos der Bauherren zu sehen.

G Antiguo Hospital (1868) – Das ehemalige Hospital ist das vermutlich älteste Gebäude mit einem Parallelsatteldach, zweigeschossig und oberen Balkons.

H Casa García (1869) – Das Holzgebäude mit Satteldach besitzt eine Veranda, die in zwei Turmplattformen endet, mit für die Region unüblichen Laubsägearbeiten.

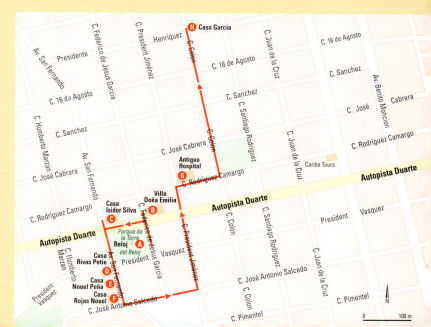

AUTORENTIPP!

RUND UM EL MORRO

Soraya und Santo machen die Tour rund um El Morro zu einem wirklichen Erlebnis. Kenntnisreich und detailliert beschreiben sie Flora und Fauna, die die Mangrovenwelt am Fuß des Morro so attraktiv machen. Pausen werden an einer Plattform ebenso wie in einem Naturschwimmbecken eingelegt, damit man baden kann. Mehr als einmal steht der Motor auf Leerlauf, damit aus der Idealposition der »Tafelberg« ins Objektiv des Fotoapparats genommen werden kann. Dann geht es in weitem Bogen aufs offene Meer um den Morro herum zur Insel La Cabra mit ihrem zerfallenen Leuchtturm, auf der eine Saline betrieben wird. Wer sich dort sonnen, baden oder herumstreifen will, wird später wieder abgeholt.

Soraya & Santo Tours. Preis ist für bis zu acht Personen und differiert nach den Zielen. Tägl. 7–19 Uhr, Playa Juan de Bolaños, Bugalu 3, San Fernando de Monte Cristi, Tel. 1809/961 63 43 oder 1829/221 04 53, www.ssmontecristitours.com

Skipper Santo zeigt das von Mangroven gesäumte Kanalsystem.

DER NORDEN

Auf den Morro führt eine Holztreppe, allerdings sollte man sich auf die Festigkeit der Holzbretter nicht blind verlassen. Vom Morro bietet sich nicht nur ein fantastischer Bick auf Montecristi, sondern auch auf die weiter entfernt liegende Inselgruppe Cayo de los Siete Hermanos und die vorgelagerte Insel La Cabrita. Die Bucht vor dem Strand La Granja ist ein Taucherparadies, hier liegen über 200 gesunkene spanische Galeonen, ein Schiffsfriedhof in Strandnähe.

Das Máximo Gómez Museum

In Montecristi wohnte Máximo Gómez (1836–1905). Der dominikanische Intellektuelle gilt zusammen mit dem kubanischen Dichter José Martí (1853–1895) als Befreier Kubas (1898) aus spanischer Kolonialherrschaft. In dem Haus im Stadtzentrum, das zu einem Museum ausgebaut worden ist, befinden sich Dokumente und Gegenstände aus dem Besitz von Gómez und Martí.

Dajabón – das Tor zu Haiti

In Dajabón findet zweimal in der Woche, montags und freitags, ein binationaler Markt statt. Auch wenn der Ort mit seinen 26 000 Einwohnern keine touristischen Attraktionen, außer dem sehenswerten Grenzgebäude auf dominikanischer Seite, zu bieten hat, ist der weiter rechts liegende Markt an der internationalen Brücke allemal ein Grund, auch schon am Vorabend anzureisen, um zur Eröffnung des Grenztores um acht Uhr da zu sein. Wenn man rechts von der Grenzbrücke entlang der Marktmauer Richtung Fluss geht und dann nach rechts abbiegt, gelangt man nach wenigen Metern zum inoffiziellen Übergang, wo sich einige Haitianer von Landsleuten durch den Fluss tragen lassen, um trockenen Fußes zum Markt zu kommen.

Montecristi und Dajabón

Infos und Adressen

SEHENSWÜRDIGKEITEN

Binationaler Markt Dajabón. Mo und Fr 9–16 Uhr, Internationale Brücke. Keine Wertgegenstände mitnehmen, vor dem Fotografieren die Personen fragen.

Casa Museo Máximo Gómez Montechristi. Tägl. 8.30–17 Uhr, kein Eintritt, aber Spende wird erwartet, Calle Mella 29, Montecristi

La Reina del Mar. Sechs Jahre hat der Künstler Trenrico Enrico an dieser Kunstinstallation gearbeitet. Am Restaurant Cocomar links abbiegen, Playa Juan de Bolaños, Montecristi, Tel. 1809/961 35 94

Salinas Montecristi. Salzgewinnung aus erster Hand. Fr–So 9–17 Uhr, 40 RD$, ein Trinkgeld wird erwartet, Calle la Playa, San Fernando, Montecristi, Tel. 1829/436 51 29

ESSEN UND TRINKEN

Restaurant Cocomar. Sehr gutes Restaurant, Spezialität Krabbenscheren. Tägl. 8–22 Uhr, Playa Juan de Bolaños, Montecristi, Tel. 1809/579 33 54

In der Casa Gómez wurde die Befreiung Kubas von der spanischen Kolonialherrschaft vorbereitet.

Café Beller Bar And Grill. Patiorestaurant mit guter Küche. 9–22 Uhr, Calle Beler, zwischen Calle Sánchez und Calle Macerlo Carrasco, Dajabón, Tel. 1809/579 71 67

ÜBERNACHTEN

Aparthotel Cayo Arena. Einige der sparsam eingerichteten Apartments werden vermietet. Links am Restaurant Cocomar abbiegen. Playa Juan de Bolaños, Montecristi, Tel. 1809/579 31 45, www.cayoarena.com

Chic Hotel. Zentral im Ort gelegen, sehr einfach, aber ruhig mit eigenem Restaurant. Avenida Benito Monción 44, Montecristi, Tel. 1809/579 23 61, www.chichotel.net

Hotel Marina del Mar. Preiswert, einfach und zweckmäßig eingerichtet. Playa de Juan Bolaños, Avenida del Morro 2, Montecristi, Tel. 1809/579 21 34, www.marinadelmarhotel.com

Hotel Masacre. Das beste Hotel im Ort mit hilfreichem Eigentümer, ohne Essensmöglichkeit. Calle Sánchez 89, Dajabón, Tel. 1809/579 87 27, www.hotelmasacredr.com

Zweimal wöchentlich findet im Zentrum von Dajabón der binationale Markt statt.

DAS ZENTRUM, CIBAO

38 Jarabacoa, Constanza, Pico Duarte
Von der »Hängematte Gottes« zum »Dach der Karibik« **216**

39 La Vega und La Vega Vieja
Die königliche Stadt und ihre Mythen **224**

40 Karneval in La Vega und Santiago
Hinkende Teufel und stachelige Ferkel im Cibao-Tal **228**

41 Santiago de los Caballeros
Die Hauptstadt des Tabaks **232**

42 Bonao
Die Stadt der »Gesichtslosen Frau« **236**

43 Salcedo
Gedenkmuseum und Kakaolehrpfad **238**

Vorangehende Doppelseite: Die höchsten Berge der Karibik
Mitte: Die Region um Jarabacoa und Constanza ist der Gemüsegarten des Landes.
Unten: Übernachtungsmöglichkeit in den Bergen

DAS ZENTRUM, CIBAO

38 Jarabacoa, Constanza, Pico Duarte
Von der »Hängematte Gottes« zum »Dach der Karibik«

Die dominikanischen Berge sind wegen ihres angenehmen Klimas bei Einheimischen und Touristen beliebt. Die durchschnittlichen Jahrestemperaturen liegen zwischen 22 und 25 Grad, in den Abendstunden wird es sogar noch etwas kühler in den Zentralkordilleren. Beliebt ist die Region um Constanza und Jarabacoa besonders bei Aktivurlaubern und Abenteuersuchern, die während ihres Karibikurlaubs die Grenzen ihrer Fitness ausprobieren wollen.

Wer am nördlichen Stadtrand von La Vega Richtung Jarabacoa abbiegt, merkt schon am steilen Straßenanstieg, dass er sich in eine andere Region begibt. 26 Kilometer geht es bergauf bis nach Jarabacoa. Von vielen Dominikanern wird der Luftkurort in 629 Metern über dem Meeresspiegel gern wegen seines angenehmen Klimas als die »Hängematte Gottes« bezeichnet. In der Arawak-

MAL EHRLICH

STAU AUF DEM PICO DUARTE
Für viele sportliche Dominikaner ist die Tour auf den höchsten Berg des Landes zwischen Weihnachten und dem Feiertag »Heilige Drei Könige« (7. Januar) eine der Aktivitäten zum Jahreswechsel. Dann geht es auf dem Pico zu wie an einem Ferienwochenende auf einer deutschen Autobahn – und auf der Hochebene, wo die Schutzhütte steht, wie in einer Kneipe – laut und feuchtfröhlich. Wer die Ruhe der Bergwelt liebt, sollte in diesem Zeitraum einen Bogen um den Pico Duarte machen.

Jarabacoa, Constanza, Pico Duarte

Sprache der Taíno-Ureinwohner bedeuten die beiden Wortteile »Jaraba« und »Coa« so viel wie »Land der Wasserquellen«. Und in der Tat entspringen in der Region zwischen den beiden Städten Jarabacoa und Constanza und den Zentralkordilleren, die das Cibao-Tal nach Westen hin abgrenzen, u.a. die wichtigsten Flüsse des Landes: der Río Yaque del Sur und Río Yaque del Norte.

Jarabacoa: Zentrum für Abenteuerlustige

Umgeben von zahlreichen Wäldern ist Jarabacoa eine beschauliche Kleinstadt mit rund 25 000 Einwohnern im eigentlichen Stadtgebiet und 35 000 in der Umgebung. Erst Mitte des 19. Jahrhunderts kamen die ersten Siedler ins Hochtal, im Jahr 1858 wurde der Weiler zur Gemeinde erklärt. Direkt am Zentralpark befindet sich die Stadtkirche mit einem sehenswerten Fresko eines Künstlers der Stadt.

Seinem moderaten Klima verdankt der Ort auch seine Bedeutung für die Versorgung des Landes mit Gemüse, Obst und Blumen. Hier wachsen Früchte wie Erdbeeren, die in anderen Landesteilen wegen der hohen Temperatur nicht angebaut werden können, aber auch Gemüsesorten, die aus Europa bekannt sind. Dank der Gewächshäuser wird dem Land eine vor den 1990er- und Anfang der 2000er-Jahre nicht gekannte Vielfalt an Gemüse geboten, auch wenn die Mehrzahl der Agrarprodukte für den Export bestimmt ist.

Die ungefähr 100 Wasserfälle (Saltos), die rund um Jarabacoa zu finden sind, haben die Stadt zu einem Zentrum des Wassersports gemacht. Der Salto de Jimenoa I ist einer der beiden, die leicht zu erreichen sind. Er befindet sich etwa sechs Kilometer außerhalb des Zentrums, und der Weg

AUTORENTIPP!

BLUMEN AUS JARABACOA
Jedes Jahr im Juni putzt sich Jarabacoa heraus. Fast eine Woche lang schmückt sich die heimliche Hauptstadt der »dominikanischen Alpen« bei dem Blumenfestival mit den schönsten Blüten, die dort blühen. In der Umgebung der Kleinstadt haben sich zahlreiche Gärtnereibetriebe angesiedelt, die für den Export Blumen züchten. Mit der blühenden Farbenpracht bei angenehmen Tagestemperaturen um die 22 bis 25 Grad Celsius will Jarabacoa auf sich aufmerksam machen. Während des Festivals finden Blumen- und Pflanzen- sowie Kunstausstellungen statt, präsentiert sich das regionale Kunsthandwerk und werden Kostproben der lokalen Gastronomie geboten. Höhepunkt ist die Wahl der Blumenkönigin und der Blumenkorso am Sonntag, an dem Ortschaften aus der Umgebung und Gemeinden mit eigenen blumengeschmückten Wagen teilnehmen.

Blumenkorso in Jarabacoa. 2. Monatshälfte im Juni von mittwochs bis sonntags, Jarabacoa

In den dominikanischen Alpen wird exquisiter Kaffee geerntet.

DAS ZENTRUM, CIBAO

Oben: Auch europäische Gemüsesorten gedeihen hier.
Mitte: Bananenblüte: Einkeimblättrige Pflanzen wurden von den Kolonialherren aus dem subtropischen Asien importiert.
Unten: Gegen die sengende Sonne hilft auch ein Regenschirm.

dorthin ist ausgeschildert. Vom Parkplatz steigt man durch üppige Vegetation zum Wasserbecken hinab, in das das Wasser des Río Jimenoa aus 60 Metern Höhe hinabstürzt. Der Salto Jimenoa II liegt zehn Kilometer nordöstlich hinter einem Wasserkraftwerk und stürzt rund 40 Meter in die Tiefe. Weniger spektakulär ist der 25 Meter hohe Salto Baiguate. Er lässt sich vom Rancho Baiguate aus zu Pferd erreichen. Zum Baden lädt außerdem das große Wasserbecken des Balneario La Confluencia ein, das am Zusammenfluss des Yaque de Norte- und Jimenoa-Flusses rund zwei Kilometer westlich der Stadt liegt.

Abenteuerurlaub in den Bergen

Nicht von ungefähr haben sich in den letzten Jahren in der Gegend Reiseveranstalter angesiedelt, die neben Übernachtungs- und Verpflegungsmöglichkeiten auch Abenteueraktivitäten für die Besucher bieten. Besonders reichhaltig ist das Angebot des Rancho Baiguate, einem alteingesessenen Unternehmen und Vorreiter vor allem für Raftingtouren auf dem Río Yaque del Norte, die sich bei Touristen einer großen Beliebtheit erfreuen. Dazu kommen Tubing auf dem Jimenoa-Fluss, Reit- und Kajakausflüge, Jeeptouren, Canyoning und Trekking.

Naturschutzpark und Pico Duarte

Die gesamte Region ist eine aus mehreren Naturparks bestehende Schutzzone. Im Südwesten liegt der Parque Nacional José del Carmen Ramírez, im Nordosten der Parque Nacional Armando Bermúdez. In ihm liegen neben dem Pico Duarte drei weitere Erhebungen, die zu den höchsten Bergen in der Karibik gehören: La Pelona (3094 m), La Rucilla (3078 m) und Pico Yaque (2760 m). Über Jahrzehnte wurde und in offiziellen Publikationen

Jarabacoa, Constanza, Pico Duarte

Zu Fuß aufs »Dach der Karibik«

Der drei- bis fünftägige Rundgang – nur in Begleitung eines lizenzierten Guides möglich – führt auf den höchsten Gipfel der Dominikanischen Republik.

Ⓐ Jarabacoa (600 m über dem Meeresspiegel) – Der Luftkurort ist eine gute Ausgangsbasis für eine Tour auf das »Dach der Karibik«. Die Anreise sollte schon am Vortag erfolgen.

Ⓑ Manabao – Anfahrt mit öffentlichen Verkehrsmitteln (Guagua oder Carro Publico) über Manabao bis nach La Cienaga (rund 6 km).

Ⓒ La Cienaga (1100 m) – Im Dorf befindet sich das Empfangszentrum. Dort muss man auch die Eintrittsgebühr von 100 RD$ entrichten und kann den begleitenden Guide mit Maultier für Gepäck, Lebensmittel und Kochgeschirr anheuern. Die Lebensmittel für die Verpflegung auch des Bergführers müssen mitgebracht werden.

Ⓓ Los Tablones (1270 m) – In der Schutzhütte kann man auch übernachten. Der Weg zur nächsten Schutzhütte La Compartición, 18,1 km entfernt, dauert etwa sieben Stunden und führt über La Cotorra (1720 m, 7,8 km), La Laguna (1860 m, 2,8 km), El Cruce (2180 m, 0,5 km), Aquita Fria (2650 m, 3 km), wo die beiden größten Flüsse des Landes, der Yaque del Norte und Yaque del Sur, entspringen.

Ⓔ Schutzhütte La Compartición (2450 m). Auf der Hochebene wird entweder in dem Gebäude übernachtet, man kann aber auch ein Zelt aufschlagen. Die Guides bereiten dort das Essen zu.

Ⓕ Vallecito de Lilis. Zwei Stunden dauert der knapp zwei Kilometer lange Zickzackweg hinauf zum Vallecito de Lilis mit seiner Wetterstation, von wo man aus den zweihöchsten Berg der Karibik, La Pelona (3070 m), gut im Blick hat. Von dort sind es nur noch wenige Hundert Meter zu der felsigen Spitze des Pico Duarte (3098 m), die aber auch keine bergsteigerischen Kenntnisse erfordert.

Ⓖ Pico Duarte (3098 m). Neben dem Gipfelkreuz befindet sich eine Büste, Juan Pablo Duarte, einer der drei Staatsgründer. Wer sehr früh auf dem Gipfel steht, schafft es noch zurück bis La Cienaga.

219

AUTORENTIPP!

FLUG DURCH DIE ZENTRAL-KORDILLEREN

Ikarus hat davon geträumt und sich die Flügel verbrannt. Heute segeln die Menschen ohne dieses Risiko an Gleitschirmen. Ein besonderer Leckerbissen für die Liebhaber der Lüfte ist das Paragliding in der Region rund um den Pico Duarte, dem höchsten Berg der Karibik. Einmal aus der Vogelperspektive einen Blick auf die Umgebung von Jarabacoa oder Constanza zu wagen oder sich gleitend dem Bergmassiv rund um den Pico Duarte anzunähern ist inzwischen kein Problem mehr – für durchtrainierte Gleitsegler ebenso wie für abenteuerwillige Laien, die sich im Tandemverfahren sicher mit in die Luft entführen lassen. Dabei nimmt ein erfahrener Paraglider eine weitere Person mit. Einmal geht es über das Tal von Constanza oder die »Hängematte Gottes«, wie Jarabacoa heißt.

Flying Tony. Tägl. 10–17 Uhr, ein Paragliding-Flug 60 US$, Pinar Quemado, Jarabacoa, Tel. 1809/848 34 79, www.flyindr.com

Gute Flugmöglichkeiten über Constanza

DAS ZENTRUM, CIBAO

wird nach wie vor die Höhe des Pico Duarte mit 3175 Metern angegeben. Peilmessungen reduzierten die Höhe zwischenzeitlich auf 3087 Meter, aber inzwischen ist die GPS-vermessene, wissenschaftlich anerkannte Höhe des Berges mit 3098 Metern akzeptiert.

Constanza – der dominikanische Gemüsegarten

45 Kilometer südwestlich von Jarabacoa liegt auf rund 1150 Metern Höhe eine weitere landwirtschaftliche Region auf einem Hochplateau: Constanza. Sie hat sich neben Jarabacoa zum Exportzentrum für Landwirtschaftsprodukte entwickelt, die sich hier aufgrund der klimatischen Bedingungen hervorragend anbauen lassen. Die ersten Siedler kamen im 20. Jahrhundert aus Ungarn, dem Libanon und Spanien hierher, um Landwirtschaft zu betreiben. Unter dem Diktator Trujillo wurden sogar japanische Bauern angeworben. Die Colonia Japonesa liegt rund dreieinhalb Kilometer südlich des Stadtzentrums von Constanza. Aber erst 1947 ließ Trujillo eine Straße bis zur Ortschaft bauen, vor allem, um die zahlreich vorhandenen Edelhölzer zu kommerzialisieren. Die Stadt mit ihren heute etwa 26 000 Einwohnern, die außer dem bunten Markt im Zentrum wenig Touristisches zu bieten hat, schrieb 1959 Geschichte. Damals landete ein Guerillerokommando mit einem Flugzeug aus Kuba kommend auf dem Flughafen, um den blutigen Diktator Trujillo zu stürzen. Die Aktion scheiterte zwar, das historische Ereignis läutete jedoch das Ende des Potentaten ein.

Salto de Aguas Blancas

Der Salto de Aguas Blancas liegt südlich von Constanza im Naturschutzpark Valle Nuevo. Man ver-

Jarabacoa, Constanza, Pico Duarte

lässt das Stadtzentrum von Constanza auf der Straße nach San José de Ocoa und gelangt nach rund 15 Kilometern zum Weiler El Convento. Kurz dahinter führt ein Wanderweg (Dauer etwa zwei Stunden, rund 2,8 km) zu dem Salto auf 1680 Metern, der in zwei Stufen 83 Meter in die Tiefe stürzt und der höchste des Landes ist, aber über kein Badebecken verfügt. Der weiße Schaum auf dem Wildwasser hat dem Salto de Aguas Blancas den Namen »Weiße Gewässer« gegeben. Beim Besuch des Naturschutzparks beeindrucken besonders der dichte Nadelbaumbestand und der Nebelwald mit seinen Bromelien.

Las Piedras Letreadas

In La Culata, etwa 18 Kilometer südöstlich von Constanza, findet man Felsbrocken mit Piktografien aus der Zeit der Ureinwohner. Über ihre Entstehung ist nichts bekannt. Das mit Zeichnungen versehene Steinareal ist rund 20 Meter breit und sieben Meter hoch und wurde 1851 von dem englischen Diplomaten und Entdecker Sir Robert Hermann Schomburgk (1804–1865) entdeckt und erstmals beschrieben.

Reserva Científica Ébano Verde

Rund um Constanza, dessen Name vermutlich auf eine Taíno-Kazikin zurückgeht, befinden sich mehrere kleinere Naturschutzparks und wissenschaftliche Schutzzonen. Am wichtigsten dürfte das Wissenschaftliche Reservat Ébano Verde sein. Die Reserva Cientifica dient dem Schutz des Ébano-Verde-Baumes (*Magnolia pallescens*), der blassblütigen Magnolie. Dabei handelt es sich um einen Edelholzbaum, der bis zu 20 Meter hoch wachsen und einen Durchmesser von bis zu zwei Metern haben kann und nicht mehr existieren würde, stünde er nicht unter Naturschutz.

AUTORENTIPP!

DAS »DACH DER KARIBIK«: PICO DUARTE

Viele Wege führen aufs »Dach der Karibik«. Spanisch sprechende Reisende können das selbst vor Ort organisieren. Bequemer geht es mit einem erfahrenen Tourenanbieter wie Dom Rep Tours. Nach einer Übernachtung in Jarabacoa werden die Wanderer nach La Cienaga gefahren, um von dort aus am nächsten Tag die 18 Kilometer Aufstiegsroute zur Schutzhütte La Compartición (Die Teilung) auf 2450 Metern Höhe zu bewältigen. Dort wird in Komfortzelten oder in der Hütte übernachtet, um dann den höchsten Berg der Karibik zu erklimmen. Bergsteigerisches Können ist nicht erforderlich, Ausdauervermögen und gutes Schuhwerk sehr wohl. Den Gepäcktransport und die Versorgung organisiert der Reiseveranstalter

Dom Rep Tours. Ab 560 € pro Person bei zwei Teilnehmern. Auf der Platte 22/1, 88284 Wolpertswende, Tel. 08000/500 10 60, www.domreptours.eu

Vom Pico Duarte sieht man die Nord- als auch die Südküste.

Infos und Adressen

SEHENSWÜRDIGKEITEN
Saltos Jimenoa I und **II.** Tägl. 8–18 Uhr, 100 RD$

ESSEN UND TRINKEN
Aguas Blancas Restaurant. Nette Atmosphäre für ein typisches dominikanisches Abendessen. Tägl. 9–22 Uhr, Calle Rufino Espinoza 54, Constanza, Tel. 1809/539 15 61

Comedor La Cocina de Doña Luisa. Sehr gute einheimische Küche. Tägl. 12–14, 20–22 Uhr, Calle Antonio Maria García, Constanza, Tel. 1809/539 21 74

Dulcería Doña Benza. Berühmt für ihre Süßigkeiten aus Karamell, Kokosnuss, Orange und Papaya. Tägl. 8–20 Uhr, Calle Principal, Barrio Palero, Constanza

Im Colmado kann man alles, auch gramm- und tropfenweise, kaufen.

Exquisiteres Dilenia. Besondere Spezialität des Hauses: Lamm im Backofen. Tägl. 11–24 Uhr, Calle Gastón F. Deligne 7, Constanza, Tel. 1809/539 22 13

La Montagne. Einmaliges Restaurant mit französischen Spezialitäten. Do–So 11–23 Uhr, Carretera al Salto de Aguas Blancas, Constanza, Tel. 1809/301 84 22

La Cocina de Vienchy. Spezialist für valencianische und Meeresfrüchte-Paellas. So 12–16 Uhr, Calle Miguel Andrés Abréu, Ecke Calle 27 de Febrero, Constanza, Tel. 1809/478 38 23

Lorenzo's Restaurant. Besondere Spezialität: Kaninchen al Vino. Tägl. 9–23 Uhr, Avenida General Luperón 83, Constanza, Tel. 1809/539 20 08

Restaurante de Alto Cerro. Bekannt für sein Lamm mit Rosmarin und legendär für die Süßspeise aus Auberginen. Tägl. 8–22 Uhr, Calle Alto Cerro, Constanza, Tel. 1809/539 15 53, www.altocerro.com

Restaurant Del Parque Galerías. Bietet Kaninchen nach kreolischer Art. Tägl. 8–23 Uhr, Calle Duarte 37, Jarabacoa, Tel. 1809/574 67 49

Restaurante Piedras del Río. Dominikanische Küche mit internationalen Einflüssen. Tägl. 7–22 Uhr, Avenida La Confluencia, Los Coralitos, Jarabacoa, Tel. 1809/574 63 04, www.granjimenoahotel.com

ÜBERNACHTEN
Alto Cero Villas, Hotel & Camping. Unterschiedliche Übernachtungsmöglichkeiten mitten in den Zentralkordilleren. Calle Alto Cerro, Constanza, Tel. 1809/539 15 53, www.altocerro.com

Estancia Natura. Kleine Übernachtungsmöglichkeit, u.a. in Baumhäusern auf dem Gelände einer Kaffeeplantage. Nach der Schule, km 2,5, Manabao, Jarabacoa, Tel. 1809/574 68 10, www.estancianatura.com

Hotel Constanza Villa & Club. Carretera Constanza-Valle Nuevo km 1,5, Las Auyamas, Constanza, Tel. 1809/539 29 30

Hotel Gran Jimenoa. Luxuriöses Erholungsrefugium in den Bergen. Avenida La Confluencia, Los Coralitos, Jarabacoa, Tel. 1809/574 63 04, www.granjimenoahotel.com

Hotel Rancho El Aurora. Netter, einsam gelegener Ferienkomplex. Avenida Principal, Mata de Platano, gegenüber dem Orquidiario, Jarabacoa, Tel. 1809/365 91 31, www.rancholaaurora.com.do

Jarabacoa, Constanza, Pico Duarte

Jarabacoa River Club & Resort. Resortclub mit allen Annehmlichkeiten. Carretera Jarabacoa-Manabao, km 4, Pinar Quemado, Jarabacoa, Tel. 18097574 24 56, www.riverclubjarabacoa.com

Rancho Baiguate. Die Abenteuerranch mit Übernachtungsmöglichkeiten. Carretera Jarabacoa-Constanza, km 1,5, La Hoya, Jarabacoa, Tel. 1809/574 68 90, www.ranchobaiguate.com

Rancho Constanza. Gemütliche, familiäre Villen. Gegenüber dem Flughafen »Aeropuerto 14 de Junio«, Colonia Kennedy, Constanza, Tel. 1809/539 32 68, www.ranchoconstanza.tripod.com

Rancho Olivier. Rustikal eingerichtete Bett- und Frühstücksranch in den Bergen. Cafeteria La Vega-Jarabacoa, km 10,5, Jarabacoa, Tel. 1809/417 11 88, www.grupoolivier.com

Sonido del Yaque. Gemeindeprojekt mit schlichter Übernachtungsmöglichkeit. Carretera Manabao-Jarabocoa, Calabazos, Jarabacoa, Tel. 1809/846 72 75, sonidodelyaque@gmail.com

Villa Pajón. Geschmackvoll eingerichtete Berghütten im Naturschutzpark mit großem Freizeitangebot. Carretera de Ocoa, km 20, Richtung Villa Japonesa, Villa Pajón, Constanza, Tel. 1809/334 69 35, www.vilapajon.com

AUSGEHEN

Kapioka Café Bar. Vor allem junges Publikum trifft sich hier. So–Do 19–24, Fr, Sa 19–2 Uhr, Avenida Antonio Abud Isaac, Constanza, Tel. 1809/841 41 88

Moe Café Bar. Gäste jeden Alters treffen sich hier, Do Karaoke. So–Do 19–24, Fr, Sa 19–2 Uhr, Calle Salomé Ureña, Ecke Duarte, Constanza, Tel. 1829/880 20 00

EINKAUFEN

Mercado de Constanza. Gemüse-, Obst- und Blumenmarkt. Mo–Fr 8–16, Sa 8–13 Uhr, Calle Gratereaux und Calle 14 de Julio, Constanza

AKTIVITÄTEN

Rancho Baiguate. Rancho Baiguate bietet vermutlich das umfangreichste Abenteuerprogramm der Region. Rafting, Canyoning, Trekking- und Jeeptouren, Mountainbike- und Reitausflüge. Carretera Jarabacoa-Constanza, km 1,5, La Hoya, Jarabacoa, Tel. 1809/574 68 90, www.ranchobaiguate.com

Rancho Jarabacoa. Rafting, Canyoning, Geländewagen- und Quadtouren, Reitausflüge, Jeepsafaris, Trekkingtouren. Sabaneta, Jarabacoa, Tel. 1809/222 32 02, www.ranchojarabacoa.com

Safari Constanza. Ausflüge, Trekking rund um Constanza, Calle Duarte 17, Constanza, Tel. 1809/539 25 54, safari.constanza@hotmail.com

INFORMATION

Oficina de Turismo. Calle Duarte 17, Constanza, Tel. 1809/539 29 00

Oficina de Turismo. Calle Mario Nelsón Galán, Plaza Ramírez Lokal 209, Jarabacoa, Tel. 1809/574 72 87

Grillwürste und -fleisch sind beliebt bei einem Stopp am Straßenrand.

DAS ZENTRUM, CIBAO

39 La Vega und La Vega Vieja
Die königliche Stadt und ihre Mythen

Zu Zeiten der Konquistadoren war La Vega ein Wirtschaftszentrum. Davon ist längst nichts mehr zu spüren. Nachdem der Goldrausch sich gelegt hatte, das alte La Vega nach einem Erdbeben in sich zusammengebrochen war, errichteten die Siedler die Stadt im Zentrum des Cibao-Tals an heutiger Stelle. Seitdem die Autobahn einen weiten Bogen um den Ort schlägt, kommen noch weniger Touristen in die Kleinstadt, wenn nicht gerade Karneval ist.

Vermutlich haben sich Christoph Kolumbus und seine Gefolgsleute wie im Paradies gefühlt: fruchtbare Flussauen, satte grüne Wiesen und üppiger Baumbewuchs. Logischerweise nannten sie 1494 ihre Entdeckung La Concepción de la Vega, der Empfang der fruchtbaren Ebene. 1508 wurde dem königlichen La Vega Real, wie es auch genannt wurde, das Stadt- und Wappenrecht verliehen. Innerhalb weniger Jahre entwickelte sich rund um die Festung Fortaleza de Nuestra Señora

Mitte: Die historische Siedlung La Vega Vieja wurde durch ein Erdbeben zerstört.
Unten: Im Museum der Ausgrabungszone werden Gerätschaften und Waffen der Spanier gezeigt.

MAL EHRLICH
WERTVOLLE BAUSUBSTANZ
Es ist schon traurig, mit anzusehen, wie staatliche und städtische Institutionen anscheinend wenig Wert auf den Erhalt der historisch wertvollen Gebäude in der Innenstadt von La Vega und auch in der Archäologischen Stätte La Vega Vieja legen. Dabei könnten diese ganzjährigen touristischen Attraktionen in einer Stadt sein, die ansonsten nur im Februar zur Karnevalszeit Zehntausende von Besuchern anzieht.

La Vega und La Vega Vieja

de la Concepción eine lebhafte Ortschaft mit etwa 105 Steinhäusern, Wasserreservoiren, Aquädukt, einer Goldscheide und einer Klosterkirche des militärisch organisierten Mercedarier-Ordens, die Ureinwohner zwangsweise tauften.

Das Wehrdorf wurde 1562 bei einem schweren Erdbeben vollständig zerstört und an den heutigen Standort, rund zehn Kilometer südwestlich, verlegt. Die historischen Überreste der Siedlung sind Teil eines Archäologischen Parks. Allerdings sind von dem ehemaligen Fort nur noch die Mauerreste eines Turms sichtbar, von den Häusern nur wenige Grundrisse erkennbar. In einem kleinen Museum werden alte spanische Keramiken, Münzen und Waffen ausgestellt.

Das Wunder auf dem Santo Cero

Mystische Bedeutung bekam die »königliche Aue« durch den nahe gelegenen »heiligen Berg«, dem Santo Cero, wie Kolumbus ihn nannte. Auf ihm soll sich während der Besiedlung ein Wunder vollzogen haben. 1495 mussten sich die Spanier auf die nahe Anhöhe zurückziehen, weil die Ureinwohner gegen ihre Misshandlung rebellierten. In ihrer Verzweiflung errichteten die Konquistadoren ein Kreuz mit dem Bild der Heiligen Jungfrau, dass den Brandpfeilen der Angreifer standhielt. An der Stelle, wo einst das Kreuz stand, wurde später eine Kapelle errichtet.

Die katholische Kirche, die auf der 465 Meter hohen Anhöhe steht, wurde 1880 in Anlehnung an die koloniale Originalarchitektur errichtet. Jedes Jahr am 24. September pilgern Menschen aus dem ganzen Land zum Santo Cero. Er liegt rund sieben Kilometer außerhalb von La Vega und ist nur mit dem Pkw zu erreichen. Man biegt vom Stadtzentrum zum nördlichen Autobahnzubringer ab und

AUTORENTIPP!

PILGERREISE ZUM SANTO CERO

Religiös oder nicht, den 24. September auf der Anhöhe bei La Vega zu erleben, ist ein einmaliges Erlebnis. Menschen aus dem ganzen Land pilgern an diesem Tag zu der Kapelle, die der Gnadenvollen Muttergottes geweiht ist. Einige der Pilger rutschen aus Richtung Moca kommend auf Knien den Kreuzgang empor. Bereits am frühen Morgen ist kaum noch ein Durchkommen. Am Stadtrand haben sich fliegende Händler auf die Versorgung der Gläubigen spezialisiert, vor allem auf Trockenkekse, die sich die Menschen als Kargheitszeichen um den Hals hängen. In der Kirche befindet sich eine 13 Meter hohe Skulptur in Form eines Kreuzes, »La Luz del Mundo«, Licht der Welt, genannt. Neben dem Museum sollte man sich die Terrasse mit einem großartigen Panoramablick auf das Valle de La Vega nicht entgehen lassen.

Santuario und Museum Nuestra Señora de las Mercedes. Tägl. 6–12, 14–18 Uhr, Santo Cero

Am 24. September kommen Gläubige zum Santo Cero zum Gebet.

DAS ZENTRUM, CIBAO

folgt dann der Autopista Duarte (A1) rund vier Kilometer, ein kleines Schild nach einem Anstieg weist auf das rechts gelegene Pilgerziel hin.

La Vega heute

Dass La Vega einmal eine prosperierende Handelsstadt war, daran erinnern noch ein paar wenige, meist dem Verfall preisgegebene viktorianische Häuser und Lagerhäuser mit ihren zahlreichen karibischen Doppeltüren. Von der ehemaligen Eisenbahnlinie, die die heute 80 000 Einwohner zählende Stadt mit Santiago und dem Hafen von Sánchez in der Bucht von Samaná verband, ist nichts mehr zu sehen. Das Kultur- und Sozialleben des Städtchens im ausgehenden 19. und beginnenden 20. Jahrhundert ist Thema in zahlreichen Kurzgeschichten, die der dominikanische Erzähler und spätere Präsident des Landes, Juan Bosch (1909–2001), veröffentlicht hat. Sein Geburtshaus befindet sich am Parque Duarte an der Ecke Calle Profesor Juan Bousch, Calle Sánchez.

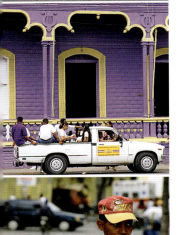

Die Kathedrale Inmaculada Concepción

Der wohl ungewöhnlichste Bau der Stadt ist die »Kathedrale der Unbefleckten Empfängnis«, La Catedral Inmaculada Concepción. Sie wurde aus Anlass der 500-Jahrfeier der spanischen »Entdeckung« am 23. Februar 1992 eingeweiht. Für den Entwurf hat sich der dominikanische Architekt Pedro Mena Lajara von der römisch-katholischen Sankt Cäcilia-Kathedrale im französischen Albi inspirieren lassen. Die konkave Anordnung, die Mauern im Innern erinnern an ein Kreuz, die zwölf Portale und Fenster stehen für die zwölf Apostel. Und die grauen Betonmauern sollen zeigen, wie begrenzt der Mensch ist, das göttliche Licht zu reflektieren.

Oben: Kunterbunte Busse transportieren die Bewohner von La Vega.
Mitte: Im Haus des heutigen Parteibüros der Befreiungspartei wurde Juan Bosch geboren.
Unten: Straßenhändler bieten »Frío Frío« an, ein Getränk aus Raspel-Eis mit Fruchtsaft.

La Vega und La Vega Vieja

Infos und Adressen

SEHENSWÜRDIGKEITEN
Casa de la Cultura. Städtisches Kulturzentrum mit monatlich wechselnden Ausstellungen. Mo–Fr 8.30–18, Sa 8.30–12 Uhr, Parque Duarte, Calle Profesor Juan Bosch, Concepción de La Vega, Tel. 1809/573 10 21

Catedral de La Concepción de La Vega. Tägl. 8–12, 16–20 Uhr, Parque Duarte, Avenida Antonio Guzmán Fernández, Concepción de La Vega

Parque Nacional Arqueológico e Histórico La Vega Vieja. Mo–Fr 9–12, 14–18 Uhr, 100 RD$, Carretera La Vega – Moca, knapp zwei Kilometer hinter dem Abzweig zum Santo Cero

ESSEN UND TRINKEN
El Naranjo. Das Bistro-Restaurant ist Treffpunkt am Nachmittag und am Abend. Mo–Do 9–24, Fr, Sa 9–2, So 9–24 Uhr, Calle Padre Adolfo, Ecke Calle Padre Fantino, Concepción de La Vega, Tel. 1809/573 77 51

El Zaguán. Die Spezialität ist Mofongo. Tägl. 11–24 Uhr, Avenida Pedro A. Rivera, Concepción de La Vega, Tel. 1809/573 55 08

Sammler können die typischen Masken der Region kaufen.

La Terraza. Einfache internationale Küche. Calle Don Antonio Guzmán 3, Concepción de La Vega, Tel. 1809/573 97 97

Macao Grill. Grillgerichte und Pizzas. Tägl. 9–24 Uhr, Avenida Antonio Guzmán Fernández, Concepción de La Vega, Tel. 1809/573 20 20, twitter.com/MacaoGrill

ÜBERNACHTEN
Hotel El Rey. Calle Don Antonio Guzmán 3, Concepción de La Vega, Tel. 1809/573 97 97

Hotel Pegasus. Für eine Übernachtung allemal gut genug. Calle Beller 19, Esquina Hostos, Concepción de La Vega, Tel. 1809/573 86 13

Nicht nur die Akteure sind beim Karneval in La Vega maskiert.

DAS ZENTRUM, CIBAO

40 Karneval in La Vega und Santiago
Hinkende Teufel und stachelige Ferkel im Cibao-Tal

Einmal im Jahr, im Februar, werden im Cibao-Tal die hinkenden Teufel losgelassen. Dann ziehen die »Diabolos Cojuelos« wild mit Schweinsblasen um sich schlagend durch Concepción de La Vega. Und in Santiago de los Caballeros messen sich in dieser Zeit die sogenannten Lechones aus verschiedenen Stadtvierteln, Menschen mit stacheligen Ferkelmasken mit Entenschnabel, jeden Sonntag des Monats beim Klang der Peitschenhiebe und zur Gaudi des Publikums.

Mitte: Jeden Sonntag im Februar feiert La Vega sein Straßenkarnevalsfest.
Unten: Hinkende Teufel treiben sich beim Maskenaufzug im Februar in den Straßen herum.

In La Vega wurde bereits kurz nach der Besiedlung Karneval zelebriert. Dies belegen archäologische Funde in La Vega Vieja. Schriftlich findet 1512, zwanzig Jahre nach der sogenannten Konquista, ein Karnevalsfest in La Vega in den Annalen Erwähnung. Die Siedler und ihre Sklaven verkleideten sich, spanischer Tradition entsprechend, wie Christen und Mauren und feierten gemeinsam. Der afrikanische Einfluss der auf die Zuckerinsel verschleppten Sklaven veränderte den Karneval ebenso wie die von italienischen Einwanderern eingeführte Farbenpracht. Vom Apennin stammt auch die abgewandelte Form der Kasteiung, bei der die Karnevalsakteure mit Schweinsblasen auf die Besucher einschlagen. Schließlich heißt eine der Weisheiten des Karnevals in La Vega: »Wer nicht gesündigt hat, spürt keinen Schmerz.« Vermutlich tun aus diesem Grund die Schläge von den mit Stoff verkleideten Ballons jedem, der von ihnen hart getroffen wird, unterschiedslos so weh, dass man versuchen sollte auszuweichen.

Karneval in La Vega und Santiago

Die Diabolos Cojuelos

Hauptakteure sind heute die »Hinkenden Teufel«, die »Diabolos Cojuelos«, ein Fabelwesen nicht Mensch, nicht Tier, das sich hinter einer Teufelsmaske versteckt. Aufgeteilt sind die Karnevalsvereinigungen in Gruppen, die jeweils innerhalb des Stadtzentrums in ihren jeweiligen Quartieren, Cuevas, Höhlen genannt, residieren. Einige der namhaften und alteingessenen Vereine sind Los Broncos, (Die Rohen), Los Dukes (die Grafen), Los Bichos (die Viecher); eine Gruppe, die nur aus Frauen besteht, sind Las Amazonas.

Ein schwergewichtiges Kostüm

Ein Kostüm besteht aus einem langärmligen Hemd und einer Pluderhose, darüber wird eine Art Rock getragen und ein fledermausartiges Cape, dessen Kapuze den Kopf bis zur Maske abdeckt. Das Kostüm ist mit unzähligen Schellen und Pailletten besetzt und wiegt um die zehn Kilo und mehr. Das Schlaginstrument ist ein mit Stoff bezogener Ballon. Früher war es eine Schweinsblase. Inzwischen werden Gummiballons genommen, und die Karnevalsgesellschaft der Stadt, die Unión Carnavalesca Vegana (UCAVE), prüft jeden Ballon, damit er nicht zu fest ist und Verletzungen hervorrufen kann. Außerhalb der Höhle zeigen die »hinkenden Teufel« ihr Gesicht nur am letzten Sonntag im Februar, wenn die Maskierung offiziell fällt.

Der Karnevalssonntag in La Vega

Für die Feier im Februar wird fast die gesamte Innenstadt von La Vega abgesperrt. Auf ein Sirenensignal gegen 16 Uhr kommen die Teufel aus ihren Verstecken und jagen um sich schlagend jeden vor sich her, der sich auf der Straße befindet. Besonders bei Jugendlichen ist es beliebt, das Hinterteil

---

AUTORENTIPP!

KARNEVALSTANZ AUF DER STRASSE

Fast jeder Ort im Land hat seine typischen Kostüme und Masken, mit denen sie im Februar Karneval feiern. Daneben gibt es noch die Cachuas de Cabral, die zu Ostern mit ihren Peitschen auf den Gräbern des Friedhofs der Stadt im Südwesten des Landes erscheinen sowie die Guloyas im Stadtzentrum von San Pedro de Macoris. Außerdem gibt es weitere karnevalistische Persönlichkeiten, die sich während der Tage präsentieren und die unterschiedliche Tradition sowie verschiedene Typen charakterisieren. Zum Beispiel: Roba la Gallina (»Klau das Huhn«), ist eine Satire auf Männer, die Hühner klauen und sie unter ihrer Kleidung als ausgepolsterte Busen und Hintern verstecken.

Santo Domingo. Jeden 1. Sonntag im März zentraler Karnevalsumzug über den Malecón, gegen 16 Uhr

Punta Cana. 2. Sonntag im März, ab 15.30 Uhr, Boulevard 1ro de noviembre, Puntacana Village

Sonntagsparade: Die einzelnen Karnevalsgruppen ziehen durch die Straßen von La Vega.

herzuhalten, um zu zeigen, wie »sündenlos« das vergangene Jahr gewesen war. Wer sich nicht schlagen lassen will, stellt sich am besten auf den Bürgersteig, der zur »schlagfreien Zone« deklariert worden ist.

Der Karneval von Santiago

Gesitteter geht es beim Karneval während der Februarsonntage 30 Kilometer weiter nördlich in Santiago de Caballeros zu. Die Straßen rund um das Monumento a los Héroes de la Restauración sind dafür abgesperrt, und hier präsentieren sich die verschiedenen Lechones, Ferkelchen, mit ihren Entenschnabelmasken und riesigen Hörnern. Es gibt hauptsächlich drei Gruppen, den Joyas aus der Unterstadt und den Pepinos aus dem oberen Stadtteil sowie den Lechones des Pueblo Nuevo, der Neustadt. Die Kostüme sind schillernd bunt und weitgehend identisch, aber die Masken unterscheiden sich. Die Joyas haben glatte Hörner, die der Pepinos sind mit unzähligen Stacheln, die der Neustadt mit Blumen besetzt. Im Gegensatz zu den Teufeln aus La Vega tragen die Gehörnten aus Santiago Peitschen mit sich, die sie dazu nutzen, die Straße frei zu schlagen, aber auch spielerisch vor dem Publikum am Straßenrand gegeneinander anzutreten. Neben diesen Gruppen präsentieren sich auch Personen mit grandiosen Fantasiekostümen während der Tage dem Publikum.

Karneval in La Vega und Santiago

Infos und Adressen

SEHENSWÜRDIGKEITEN

Casa de la Cultura. In den Ausstellungsräumlichkeiten werden während des Karnevals preisgekrönte Masken und Kostüme der verschiedenen Gruppen präsentiert. Mo–Fr 8.30–18, Sa, So 8.30–12 Uhr, Parque Duarte, Calle Profesor Juan Bosch, Concepción de La Vega, Tel. 1809/573 10 21

Casa de la Cultura en el Palacio Consistorial. Dauerausstellung mit preisgekrönten Masken des Jahres und den typischen Kostümen aus Santiago. Mo–Fr 9–16 Uhr, Calle del Sol, Ecke Calle Benito Monción am Parque Duarte

Monumento a los Héroes de la Restauración. In einer der Museumsetagen werden auch Karnevalsmasken ausgestellt. Di–So 9–18 Uhr, 100 RD$, Calle Daniel Espinal, Ecke Calle Sol, Santiago de los Caballeros, Tel. 1809/241 13 91

Die Karnevalsgruppen tragen jedes Jahr ein neues Kostüm.

INFORMATION

www.carnaval.com.do
www.carnavalvegano.do

Die beste Karnevalsmaske wird von einer Jury prämiert.

DAS ZENTRUM, CIBAO

41 Santiago de los Caballeros
Die Hauptstadt des Tabaks

Die zweitgrößte Stadt der Dominikanischen Republik ist Santiago de los Caballeros, im Zentrum des fruchtbaren Cibao-Tals. Sie zählt fast eine Million Einwohner und gilt in der Karibik als das Zentrum der Tabakindustrie. Daneben haben landwirtschaftliche Produkte und die Lohnveredelungsbetriebe in den Freihandelszonen rund um die Stadt sie zu einer der reichsten Städte des Landes und zur Finanzmetropole gemacht.

Offiziell lautet der Name der Stadt Santiago de los 30 Caballeros, weil sie von einer Gruppe von Adeligen gegründet wurde, die Kolumbus auf seiner dritten Reise begleitet hatten. Am Ufer eines der größten Flüsse des Landes gelegen, erlangte sie schnell strategische und damit auch wirtschaftliche Bedeutung, die sie zeitweise zur Hauptstadt des Landes und zu einem wichtigen Zentrum der Unabhängigkeitsbewegung machte.

Das Zentrum von Santiago mit den engen Gassen hat seinen beschaulichen Charakter behalten.

MAL EHRLICH

MIT SAUBEREN SCHUHEN DURCH SANTIAGO

Touristen trauen sich selten, ein paar Pesos auszugeben, damit ihr Laufwerkzeug wieder glänzt. Vielen ist es unangenehm, wie die Limpiabotas vor ihnen hockend mit Läppchen und Bürste das Leder fetten und polieren. Für viele der Schuhputzer ist es aber der einzige Weg, ihr Geld selbst zu verdienen und zum Lebensunterhalt der Familie beizutragen. Wer die Arbeitshaltung nicht als Hierarchie versteht, sollte das Geld für saubere Schuhe investieren und kein schlechtes Gewissen dabei haben.

Santiago de los Caballeros

Die Stadt des Tabaks

Santiago gilt inzwischen als die heimliche Zigarrenhauptstadt der Karibik. Das kommt nicht von ungefähr, denn zahlreiche Fabrikbesitzer sind ehemalige Bürger der Nachbarinsel und nach der Revolution 1959 mit den ausgezeichneten Tabaksaatkörnern aus Kuba geflohen. Da der Boden eine ähnliche Beschaffenheit aufweist wie auf Kuba, entwickelte sich die Zigarrenindustrie neben den textilverarbeitenden Betrieben zu einem der größten Arbeitgeber in der Region. Nach einer Liste des US-Fachmagazins *Cigar Aficionado* werden rund um Santiago inzwischen elf der 25 besten Zigarren der Welt gedreht – in keinem anderen Land sind es so viele.

Die zeitweilige Dominanz Frankreichs über den Ostteil der Insel hat in Santiago deutliche städtebauliche Spuren hinterlassen. Davon zeugen unter anderem der neoklassizistische Palacio Consistorial am Parque Duarte, der zwischen 1892 und 1895 von dem belgischen Architekten Luís Bogaert errichtet wurde und heute eine Dauerausstellung über die Karnevalstradition beherbergt. Zahlreich auch die Gebäude in viktorianischem Baustil, die noch immer im historischen Zentrum Santiagos zu sehen sind. Besonders schöne Häuser befinden sich in der Calle Benito Monción, ebenso wie in der Calle Restauración.

Die Kathedrale und der Parque Duarte

Direkt neben dem Zentralpark an der Calle Del Sol mit seinen Schatten spendenden Bäumen und den zahlreichen Schuhputzern, die schon am frühen Morgen auf Kunden warten, liegt die Kathedrale Santiago Apóstol. 27 Jahre wurde an dem vom Stadtarchitekten Onofre de Lora entworfenen

AUTORENTIPP!

HOTEL, RESTAURANT UND MUSEUM

Der Weg hinaus nach Gurabo und hinauf auf den Hügel des exklusiven Wohnareals bis zum Rancho Camp David lohnt sich. Der Panoramablick von der Restaurantterrasse über das Cibao-Tal am Tage und der Eindruck vom beleuchteten Santiago am Abend entschädigen für die Anfahrt. Santiagoer kommen gerne hierher, um die Ruhe der Berge und das nicht überteuerte gute Essen zu genießen. Die Zimmerpreise sind billiger als in den Stadthotels im Tal. Dazu kann man noch eine Ausstellung von Limousinen und Jeeps aus dem Fahrzeugpark des ehemaligen Diktators Trujillo und seiner Familie bestaunen, die der Besitzer, ein ehemaliger Freund der Familie, hier oben der Kundschaft präsentiert.

Camp David Ranch. Restaurant Mo–Fr 7–1, Sa 7–2 Uhr, Av Gregorio Luperón, km 7,5, Gurabo, Santiago de Los Caballeros,
Tel. 1809/276 64 00,
www.campdavidranch.com

Oldtimersammlung von Diktator Trujillo im Hotel Camp David.

DAS ZENTRUM, CIBAO

neoklassizistischen Bau gearbeitet, bis er 1895 eingeweiht werden konnte. Besichtigenswert sind der goldverzierte Mahagonialtar und die Spitzbogen-Glasfensterarbeiten des dominikanischen Künstlers José Rincón-Mora, die er fast alle in München hergestellt hat.

Die Kulturstadt

Rund um den Park befinden sich nicht nur schöne alte Häuser, sondern auch kleinere, von Vereinen betriebene Kulturzentren und -einrichtungen wie die Casa de Arte in der Calle Benito Monción mit monatlich wechselnden Ausstellungen oder direkt gegenüber eine kleine Privatschauspielschule, in der regelmäßig Aufführungen stattfinden. Südlich des Parks liegt keine zehn Minuten Fußweg entfernt die Fortaleza San Luis auf einer Anhöhe. Abgesehen von dem Ausblick, den man von der ehemaligen Polizeikaserne auf die Eisenbrücke und den Fluss Yaque del Norte hat, lohnt sich der Besuch wegen des historischen Museums mit seinen archäologischen Artefakten. Von hier aus sind es wenige Hundert Meter bis zum 67 Meter hohen Monumento mit der Christusfigur. Das Wahrzeichen der Stadt hat Trujillo zu seiner Huldigung 1953 errichten lassen. Von der Aussichtsplattform hat man eine fantastische Aussicht auf die Stadt und die Umgebung. Das mehrstöckige Museum in seinem Inneren informiert über die Unabhängigkeit des östlichen Inselteils von der spanischen Krone. Im zweiten Stock sollte man sich auf keinen Fall das Gemälde des spanischen Muralisten José Vela Zanetti (1913–1999) entgehen lassen, der darin die dominikanische Arbeitswelt festgehalten hat. Daneben besitzt die Stadt mit dem von der Presidente-Brauerei unterhaltenen Centro León wohl eines der besten Museen zeitgenössischer Kunst des Landes, zu dem auch ein kleines Tabakmuseum gehört.

Oben: Die Hauptkirche Santiago Apóstol von Santiago de los Caballero liegt direkt am Parque Central.
Mitte: Im Museum des Fort San Luis werden Artefakte aus der Kolonialzeit und Gemälde gezeigt.
Unten: Am Zentralpark gibt es Kokosnüsse zum Verkauf.

Santiago de los Caballeros

Infos und Adressen

SEHENSWÜRDIGKEITEN

Casa de Arte. Mo–Sa 10–12.30, 15–22 Uhr, letzter Fr und Sa im Monat Konzert, Calle Benito Monción 46, Santiago de los Caballeros, Tel. 1809/471 78 39

Centro Cultural Eduardo León Jimenes. Di–So 10–19 Uhr, Avenida 27 de Febrero 146, Villa Progreso, Santiago de Los Caballeros, Tel. 809/582 23 15, www.centroleon.org.do

Centro de la Cultura de Santiago Yordi Morel. Wechselausstellungen. Mo–Fr 9–13, 14–18 Uhr, Eintritt frei, Calle Del Sol, Santiago de los Caballeros

Monumento – Museo de los Héroes de la Restauración. Di–So 9–18 Uhr, 100 RD$, Avenida Monumento, Santiago de los Caballeros.

Museo Histórico Cultural Fortaleza San Luis. Mo–Sa 9–17, So 9–15 Uhr, bei Voranmeldung Führung in Spanisch, 100 RD$, Calle San Luis, Ecke Calle Duvergé, Tel. 1809/301 86 91

ESSEN UND TRINKEN

Aromas del Sol. Gemütliches Bistro mit Terrasse direkt gegenüber dem Monumento. Calle Del Sol 2ª, Santiago de los Caballeros, Tel. 1809/971 90 75

Marisco Caribeño. Restaurant für Fischspezialitäten in einem alten viktorianischen Bürgerhaus. So–Do 9–24 Uhr, Fr, Sa 10–2 Uhr, Calle Del Sol 1, Ecke Avendia Francia, Santiago de los Caballeros, Tel. 1809/971 97 10, www.mariscocentro.com

ÜBERNACHTEN

Hodelpa Gran Almirante Hotel & Casino. Das beste Hotel in der Stadt mit exklusiver Business-Etage. Avenida Estrella Sadhalá, Los Jardines, Santiago de los Caballeros, Tel. 1809/580 19 92, www.hodelpa.com

Aloha Sol Hotel & Casino. Einfache Wohnalternative direkt im Zentrum. Calle Del Sol 50, Santiago de los Caballeros, Tel. 1809/583 00 90, www.alohasol.com

EINKAUFEN

Mercado Modelo. Souvenirs, aber auch Karnevalsmasken werden angeboten. Tägl. 9–18 Uhr

INFORMATION

www.santiago30caballeros.blogspot.com

80 Prozent aller Zigarren in den Tabakfabriken von Santiago sind von Hand gefertigt.

DAS ZENTRUM, CIBAO

42 Bonao
Die Stadt der »Gesichtslosen Frau«

Die Stadt der Hortensie, das Wahrzeichen der Stadt, macht mit zwei Attraktionen auf sich aufmerksam. Sie besitzt ein kleines, aber sehenswertes Museum, das dem berühmtesten Sohn der Stadt, dem Künstler Candido Bidó, gewidmet ist und von ihm selbst gebaut wurde. Daneben bieten die maskierten »Teufel von Bonao« während der Karnevalszeit einen kontrastreichen Kontrapunkt zu der Geruhsamkeit, die in der Stadt während des restlichen Jahres herrscht.

Bonao ist die Hauptstadt der Provinz Monseñor Nouel. Ihr Name leitet sich von dem Taíno-Kaziken ab, der zur Zeit der spanischen Eroberung das Gebiet regierte. Das Interesse der Spanier gründete sich vor allem auf die Goldfunde in der Region. Allerdings waren die Minen schnell ausgebeutet. Zwei Jahrzehnte nach seiner Gründung am 7. Dezember 1508 wurde sie deshalb von ihren Bewohnern aufgegeben. Traurige Berühmtheit erlangte der Ort dann in den 1930er-Jahren dadurch, dass in Bonao der Bruder des Diktators Rafael Trujillo, José Arismendy Trujillo Molina »Petán«, das Regiment führte. Mit seiner Privatarmee verbreitete er Angst und Schrecken in der Gegend.

Reis, Kunsthandwerk und Nickel

Zu Reichtum haben rund um Bonao die riesigen Reisfelder geführt, die wie ein einziger grüner Teppich wirken. Daneben haben die zahlreichen Tonvorkommen Bonao zum Zentrum der Töpfer gemacht. Hier wurde auch die »Dama Criolla« er-

Mitte: Das Ausstellungszentrum in Bonao ist Candido Bidó, dem berühmten Sohn der Stadt gewidmet.
Unten: In der Umgebung von Bonao hat sich eine Töpferindustrie etabliert.

Bonao

funden, eine bunt bemalte, glasierte weibliche Tonfigur ohne Gesicht, eines der emblematischen Kunsthandwerksprodukte des Landes. Von dem dritten ökonomischen Standbein des Ortes sieht man dagegen nur die schwarzen Rauchwolken, die über den nahe gelegenen Anhöhen im Osten liegen. Hier wird von Falcondo, einem Tochterbetrieb des kanadischen Bergwerksunternehmens Falconbridge, Nickel abgebaut. Obwohl Falcondo ein großer Arbeitgeber ist, ist der Betrieb immer wieder Ziel von Protesten wegen Luft- und Bodenverschmutzung. Auch in der Dominikanischen Republik wächst das Umweltbewusstsein.

Zeitgenössische Kunst – Candido Bidó

Auf Candido Bidó (1936–2011) sind die Bonaoer besonders stolz. Bidó gilt als der zeitgenössische Maler des Landes, und seine zum Teil grellbunten, grobflächigen, naiv wirkenden Bilder haben internationale Anerkennung gefunden. Obwohl er schon früh in die Hauptstadt umzog, blieb er seiner Geburtsstadt treu. Ende der 1990er-Jahre gründete er das Centro de Cultura gegenüber der Hauptkirche, die dem Stadtheiligen, San Antonio de Padua, geweiht ist.

Die heutige Plaza de Cultura bietet nicht nur Raum für eine Ausstellung der wichtigsten Werke Bidós, sondern verfügt in den drei Geschossen auch über Räumlichkeiten für monatlich wechselnde Ausstellungen. Gleichzeitig ist in dem Kulturzentrum eine Kunstschule untergebracht. Nicht zuletzt die Kulturarbeit von Bidó hat dazu beigetragen, den Karneval zu einem wichtigen farbenfrohen Ereignis des Jahres zu gestalten, bei dem sich im Februar junge Künstler mit fantasievollen Hörnermasken und bunten Kostümen präsentieren.

Infos und Adressen

SEHENSWÜRDIGKEITEN
Museo Candido Bidó. Di–Sa 8.30–12, 14–18, So 8.30–12 Uhr, 25 RD$, Plaza de la Cultura, Calle Mella, Ecke San Antonio, Bonao, Tel. 1809/525 77 07

ESSEN UND TRINKEN
Tipico Bonao. Eine Top-Autobahnraststätte mit typisch dominikanischen Gerichten. Tägl. 6.30–22.30 Uhr, Autopista Duarte, km 83, Bonao, Tel. 1809/525 39 41

Bambú Cana. Das beste Restaurante im Ortszentrum. Mo–Do 8–16, 19–24, Fr–So 8–16, 19–1 Uhr, Calle Duarte 218, Tel. 1809/525 23 21

ÜBERNACHTEN
Hotel Acuarius. Das wohl beste Hotel des Ortes. Calle Duarte 104, Bonao, Tel. 1809/296 03 03

EINKAUFEN
Valentín Galería de Arte. Ein ungewöhnlicher Ort für ungewöhnliche, junge Kunst direkt an der Autobahn. Tägl. 9–17 Uhr, Autopista Duarte, km 83, gegenüber Tipico de Bonao

Im Museo Candido Bidó gibt es eine Kunstschule für Jugendliche.

DAS ZENTRUM, CIBAO

43 Salcedo
Gedenkmuseum und Kakaolehrpfad

Historisch Interessierte finden in der Kleinstadt Salcedo, rund 45 Kilometer südöstlich von Santiago, ein Museum, das den Geschwistern Mirabal gewidmet ist. Sie wurden auf Befehl des Diktators Trujillo ermordet, aber ihr Tod hat das Ende des Regimes eingeläutet. In der Nähe liegt San Francisco de Macoris. Die Region ist für ihre Kakaoplantagen bekannt, auf denen man den Anbau und die Herstellung der »Götterspeise« kennenlernen kann.

Wer die Großstadt Santiago de los Caballeros über die Avenida Juan Pablo Duarte Richtung Osten verlässt, erreicht Salcedo (12 000 Einwohner). Auffällig sind die zahlreichen Wandmalereien rund um den Innenstadtpark. In der Umgebung der Kleinstadt, in Ojo de Agua, wurden die Schwestern Patria (1924–1960), Minerva (1926–1960) und Maria Teresa (1935–1960) Mirabal geboren. Am 24. November 1960 ließ der Diktator Rafael Trujillo die heutigen Nationalheldinnen ermorden. Ihr Todestag ist zum »Internationalen Tag zur Abschaffung der Gewalt gegen Frauen« erklärt worden.

Dominikanische Heldinnen

Die Geschwister waren wie die überlebende Bélgica Adela »Dedé« Mirabal (1925–2014) Mitglieder der Revolutionären Bewegung 14. Juni. Minerva Mirabal, Tarnname Mariposa (Schmetterling) und ihr Mann Manuel »Manolo« Tavárez Justo (1931–1963) waren führende Köpfe der Bewegung. Doña Dedé zog nach deren Ermordung die Kinder ihrer

Mitte: Salcedo ist als Geburtsstätte der Nationalheldinnen Mirabal und als Kunststadt bekannt.
Unten: Museum im Elternhaus: Patria, Minerva und Maria Teresa Mirabal ließ der Diktator Trujillo ermorden.

238

Salcedo

Schwestern groß: Ihr eigener Sohn Jaime David (geb. 1956) wurde 1996 zum Vizepräsidenten des Landes vereidigt und ist heute Sportminister, die Tochter von Minerva Mirabal, Minou (geb. 1956) wurde stellvertretende Außenministerin und ist heute Mitglied des dominikanischen Parlaments. Dedé Mirabal hat in den Jahren nach der Ermordung ihrer Schwestern im ehemaligen Elternhaus, das heute noch so eingerichtet ist wie vor mehr als 50 Jahren, ein Museum zum Gedenken an die »Schmetterlinge« aufgebaut, die im Garten unter einem Gedenkstein beigesetzt sind.

Obwohl der Diktator verboten hatte, den Sarg zu öffnen, gelang es Dedé Mirabal, ihrer Schwester Maria Teresa den dicken Pferdeschwanz abzuschneiden. Er wird heute ebenso wie ein blutiges Küchenhandtuch im Haus ausgestellt. Daneben sind Universitätsdiplome, Kleidung, Geschirr und Handarbeiten der Frauen zu sehen.

Kakao von der Hacienda La Esmeralda

Wenige Kilometer weiter östlich liegt an der gleichen Straße, am Stadtrand von San Francisco de Macoris, die Hacienda La Esmeralda García Jiménez, eine der größten Kakaoproduzentinnen des Landes. Die Abzweigung nach rechts zu der 39 Hektar großen Finca ist ausgeschildert. Hier befindet sich der »Sendero del Cacao«, auf dem der gesamte Prozess von Pflanzung, Wachstum, Ernte, Fermentation bis zur Trocknung und Schokoladenherstellung praktisch dargestellt ist. Zuerst wird gezeigt, welche Böden und Umgebung der Kakaobaum braucht, wie er gepflanzt und gepflegt wird. Danach erlebt man praktisch, wie die Ernte der Kakaonuss vonstatten geht, wie die Bohnen aus der Frucht gewonnen, fermentiert und in langen Schubladen luftgetrocknet werden.

Infos und Adressen

SEHENSWÜRDIGKEITEN

Museo Hermanas Mirabal. Di–So 9–17 Uhr, 100 RD$, auch Führungen in Englisch, Carretera Salcedo-Tenares, Avenida Hermanas Mirabal, Conuco, 200 Meter nach Abzweig Ojos de Agua, zwischen Salcedo und Tenares, Tel. 1809/587 85 30

ESSEN UND TRINKEN

Patio Restaurant. Ofongo und internationale Küche. Avenida de los Martirez 6, San Francisco de Macorís, Tel. 1809/244 13 94

Restaurant Dorado. Tägl. Internationale Küche. 10–23 Uhr, Calle El Carmen 55, San Francisco de Macorís, Tel. 1809/588 59 91, www.restaurantdorado.com

ÜBERNACHTEN

Hotel Las Caobas. Calle Luis Enrique Carron, Ecke Avenida San Diego, Urbanización Almanzar, San Francisco de Macorís, Tel. 1809/290 58 58

Hotel Libano. Calle Restauración 17, San Francisco de Macorís, Tel. 1809/588 33 46

AKTIVITÄTEN

El Sendero del Cacao. Kakaotouren, Anmeldung telefonisch oder über Webseite. Di–So 10.30 Uhr, klassische Tour 2 Std., Mittagessen inklusive 50 US$, Kinder 4–12 Jahre 35 US$, Grupo Rizek, Hacienda La Esmeralda, Avenida Libertad, Sección Las Pajas, San Francisco de Macoris, Tel. 1809/547 21 66, www.cacaotour.com

INFORMATION

www.salcedo.com.do

DER SÜDWESTEN

44 Azua, Baní und die Salinen
Das Tor zum Südwesten   242

45 San Juan de la Maguana
Im Grenzbereich   244

**46 Lago Enriquillo,
La Descubierta**
Der Krokodilsee   246

47 Die Grenze in Jimaní
Marktflecken mit Hochwasser   250

**48 Laguna de Rincón,
Cabral, Polo**
Kormorane, Karneval und Kaffee   252

49 Barahona, Costa Azul
Entlang der dominikanischen Riviera   256

**50 Pedernales, Bahía de
las Aguilas**
Das Ende der Republik   262

DER SÜDWESTEN

44 Azua, Baní und die Salinen
Das Tor zum Südwesten

Zwischen Baní und Azua, dem Tor zum Südwesten, säumen rechts und links Bananen- oder Kochbananenstauden die gut ausgebaute Schnellstraße. Die Pflanzengattung aus der Familie der Bananengewächse (Musaceae) produziert den Wohlstand der Region. Darüber hinaus gibt es in Baní Mangoplantagen, eine Saline in der Bahía de las Calderas und eine beeindruckende fast 15 Kilometer lange Dünenlandschaft, die Dunas de Baní.

Baní, rund 65 Kilometer von Santo Domingo entfernt, ist das Tor zum Südwesten mit rund 50 000 Einwohnern. Bekannt ist es aufgrund seiner in der Nähe liegenden Dünen und Salinen sowie der Mangos, der Frucht der immergrünen Mangobäume. Im Tal von Baní wurden die ersten künstlichen Gräben angelegt, die zum Teil noch heute die Bewässerung der ausgedehnten Bananen- und Kochbananenplantagen ermöglichen.

Baní – rund um den Stadtpark

Die Brücke über den Fluss Baní, ein regelrechtes Nadelöhr, wird rechts von der Polizeistation und dem Gefängnis flankiert. Markant auf der Hauptstraße ist das Gelände mit dem Geburtshaus von Máximo Gómez (1836–1905). Dort liegt ein kleines Museum, das dem großen Sohn der Stadt gewidmet ist. An der Parallelstraße liegt der Zentralplatz, der Parque Marcos A. Cabral, mit der Kathedrale Nuestra Señora de Regla. Die im Stil der Romanik errichtete Kirche ist der Schutzpatronin des Ortes gewidmet.

Vorangehende Doppelseite: Nur wenige Touristen finden den lohnenden Weg in den Süden des Landes.
Mitte: Bei Azua reichen die Zentralkordilleren fast bis ans Meer.
Unten: Entlang der Straße leben viele in ärmlichen Holzhütten.

Azua, Baní und die Salinen

Wer die Avenida Máximo Gómez beim Schnellimbiss Pollo Rey nach links verlässt und der Straße folgt, erreicht die Ortschaft Matanzas, südlich davon beginnen die Dunas de Baní. Sie ziehen sich über fast 15 Kilometer bis auf die Halbinsel Las Calderas hin. Die bis zu 35 Meter hohe und bis zu drei Kilometer breite Sandmasse schillert aufgrund ihrer Mineralienstruktur in den Farben Rosa, Lila und Blau.

Salinen und Surfen

In der Bahia de Las Calderas befinden sich rund um den Hafen Puerto Hermoso riesige Salinen. Die Salinen sollen angeblich ausreichen, um die gesamte Karibik mit dem Geschmacksverstärker zu versorgen. Eine Landzunge schützt die Bucht und erlaubt es Surfern, gute Wellenbedingungen zu finden. Rund um die Bucht haben bessergestellte Dominikaner und Ausländer direkt am Strand ihre Ferienhäuser errichtet. Um nach Azua zu gelangen, muss man entweder nach Baní zurückfahren oder aber von Las Salinas Richtung Westen über Palmar de Ocoa, an der Mündung des gleichnamigen Flusses, nach Azua fahren.

Azua de Compostella

Azua, 52 Kilometer nordwestlich von Baní, wurde knapp ein Jahrzehnt nach der Entdeckung der Insel 1504 gegründet. Nachdem ein Erdbeben die Stadt 1751 fast völlig zerstört hatte, wurde sie an der heutigen Stelle wieder aufgebaut. Mehrmals verwüsteten haitianische Truppen Azua. An die entscheidende Schlacht am 19. März 1844, die die Unabhängigkeit des Landes endgültig besiegelte, erinnert ein Denkmal im Parkdreieck, wo sich die Avenida Prud'Homme und die Carretera Sánchez vereinigen.

Infos und Adressen

SEHENSWÜRDIGKEITEN
Casa de Máximo Gómez. Mo–Fr 8–12 Uhr, kein Eintritt, Avenida Máximo Gómez 19, Ecke Calle Nuestra Señora de Regla, Baní

ESSEN UND TRINKEN
Iba's. Seit mehr als 30 Jahren Ilba's als vor allem mittags beliebtes Esslokal. Calle Presidente Bellini 13, Carretera Sánchez, Baní, Tel. 1809/522 35 90

Restaurant Francia. Besonders das Ziegengulasch ist zu empfehlen. Mo–So 11–23 Uhr, Carretera Sánchez 104, Azua, Tel. 1809/521 29 00

ÜBERNACHTEN
Hotel Caribani. Einfache Zimmer. Calle Sanchez 12, Eingang Callejon Padre Bellini, Baní, Tel. 1809/522 38 71

Hotel & Restaurant Salinas. Direkt bei den Salinen gelegen, an einem wochentags sehr ruhigen Strand. Calle Prinzipal 7, Puerto Hermosa, Las Salinas, Baní, Tel. 1809/866 81 41

VERANSTALTUNGEN
Festival de Mango. Jedes Jahr Anfang Juni findet in Baní das Mango-Festival statt mit Messen, Musikveranstaltungen und jeder Menge Banilejos-Mangos, die am Straßenrand verkauft werden.

DER SÜDWESTEN

45 San Juan de la Maguana
Im Grenzbereich

Der Weg nach San Juan de la Maguana ist lang. 203 Kilometer misst die Strecke von Santo Domingo bis in die westliche Grenzregion. Die Abgeschiedenheit nutzten schon die Sklaven, die den spanischen Kolonialherren entflohen waren. Über Jahrzehnte war San Juan de la Maguana eines der Zentren der Flüchtlinge. Aufgrund der Abgelegenheit kommen nur wenige Touristen in die Provinzhauptstadt.

Die Kreuzung Cruze de Quince, 15 Kilometer hinter Azua, ist kaum zu verfehlen. Eine Polizeistation, eine Raststätte und »Policias Acostados«, verkehrsbremsende Straßenschwellen, markieren den Abzweig in die Bergwelt am südlichen Fuß der Zentralkordilleren. Am Stadtrand empfängt den Besucher der Park des Kompass, wenig später verkündet ein Torbogen, dass man sich in der Gemeinde San Juan de la Maguana befindet. In dem Hochtal zwischen der Sierra de Neiba und den Zentralkordilleren leben rund 150 000 Menschen.

Kazikentum Maguana

Offiziell 1503 von Diego Velazquez (1465–1524), dem Kuba-Eroberer, gegründet, musste die Siedlung wieder verlassen werden. Einst regierte hier der Taíno-Kazike Caonabo die Region Maguana und wehrte sich gegen die brutale Ausbeutung durch die Spanier. Zu den Eingeborenen gesellten sich in die unwegsame Hochebene geflohene Sklaven. Bei der US-Besetzung (1916–1924) etablierte sich eine Bewegung, die die Kollektivierung des Bodens forderte.

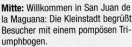

Mitte: Willkommen in San Juan de la Maguana: Die Kleinstadt begrüßt Besucher mit einem pompösen Triumphbogen.
Unten: Der Reisanbau ist einer der wichtigsten Wirtschaftszweige der Region.

San Juan de la Maguana

Auch nachdem deren religiöses Oberhaupt Olivorio Mateo (1876–1922), auch »Papá Liborio« genannt, getötet wurde, lebte diese Wiedertäuferbewegung weiter – bis heute. In dem Weiler Maguana Arriba, nördlich der Stadt, liegt das »Agüita de Liborio«. Die Höhle, die dem »Messias« als Unterschlupf gedient haben soll, ist ein Pilgerzentrum.

Corral de los Indios

Auf dem Weg über die Calle Anacaona in die Berge passiert man die größte Sehenswürdigkeit: den Corral de los Indios. Die Zeremonienstätte der Arawaken liegt knapp fünf Kilometer nördlich der Stadt. Der kreisrunde Platz wird schnell übersehen, so unscheinbar wirkt das Areal. Es gilt als der größte seiner Art in der Karibik mit einem Durchmesser von 235 Metern. Der Platz besteht aus kreisförmig angeordneten Findlingen, in deren Mitte ein grauer Stein liegt mit einem Flachrelief, das ein Gesicht darstellt. Auf ihr habe Anacaona, so die Sage, die Frau von Canoaba, bei Festzeremonien gesessen.

Elias Piña und die Grenze

Verlässt man Maguana in westlicher Richtung, erreicht man über Las Matas de Farfán nach rund 60 Kilometern Comendador in der Provinz Elias Piña. In dem Grenzörtchen findet montags und freitags ein farbenprächtiger Markt statt. 2014 wurde in dem ehemaligen Hotel San Rafael ein ungewöhnliches Museum eröffnet. Das Museo de la Cultura Fronteriza soll die Kultur im Grenzgebiet mit Haiti dokumentieren: über die religiösen Bräuche und Tänze, über gastronomische Besonderheiten, Hausbautraditionen und von dominikanischen und haitianischen Familien verwendete Haushaltsgegenstände.

Infos und Adressen

SEHENSWÜRDIGKEITEN

Museo de la Cultural Fronteriza. Mo–Fr 9–15 Uhr, Antiguo Hotel San Rafael, Comendador, Elias Piña, Tel. 1809/986 64 26, www.museodelafrontera.com

ESSEN UND TRINKEN

Galeria del Espia. Dominikanische Gerichte. Tägl. 11–16, 19–24 Uhr, Calle Independencia 7, San Juan de la Maguana,Tel. 1809/557 50 69

Il Boconccino. Italienische Küche und Pizzen. Fr–Mi 11–24 Uhr, Calle 2 No 13, San Juan de la Maguana, Tel. 1809/557 16 16.

Restaurante Santa Lucía. Spezialität ist geschmortes Kaninchen. Calle Duarte, Ecke Calle Santa Lucía, Las Matas de Farfán

ÜBERNACHTEN

Hotel La Gran Posada. Dominikanischer Standard, schlicht, aber ausreichend für eine Nacht. Avenida Anacaona 83, San Juan de la Maguana, Tel. 1809/557 22 96

Hotel Maguana. Es gibt Zimmer, die mit Aircondition oder Ventilator ausgerüstet sind. Avenida Independencia 1, Ecke Calle Pedro J. Heyaime, San Juan de la Maguana, Tel. 1809/557 22 44

INFORMATION

www.sanjuan.gob.do

Mitte: Der Salzsee Lago Enriquillo liegt über 40 Meter unter dem Meeresniveau.
Unten: Das 412 Quadratkilometer große Schutzgebiet ist bei Naturfreunden sehr beliebt.

DER SÜDWESTEN

46 Lago Enriquillo, La Descubierta
Der Krokodilsee

Ein ungewöhnliches Gewässer befindet sich im Westen. Der Lago Enriquillo ist ein Salzsee, in dem noch freilebende Exemplare der Amerikanischen Spitzkrokodile leben. Aufgrund ungewöhnlich starker Niederschläge ist der See über die Ufer getreten und hat die Umsiedlung von Dörfern erzwungen. Eine Umrundung des Sees ist deshalb nicht nur ein touristisches Ereignis, sondern auch eine Lehrstunde in Sachen Klimaschutz.

Der Lago Enriquillo ist der größte See in der Karibik. Benannt wurde er nach dem aufständischen Kazikensohn Enriquillo (~1500–1533), der sich in der Region mit seinen Kriegern verschanzt hatte und dem auf der Kreuzung der Carretera 46 mit der Landstraße 535, kurz hinter dem Dorf La Colonia, ein Denkmal gesetzt wurde. Die Senke zwischen der Sierra de Barahuco und der Sierra Nieba

MAL EHRLICH

LAND UNTER

Jahrelang haben Naturschützer noch vor der Austrocknung des Lago Enriquillo gewarnt. Aber die Klimaveränderung hat der Region Unwetter beschert. Das Wasserniveau des Sees ist dadurch bereits um zehn Meter angestiegen – mit katastrophalen Folgen. Fast 9000 Hektar landwirtschaftliche Nutzfläche und eine Wohnsiedlung stehen unter Wasser, der Boden ist versalzen und auf Jahrzehnte für den Landbau unbrauchbar, die heilsame Schwefelquelle La Azufrada überflutet. Und die vielen Flamingos sind in andere Seen abgewandert.

Lago Enriquillo, La Descubierta

war während der letzten Eiszeit noch überflutet und versandete erst mehrere Tausend Jahre danach. Zurück blieb in der ehemaligen Meerenge ein See mit hohem Salzgehalt, der rund 40 Meter unter dem Meeresniveau liegt.

Krokodile, Eidechsen und Flamingos

Der Naturschutzpark Lago Enriquillo mit der Insel Cabritos umfasst insgesamt 412 Quadratkilometer und wurde von der UNESCO aufgrund der geologischen Gegebenheiten und seiner einzigartigen Flora und Fauna zum Biosphärenreservat erklärt. In dem intensiv salzhaltigen Gewässer tummeln sich vom Aussterben bedrohte Spitzkrokodile. Obwohl sie eigentlich Süßwasserreptilien sind, haben sich die Tiere weitgehend an den Salzgehalt des Wassers gewöhnt. Um ihre Eier abzulegen, die sie wie Schildkröten in Nestern im Sand vergraben, überqueren sie den See zur Insel Cabritos. Die Schutzzone rund um den See haben auch seltene Nashorn- und Ricord-Leguane, die bis zu einem Meter lang werden, zu ihrem Lebensraum erwählt. Daneben gehören Flamingos zu den fotogenen Bewohnern des Lago.

Salz und Wasser in Hülle und Fülle

Der Lago Enriquillo hat keinen natürlichen Abfluss und nur wenige oberirdische Zuflüsse, das meiste Wasser sickert unterirdisch ein. Wegen der Hitze ist allerdings die Verdunstung hoch. 2007 drohte dem See die Austrocknung. Man konnte sogar vom Ufer zu Fuß auf die Insel Cabritos laufen, die rund zwölf Kilometer lang ist und an ihrer breitesten Stelle 2,5 Kilometer misst. Inzwischen ist die Senke rund um den Enriquillo aufgrund von zunehmenden Unwettern Hochwassergebiet. Maß

AUTORENTIPP!

VOM AUSSTERBEN BEDROHT
Unbeweglich treibt das Spitzkrokodil (*Crocodylus acutus*) in der leichten Dünung, die der Río Cachón bei seiner Einmündung in den Lago Enriquillo produziert. Rund 200 dieser amerikanischen Vertreter aus der Familie der »Echten Krokodile«, die normalerweise im Süßwasser zu finden sind, leben in dem Salzsee, vor allem in den Mündungsbereichen der Süßwasserzuflüsse. Die Männchen der dominikanischen Exemplare können Körperlängen von bis zu sieben Metern erreichen. Jungtiere erkennt man daran, dass sie grau bis gelblichbraun gefärbt sind. Mit zunehmendem Alter verwischt sich zu einer einheitlich oliv- bis grau-braunen Färbung. Das Spitzkrokodil wird von der Weltnaturschutzunion auf der Roten Liste von Tierarten geführt, die vom Aussterben bedroht sind.

www.wwf.at/files/downloads/spitzkrokodil.pdf

Leguane auf dem Parkplatz des Biosphärenreservats

DER SÜDWESTEN

der See einst 280 Quadratkilometer Fläche (35 km lang, 12 km breit), so sind es heute 370.

Schwefelquellen unter Wasser

Die Überflutungen haben Auswirkungen auf den Tourismus. Die Badestelle La Azufrada, eine Schwefelquelle direkt am Seeufer, die bei der Bevölkerung wegen der heilenden Wirkung bei Hauterkrankungen beliebt war, ist völlig im Wasser verschwunden. Bei La Azufrada, rund vier Kilometer östlich von La Descubierta, befindet sich das Empfangszentrum der Parkverwaltung für das Naturschutzgebiet Lago Enriquillo. Hier kann man ein Boot mieten, um einen Ausflug auf dem See zu machen, bei dem jene Stellen angesteuert werden, an denen die Krokodile leben. Danach geht es auf die Insel Cabritos, auf der früher Ziegen gezüchtet wurden. Hier befindet sich ein Besucherzentrum; über Wanderwege kann man die Insel ein wenig erkunden. Die Tour sollte man jedoch aufgrund der glühenden Mittagssonne am frühen Morgen unternehmen.

Die Höhlengesichter

Nur knapp einen Kilometer liegt auf der linken Seite in einer scharfen Kurve die Höhle Las Caritas, etwa fünf Meter oberhalb der Straße. Der Weg ist steil und nur der untere Teil mit einer Holztreppe versehen. Es ist mehr ein Naturunterstand als eine tiefe Bergöffnung. Unzählige Gesichter wurden von Taíno-Hand, den Ureinwohnern, nach einem einfachen Schema hineingekratzt: ein Kreis, zwei Punkte und ein Strich. Die Anhöhe sollen die Rebellen um den Kazikensohn Enriquillo als Beobachtungsposten während ihres Aufstandes genutzt haben, so wird es erzählt. Dass die Piktogramme aus der Zeit der Ureinwohner stammen, ist dagegen verbrieft.

Oben: In Las Caritas lebte der aufständische Kazike Enriquillo auf der Flucht vor den Spaniern.
Mitte: Die Wände des Unterschlupfs von Enriquillo sind voll mit Steingravuren.
Unten: Parkwächter zeigen die Verstecke der Spitzkrokodile.

Lago Enriquillo, La Descubierta

Infos und Adressen

SEHENSWÜRDIGKEITEN
Las Caritas de Los Indios. Höhle mit Taíno-Gravuren, Avenida Las Viñas, 5 km östl. von La Descubierta.

ESSEN UND TRINKEN
Innerhalb des Geländes des Balneario Las Barias gibt es zwei schlichte Garküchen, die tagsüber typische Mahlzeiten (Reis, Bohnen, Salat, Fleisch, frittierte Kochbananenscheiben und Süßkartoffeln) anbieten. Tägl. 8–18 Uhr, Avenida Joaquín Aybar, La Descubierta

ÜBERNACHTEN
Hostal del Lago. Sehr schlichte und einfache Unterkunft. Calle Matías Ramón Mella 2, La Descubierta, Tel. 1809/224 95 25

Hotel Plaza Las Barias. Sehr schlichte und sehr einfache Unterkunft. Calle Padre Billini 13, Avenida Joaquín Aybar, La Descubierta, Tel. 1829/909 36 84

Iguana Hotel. Sehr schlichte und einfache Unterkunft. Calle Padre Bellini 3, La Descubierta, Tel. 1809/301 48 15

Mi Pequeño Hotel. Sehr schlichte und einfache Unterkunft. Calle Padre Bellini 26, La Descubierta, Tel. 1809/890 93 60

AKTIVITÄTEN
Bosque-Balneario Las Barias. Naturquellbad mit schwefelhaltigem Wasser. Tägl. 8–18 Uhr, Avenida Joaquín Aybar, La Descubierta

Parque Nacional Lago Enriquillo. Bootsausflüge auf den Lago Enriquillo und zur Insel Cabritos Tägl. 8–15 Uhr, Pro Boot max. 6 Personen 3500 RD$, für den Park 100 RD$, Besucherzentrum, La Azufrada, Avenida Las Viñas, 3,9 km östl. von La Descubierta, La Descubierta, Asociación de Guías, Tel. 1829/930 01 41

INFORMATION
www.ladescubierta.8m.com

Im Umland von La Descubierta gibt es mehrere Badestellen, zum Teil auch mit Schwefelwasser.

DER SÜDWESTEN

47 Die Grenze in Jimaní
Marktflecken mit Hochwasser

Jimaní ist einer der beiden auch für Personenkraftwagen passierbaren Grenzübergänge nach Haiti. Gerade mal 65 Kilometer muss man von dort überwinden, um die haitianische Hauptstadt Port-au-Prince zu erreichen; bis nach Santo Domingo sind es gut 280 Kilometer, vier bis fünf Stunden braucht man für den Weg. Wenn abends um 18 Uhr der Grenzübergang nach Malpasse geschlossen wird, sagen sich in Jimaní sprichwörtlich Fuchs und Hase gute Nacht.

Wüstenartiges Gelände liegt vor einem, auf der südlichen Zufahrt über Duvergé verstärkt sich der Eindruck mit jedem gefahrenen Kilometer. Gebirgiges, baumloses Terrain, in dem Kakteen dominieren, löst sich mit wenigen staubigen Siedlungen ab. Ziegen schauen gelangweilt wiederkäuend den wenigen Fahrzeugen hinterher. Touristen befahren die Straße nach Jimaní nur, um bei dem Weg um den See Enriquillo einen kurzen Abstecher zur Grenze zu machen.

Handelszentrum Jimaní

Ein Großteil des Warenaustausches zwischen den beiden Ländern wird über die Grenzorte Jimaní und Malpasse auf haitianischer Seite abgefertigt. In den frühen Morgenstunden stauen sich die Fahrzeuge – die Grenze wird erst um acht Uhr geöffnet – auf der einen Kilometer langen Grenzstraße Avenida 19 de Marzo manchmal bis in die Ortsmitte. Die Mehrzahl der gerade mal 6000 Einwohner lebt in irgendeiner Weise vom Handel mit Haiti.

Mitte: Der Weg von Jimaní zum haitianischen Grenzort Malpasse führt durch einen Wochenmarkt.
Unten: Steigendes Wasser des Sees Azuéi hat Teile der Grenzstraße überflutet.

Die Grenze in Jimaní

Hotel Jimaní

Die einzige Unterkunft des Ortes, das Hotel Jimaní, ist im Besitz des dominikanischen Staates und erinnert mehr an eine Grundschule als an eine Touristenbleibe. Das Hotel blickt auf eine bewegte Geschichte zurück. Staatschef Trujillo veranlasste den Bau. Dort wohnte er, als er 1958 mit seinem haitianischen Diktatorkollegen François Duvalier (1907–1971), »Papa Doc« genannt, einen Freundschaftsvertrag sowohl in Malpasse als auch in Jimaní unterzeichnete, um das Verhältnis zwischen beiden Staaten nach dem dominikanischen Massaker an haitianischen Einwanderern im Jahr 1937 wieder zu verbessern.

Die Grenze

Die Grenzstation, die man wenige Hundert Meter hinter der großen Militärgarnison auf der linken Seite erreicht, ist heute ein einziges Provisorium. Die Region liegt unter dem Meeresspiegel, früher war hier eine Meerenge. Die Reste davon bilden den Lago Enriquillo im Osten und den Étang Saumâtre mit 170 Quadratkilometern im Westen. Seitdem das Wasser der Seen immer weiter ansteigt, hat der Étang, auf Kreyól Lac Azuéi genannt, weite Teile des Geländes überflutet.

Die ehemaligen Abfertigungsgebäude auf dominikanischer Seite rechts sind fast im Wasser verschwunden, ein Neubau links zum Teil. Und nur permanente Aufschüttungen haben bisher verhindert, dass der Grenzübergang endgültig geschlossen werden musste. Direkt hinter dem Grenztor befindet sich ein haitianischer Markt mit Lebensmitteln, aber vor allem mit Gütern des täglichen Bedarfs, mit denen sich die Käufer von beiden Seiten der Grenze eindecken, weil die Preise jenseits der Grenze niedriger sind.

Infos und Adressen

SEHENSWÜRDIGKEITEN
Binationaler Markt. Täglich 8–18 Uhr, Grenzstelle, Avenida 19 de Marzo, Jimaní

ESSEN UND TRINKEN
Hotel-Restaurant Jimaní. Essen nur nach Vorbestellung. Avenida 19 de Marzo 2, Jimaní, Tel. 1809/248 321 39

Restaurant Paradiso. Avenida 19 de Marzo, Ecke Avenida 27 de Febrero Jimaní

Zwischen der Avendia 27 de Febrero und dem Parque Central Jimaní gibt es mehrere kleine Comedores, die mittags Essen anbieten.

ÜBERNACHTEN
Hotel-Restaurant Jimaní. Avenida 19 de Marzo 2, Jimaní, Tel. 1809/248 321 39

DER SÜDWESTEN

48 Laguna de Rincón, Cabral, Polo
Kormorane, Karneval und Kaffee

Das größte Frischwasserreservoir der Karibik ist die Laguna de Rincón. Neben den einheimischen Wasservögeln finden hier Enten aus Nordamerika Winterquartier. Ganz in die Nähe liegt Cabral: Die Kleinstadt im Süden macht zu Ostern durch ihr ungewöhnliches Karnevalsritual auf dem Friedhof auf sich aufmerksam, und in Polo werden nicht nur die besten Kaffeesorten angebaut, sondern die Autos fahren auch ohne Motorkraft den Berg aufwärts.

Die Lagune von Rincón ist mit 30 Quadratkilometern Fläche und rund 5 Metern Tiefe das größte Frischwasserreservoir auf einer Karibikinsel. Gespeist wird das abflusslose Gewässer vom Río Colorando-Panzo, der aus den Zentralkordilleren kommt. Nicht nur die spektakuläre Landschaft, sondern auch die Vogelwelt – etwa 50 Vogelarten – lohnen es, den Inlandssee zu besuchen. In der Lagune lebt eine Kolonie von Flamingos. Auch Kormorane haben sich angesiedelt. Die Lagune ist zum Jahresende und -anfang auch Winterquartier

Mitte: Das Denkmal erinnert an den Taíno-Nationalhelden Enriquillo, der rund um den nach ihm benannten See lebte und kämpfte.
Unten: Im Lago Enriquillo lebt eine große Kolonie von pinkfarbenen Flamingos.

> ### MAL EHRLICH
> **FINGER WEG VON DEN ORCHIDEEN!**
> In der Sierra de Baoruco gibt es 32 Orchideenarten, fast alle Arten, die auf der Insel vorkommen. Sie gehören zur Klasse der bedecktsamigen Blütenpflanzen. Wegen ihrer Schönheit und Farbenpracht gelten sie als »Königin der Blumen«, eine Augenweide. Aber betatscht und abgerupft gehen sie kaputt. Auch komplett mitgenommen übersteht die Königsblume nicht den Transport aus der Hochebene.

Laguna de Rincón, Cabral, Polo

der Amerikanischen Ente, daneben gibt es fleischfressende Neuwelt-Sumpfschildkröten (*Emydidae*), Jicoteas im Spanischen genannt. Im Uferbereich befinden sich Lilien und Lotosblumen. Auch Nashornleguane haben den Naturschutzpark zu ihrem Lebensraum erkoren.

Mit den gleichen Kanus, mit denen die Fischer den fischreichen Süßwassersee befahren, können die Besucher auch die Lagune de Rincón erkunden. Für Wanderer wurden zwei von sachkundigen Begleitern geführte Besuchstouren angeboten. Die Ruta Guanaconel führt von Peñón am Nordufer entlang bis in den Ort Cristóbal, die Ruta Aguática von der Naturschutzhütte im Südosten des Gewässers bis ans Nordufer.

Cabral, die Peitschen und der Karneval

Cabral macht einen beschaulichen Eindruck, die Luft ist staubig, die Sonne brennt meist erbarmungslos. Benannt ist das 1907 gegründete Städtchen, 15 Kilometer westlich von Barahona an der Durchgangsstraße zur haitianischen Grenze, nach dem früheren Offizier und Staatspräsidenten (1866–1868) José María Cabral y Luna (1816 bis 1899). Nur einmal im Jahr ist es mit der Beschaulichkeit und Ruhe vorbei, dann knallen in dem 15 000-Einwohner-Ort die Peitschen zum berühmten Karneval von Cabral. Er wird im Gegensatz zu den übrigen Landestraditionen am Ende der Karwoche an den Ostertagen gefeiert und hat seinen Höhepunkt am Ostermontag.

Las Cachúas de Cabral

Nach Beendigung des Karfreitags erobern die Cachúas de Cabral, die gehörnten Unwesen, die wenigen Straßen rechts und links der Durchgangs-

AUTORENTIPP!

WANDERN ZWISCHEN KAFFEE-PLANTAGEN

Die Gegend rund um das Bergdorf Polo ist eine Kaffeeanbauregion. Viele der Plantagen sind zertifiziert für ihren ökologischen Kaffee. Besonders Naturliebhaber kommen auf ihre Kosten bei Wanderungen durch immergrüne Regenwaldvegetation mit Farnen, Bromelien und Orchideen.

Tour 1: Anreise mit dem Vierradfahrzeug und dann eine zweistündige Wanderung bis nach Las Auyamas.
Tour 2: Von Monteada Nueva über Caña Brava bis Cortico de Polo. Durch Kaffeefelder und Nebelwälder führt der 5 Stunden dauernde Wanderweg.
Tour 3: Von Polo nach Mata de Maíz. Maultiertreck zu dem Naturbad.
Tour 4: Quisqueya-Wanderweg von Polo bis zum Río Arriba, dort besteht die Möglichkeit zum Campen.
In der Region stehen auch einfache Hütten zur Übernachtung zur Verfügung.

CIELO de Polo – IDEAC, Yesenia Saud, Tel. 1809/643 4912, 1809/913 15 87, yeseniasaud@gmail.com

Rund um den Ort Polo liegen zahlreiche Öko-Kaffeeplantagen.

DER SÜDWESTEN

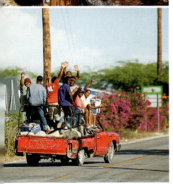

Oben: Dornengestrüpp und Krüppelgewächse dominieren einige Landstriche im Süden.
Mitte: Das Kostümfest der Cachúas wird in Cabral zu Ostern gefeiert.
Unten: Auf dem Land sehen die Transportmittel oft abenteuerlich aus.

straße von Cabral. Mit ihrer Kleidung und den Hörnermasken, denen mit Krepppapier oder anderem Material Haare angefügt wurden, ziehen sie peitschenknallend durch die Straßen. Während sie aber in anderen Landesteilen die *fuetes*, die Peitschen, nur als Krachinstrument knallen lassen oder sie zum gegenseitigen Kräftemessen nutzen, sind in Cabral die Besucher und Einwohner vor dem aus einem Holzstab und einem Strick hergestellten Schlaginstrument nicht unbedingt sicher. Der Ostermontag wird dann mit großem Krach begrüßt, danach ziehen die Cachúas de Cabral peitschenknallend durch den Ort zum Friedhof. Dort wird zum Abschluss eine Puppe als Judas verbrannt, dabei lassen die Cachúas de Peitschen auf den Gräbern stehend knallen, als Symbol, dass die Gerechtigkeit über die Unterdrückung obsiegt.

Der magnetische Punkt der Insel

Kurz hinter dem Ortspark in Cabral zweigt die Landstraße 533 Cabral–Polo in die Berge ab. Zuerst passiert man ein Sand- und Gipswerk, dann wird die asphaltierte Straße steiler. Nach etwa sechs Kilometern gabelt sich die Fahrbahn auf einer Abfahrt, und nach rund 100 Metern steht am rechten Straßenrand ein Hinweisschild »Willkommen am Magnetischen Pol«. Etwa in dieser Höhe sollte man anhalten, den Gang rausnehmen und die Handbremse lösen. Wie von magischen Kräften gezogen bewegt sich das Fahrzeug, den Gesetzen der Schwerkraft trotzend, ohne Motorkraft den Berg hinauf. Eine optische Täuschung allerdings, die aufgrund der beiden parallel verlaufenden Straßen verursacht wird. In Wirklichkeit rollt man einfach nur den Berg hinunter. Die folgenden zwölf Kilometer liegen bereits im Landschaftsschutzgebiet rund um das Kaffeedorf Polo in den Bergen der Sierra de Baoruco. Anhalten lohnt sich wegen des Blicks.

Laguna de Rincón, Cabral, Polo

Infos und Adressen

SEHENSWÜRDIGKEITEN
Laguna de Rincón. Zwei Touren werden angeboten: Ruta Aguática (Bootsfahrten 8–17 Uhr) und die Ruta Guanaconel. Preis: rund 3000 RD$ für bis zu 7 Personen, Ecological Society of Cabral SOECA, Kontakt: Fernando Urbaez, Tel. 1809/524 15 75, E-Mail fernandourbaez31@yahoo.com; Fernando Felix, Tel. 1829/351 1560, tinglar@yahoo.com

ESSEN UND TRINKEN
Comedor D'Luis Cafeteria. Hier gibt es mittags Reis, Bohnen und Fleisch, Carretera 46, Cabral.

La Rocca. Schlichte internationale Küche. Tägl. 8–24 Uhr, Avenida Enriquillo 25, Barahona, Tel. 1809/524 56 88

ÜBERNACHTEN
Übernachtungsmöglichkeiten stehen nur in Barahona zur Verfügung oder einfache Zimmer in Polo.

B&B Polo. Unterbringung bei einer Bauernfamilie. Nur nach Voranmeldung. CIELO de Polo – IDEAC, Yesenia Saud, Tel. 1809/643 4912, 1809/913 15 87, yeseniasaud@gmail.com

Gran Barahona. Schlicht eingerichtet, nachts manchmal sehr stark frequentiert. Calle Jaime Mota 5, Barahona, Tel. 1809/524 24 15

Aussichtsturm der Naturschutzbehörde an der Laguna de Rincón

Ein Plätzchen für Gepäck und Passagiere findet sich noch auf jedem Lastwagen.

Guarocuya. Die Grandezza sieht man noch an einigen Stellen des staatseigenen Betriebs, dafür preiswert. Avenida Enriquillo 15, Barahona, Tel. 1809/524 28 80

Hotel Costa Larimar. Die beste Option im Ort. Avenida Enriquillo 6, Barahona, Tel. 1809/524 11 11, www.hotelcostalarimar.com

EINKAUFEN
In La Lista verkaufen viele Familien selbst geflochtene und gezimmerte Stühle direkt am Straßenrand, die für europäische Geschmäcker aber reichlich unbequem sind.

VERANSTALTUNGEN
Festicafé. Das Festival des organischen Kaffees findet jedes Jahr im Oktober hier, einem Zentrum des ökologischen Kaffeeanbaus, statt.

Polo, www.festicafe.org, www.polodigital10.blogspot.de. Ein konkretes Datum gibt es nicht, aber auf diesen beiden Websites gibt es immer die Ankündigung.

INFORMATION
ww.gobarahona.com

DER SÜDWESTEN

49 Barahona, Costa Azul
Entlang der dominikanischen Riviera

Von Barahona aus lässt sich in Tagestouren die dominikanische Riviera erkunden. An der felsigen Küste mit kleinen verträumten Stränden liegen kleine Hotels, aber auch naturverbundene Ökolodges, die allen Luxus offerieren. Und im Landesinneren der südlichen Halbinsel gibt es innerhalb des Naturschutzparks Jaragua zahlreiche Wandertrails mit einfachen Hütten und Campingmöglichkeiten.

Barahona könnte eine Städtepartnerschaft mit Berlin eingehen. Was der BER-Flughafen in Berlins Süden, das ist für Barahona der Flughafen am Nordrand der Stadt: ein Planungsfiasko. Der Aeropuerto International María Montez (1912–1951) ist nach der Hollywood-Schauspielerin benannt, die in der Stadt geboren wurde. Mit viel Tamtam eröffnet, schieben jeden Tag Zoll- und Grenzbeamte ihren Dienst im Gebäude, nur landen keine Flugzeuge – ein Geisterflughafen.

Der spektakuläre Blick zurück auf die dominikanische Riviera ist atemberaubend.

> ### MAL EHRLICH
> **VORSICHT UNTERSTRÖMUNG!**
> Die Anwohner wissen es, aber vielen, auch dominikanischen Touristen, ist nicht bekannt, dass die steinige Küste mit ihren kleinen Badebuchten bei stürmischer See wegen ihrer gefährlichen Unterströmung tückisch ist. Besonders in Baoruco, La Cienaga und San Rafael ist bei Wellengang besondere Vorsicht geboten, zumal an keinem der Strände und Buchten Warnschilder oder -flaggen auf die Gefahren hinweisen.

Barahona, Costa Azul

Historische Perle – die Hafenstadt Barahona

Barahona, die »Perle des Südens«, wie sie sich gern nennt, liegt am Eingang zur südlichen Halbinsel Baoruco. Als die Spanier Ende des 15. Jahrhunderts die Insel entdeckten, gehörte die Region rund um das heutige Barahona zum Herrschaftsbereich Jaragua, der vom Kaziken Bohechío regiert wurde. Nach dem Ende des Taíno-Aufstandes unter dem Kazikensohn Enriquillo im Jahr 1533 geriet die Gegend, weil sie aufgrund des trockenen Klimas und der Unfruchtbarkeit des Bodens wenig landwirtschaftliche Erträge versprach, in Vergessenheit. Erst während des Befreiungskrieges der Sklaven gegen die Franzosen 1802 errichtete der Rebellengeneral François-Dominique Toussaint Louverture, der »Schwarze Napoleon« (1743 bis 1803), an der Südküste einen Militärposten, um den sich nach und nach eine Wohnsiedlung gruppierte, die die Wiege der offiziell als Santa Cruz de Barahona genannten Stadt bildete.

Zuckerraffinerie und andere Sehenswürdigkeiten

Wirkliche Bedeutung erhielt der Ort wieder durch die Intensivierung des Zuckerrohranbaus unter dem Diktator Trujillo. Während der Erntezeit vom Frühjahr bis Mittsommer sieht man deutlich die Rauchfahne über dem »Ingenio Azucarero« im Norden des Malecón, der Uferstraße, wenn die süßen Stangen zu Rohzucker verkocht werden. An die Trujillo-Ära erinnert der Arco de Triunfo, der Triumphbogen, der Besucher begrüßt. Aus der gleichen Epoche, 1948 gebaut, ist die Kathedrale des Ortes Nuestra Señora del Rosario mit ihrem klobigen Glockenturm. Mit dem gewaltsamen Ende von Trujillo endete auch das Goldene Zeitalter von Barahona.

Oben: Für Wanderer ist die Region rund um Barahona ideal.
Mitte: Auf engstem Raum gibt es in diesem Einkaufszentrum en miniature alles wie im Kaufhaus.
Unten: Auf dem Markt von Barahona werden Obst und Gemüse aus der Umgebung angeboten.

AUTORENTIPP!

DER MEERBLAUE STEIN

Die einzige Fundstelle des hellblauen, türkisblauen, grünlich bis weißen farbigen Larimars befindet sich in den Bergen der Sierra Baoruco. In La Filipina holen Bergleute den »blauen Pektolith« mit Spitzhacken aus dem Stein. Entdeckt wurde das Vorkommen von einem Mitglied des US-Peace-Corps, der unpolierten Stein zu einem Kunsthandwerker brachte. Dieser war so begeistert, dass er den Stein »Larimar« taufte, ein Akronym, gebildet aus dem Namen seiner Tochter Larissa und der meerblauen Farbe des Meeres (span. mar). Heute ist der in vielen Blau-Weiß-Tönen glänzende Stein das emblematische Schmucksouvenir der Dominikanischen Republik. Es gibt ihn poliert und in Gold oder Silber gefasst als Ringe, Ohrringe, Arm- oder Halsketten. Ecotours bietet Touren zu den Larimarminen in La Filipina an.

Ecotour Barahona. Calle Enriquillo, Edificio 7, Planta 2, Paraíso, Tel. 1809/243 11 90, www.ecotourbarahona.com

In den Bergen wird der Halbedelstein Larimar in Stollen gebrochen.

DER SÜDWESTEN

Die Steinbrüche von La Filipina und der Larimar

Touristen kommen heute in die Stadt, um die Naturschönheiten des Umlandes zu genießen. Am südlichen Rand beginnt auf der Carretera 44 ein rund 70 Kilometer langer Küstenabschnitt, der die östliche Begrenzung der Sierra Baoruco bildet, in der der beste Kaffee des Landes, meist in Bioqualität, angebaut wird. In El Arroyo, etwa bei Kilometer 10 steht ein kleines, schnell zu übersehendes Hinweisschild nach La Filipina.

In dem etwa 13 Kilometer entfernten, auf 1000 Metern Höhe gelegenen Ort in den Bergen wird Larimar unter vorsintflutlichen Arbeitsbedingungen aus dem Fels gebrochen. Der Halbedelstein kommt nur in dieser Gegend vor und ist aufgrund seiner bläulichen Färbung als Mitbringel aus einem Urlaub in der Dominikanischen Republik sehr beliebt. Ohne vierradgetriebenes Fahrzeug sollte man die unbefestigte Bergpiste jedoch nicht befahren. In El Arroyo gibt es direkt am Abzweig einige Larimar-Schleifereien, in denen man den Schleifern nicht nur über die Schulter schauen, sondern auch unbearbeitete und bearbeitete Stücke des Pektoliths kaufen kann.

Die dominikanische Riviera

Kurz hinter El Arroyo liegt Baoruco. Rechter Hand geht es knapp 100 Meter auf eine Anhöhe, auf der die luxuriöse Tropical Lodge Casa Bonita liegt. In dem Straßendorf am Strand lebt die Mehrheit der 2500 Bewohner vom Verkauf der schneeweißen und pechschwarzen Steine, die dort von den Flüssen aus den Bergen angeschwemmt werden. Hinter La Cienaga öffnet sich der Küstenblick auf den lang gezogenen Strand mit feinem Kies von San Rafael, einem kleinen Ort. Nach etwa einem

Barahona, Costa Azul

Wandertouren auf der Halbinsel Jaragua

Innerhalb des 3500 Quadratkilometer großen Nationalparks Parque Nacional Sierra de Baoruco bieten Bauernorganisationen und -genossenschaften mehrere Wanderungen an, die von einem kundigen Führer begleitet werden. Die Übernachtungen finden in Lodges, Hütten, Zelten oder in Privathäusern statt.

RUND UM CACHOTE

Route 1: Cachote – La Guázara (6 Std.). Durch das Tal des Baoruco-Flusses, zwischen Kaffeeplantagen und durch Regenwald hindurch bis zum Weiler La Guázara, Campingplatz vorhanden.

Route 2: Cachote – La Filipina (3 Std.). Wanderung zu den unterirdischen Larimar-Steinbrüchen.

Route 3: Cachote – Baoruco (5 Std.). Abstieg durch Bergfalten, -schluchten entlang des Río Baoruco bis an die Küste von Baoruco. Hotels vorhanden.

Route 4: Cachote – Monteada Nueva – Polo (6 Std.). Entlang des Cortico-Flusses geht es über einen Wanderpfad zur Loma Trocha de Pey, von dort nach Monteada Nueva und Polo. Am Ausgangsort und Endpunkt gibt es einen Campingplatz und Übernachtungsmöglichkeiten.

Veranstalter: Microempresa Ecoturistica de Cachote, Kontakt: Martiano Moreta, Tel. 1809/899 47 02, E-Mail: ecoturismocomunitariocachote@yahoo.com

VON DER KÜSTE IN DIE BERGE

Route 1: Charco Blanco – Villa Nizao (5 Std.). Von Paraíso aus geht es zu einer Öko-Kaffeeplantage bis zur Badestelle von Villa Nizao. Übernachtungsmöglichkeiten in Paraíso. Veranstalter: Ecotour Barahona. Calle Enriquillo, Edificio 7, Planta 2, Paraíso, Tel. 1809/243 11 90, www.ecotourbarahona.com

Route 2: Paraíso – Riosito (2 Std.). Der Weg zum Wasserfall ist für Vogelbeobachter interessant. Übernachtungsmöglichkeiten in Paraíso und Riosi-

to. Veranstalter: Asociación de Guías Ecoturisticos de la Sierra de Baoruco (ASOGUIEPA), Tel. 1809/243 12 11, E-Mail: asoguiepa@yahoo.com

Route 3: Paraíso – Barrio Nuevo – La Cuba (8 Std.). Reitausflug. Veranstalter: Ecotour Barahona. Calle Enriquillo, Edificio 7, Planta 2, Paraíso, Tel. 1809/243 11 90, www.ecotourbarahona.com

AUTORENTIPP!

NATURSCHUTZGEBIET LAGUNA DE OVIEDO

Nur durch einen schmalen Landstreifen ist die Lagune von Oviedo vom Meer getrennt. Der Salzsee misst in der Länge gut 15 und an der breitesten Seite fast drei Kilometer. Er ist nur etwa 1,5 Meter tief. Auf 28 Quadratkilometer verteilen sich 24 Inselchen, die vielen Wasservögeln als Brutstätte dienen. In den Mangroven und dem sumpfartigen Ufergelände tummeln sich Krebse und Fische. Die Lagune ist der Lebensraum der größten Flamingokolonie auf Hispaniola. Daneben können Vogelfreunde Löffler, Weißscheiteltauben und Enten sowie Silber-, Blau- und Mangrovenreiher beobachten.

Laguna de Oviedo. Tägl. ab 8 bis circa 15 Uhr, die beste Tageszeit ist morgens, Sonnen- und Mückenschutz sowie Trinkwasser mitnehmen, ein Boot für maximal acht Personen kostet 2000 RD$, Carretera 44, 10 km hinter Juancho nach links am Hinweisschild Laguna de Oviedo abbiegen, Guía Melvin, Tel. 1829/305 16 86.

An der dominikanischen Riviera gibt es zahlreiche Badestellen.

DER SÜDWESTEN

Kilometer beginnt sich die Straße hinter einer Brücke in die Höhe zu winden. Rechts liegt der Wasserfall des Río San Rafael, der dort in mehreren Kaskaden Richtung Meer stürzt. Die Naturterrassen sind ein beliebter Badeort für die Bewohner der Umgebung. Auf dem Bergrücken befindet sich eine Parkbucht, von der man einen atemberaubenden Panoramablick auf die nördlich gelegene Küste von San Rafael und die folgende Straße der Südküste hat.

Rasten in Los Patos

Über Paraíso, einem malerisch gelegenem Fischerörtchen, gelangt man nach Los Patos, einem gut geeigneten Ort für einen ausgedehnten Stopp direkt am Meer. Rechts der Carretera 44 entspringt am Berghang direkt neben der Straße der kürzeste Fluss der Dominikanischen Republik, der von der Quelle bis zu seiner Mündung im Meer noch nicht einmal 500 Meter misst. In Los Patos wurden die glasklaren und sauberen Gewässer des Enten-Flusses kurzerhand aufgestaut und dienen so als Naturschwimmbecken und Freiluftbad. Am Wochenende tummelt sich hier Gott und die Welt, aber an Wochentagen haben die Touristen den »Badeort« Los Patos für sich allein. Mehrere Garküchen und Terrassenrestaurants haben sich etabliert. Wer Essen und Getränke bestellt, kann die Liegen und Tische der jeweiligen Lokale so lange nutzen, wie er möchte.

Vorbei an kleinen Fischerdörfern und Steinstränden erreicht man auf der Panoramastraße bald Playa Enriquillo und die Ortschaft Juancho, hinter der die Straße nach Westen Richtung Oviedo abknickt. In dieser Kurve muss man links abbiegen. Der Weg führt zum Empfangszentrum der Naturschutzbehörde in der Laguna de Oviedo, einer Salzlagune, die dreimal so salzig ist wie das Meer.

Barahona, Costa Azul

Infos und Adressen

SEHENSWÜRDIGKEITEN
La Ruta del Café de la Mami. Tägl. ab 8 Uhr, Los Patos, Tel. 1829/815 59 40

ESSEN UND TRINKEN
Brisas del Caribe. Top-Restaurant am Malecón mit empfehlenswerter Cazuela de Mariscos, Carretera Batey Central No. 2/Avenida Joaquín Balaguer, Barahona, Tel. 1809/524 27 94

Comedores. Mehrere kleine Garküchen bieten frischen Fisch direkt am Strand. Tägl. 8–22 Uhr, Los Patos

ÜBERNACHTEN
Casa Bonita Tropical Lodge. Das ehemalige private Ferienhaus bietet Superluxus in einsamer Lage mit Meerblick. Carretera Pedernales km 17, Baoruco, Tel. 1809/540 59 08, www.casabonitadr.com

Casablanca. Susanna Knapp führt das kleine Hotel, in dem die Gäste am gemeinsamen Tisch beim Abendessen sitzen. Campo El Suizo, Carretera Barahona-Paraíso, km 10, Juan Esteban, Tel. 1829/740 12 30, www.hotelcasablanca.com.do

Hotel El Quemaito. Kleine familiäre Ferienanlage zum Ausspannen. Carretera Barahona-Paraíso, km 10, Juan Esteban, Tel. 1809/649 76 31, www.hotelelquemaito.com

Juanas Fische: Frisch gefangen können sich die Käufer ihre Ware selbst aussuchen.

La Mami River Beach House. Strandhaus für 2 bis 4 Personen, das zur Bio-Kaffeplantage »Finca de la Mami« gehört. Carretera de Enriquillo/Pedernales, Los Patos, Tel. 1829/815 59 40, www.cafedelamami.net

Playazul. Bungalows oberhalb einer kleinen Bucht. Carretera Barahona-Paraíso, km 7, Barahona, Tel. 1809/424 53 75, www.playazulbarahona.com

Rancho Platón Eco-Adventura. Elegante und komfortable Blockhütten und ein Baumhaus sind vorhanden. Carretera nach Cachote, ab Paraíso den Hinweisschildern in die Berge folgen, Tel. 1809/383 18 36, www.ranchoplaton.com

AKTIVITÄTEN
Ecotour Barahona. Ausflüge zur Laguna de Oviedo, nach Cachote und in die Sierra de Baoruco. Calle Enriquillo, Edificio 7, Planta 2, Paraíso, Tel. 1809/243 11 90, www.ecotourbarahona.com

INFORMATION
www.gobarahona.com

Das Boutiquehotel Casa Bonita ist für seinen Luxus mit Meerblick und seine Naturkost bekannt.

DER SÜDWESTEN

50 Pedernales, Bahía de las Aguilas
Das Ende der Republik

Rund um Pedernales regiert Trockenlandschaft mit einer Durchgangsstraße, an deren Rand nur dorniges Gestrüpp, Kakteen und Savannenlandschaft zu finden sind. In der Grenzstadt im Südwesten endet die Dominikanische Republik. Über 300 Kilometer liegen zwischen Santo Domingo und Pedernales. Touristen verlaufen sich nur selten in die abgelegene und schwer erreichbare Ortschaft, dabei liegt hier die schönste Badebucht des Landes.

Pedernales ist die südwestlichste Stadt der Dominikanischen Republik, direkt an der Grenze zu Haiti. Als Grenzort wurde sie auch geplant, gebaut und 1927 wegen ihrer schönen Lage auf den Namen Santa Bahía getauft. Allerdings wurde die »Heilige Bucht« bereits sechs Jahre nach der Stadtgründung in Pedernales unbenannt, dem Namen für die feinen Kieselsteine, die man im gleichnamigen Fluss findet, der sich genau auf der Grenze ins Meer ergießt. Heute leben 15 000 Menschen in der regenarmen Region, zwei Drittel davon im Stadtgebiet.

Einkaufen auf dem binationalen Markt

Von der Avenida Duarte zweigt auch der Weg zur Grenze ab, der zuerst Calle 27 de Febrero und dann Carretera Anse-à-Pitre heißt. Kurz vor der Furt durch den Río Pedernales, der genau die Grenze zwischen den beiden Republiken bildet, befindet sich linker Hand eine große Markthalle, die montags und freitags Zentrum eines binatio-

Mitte: An der haitianischen Grenze bei Pedernales regnet es selten.
Unten: Die Baumallee am östlichen Ortsrand von Pedernales wirkt wie ein grüner Tunnel.
Rechte Seite: Haitianische Fischverkäuferinnen hoffen auf den großen Fang.

nalen Marktes ist, in dem sich vor allem Bewohner der haitianischen Grenzstadt Anse-à-Pitre mit Lebensmitteln versorgen, während dominikanische Käufer gerne in den riesigen Bergen von billiger Gebrauchtkleidung wühlen, die dort zum Kauf angeboten wird.

Mit dem Fotografieren sollte man jedoch vorsichtig sein, denn viele der »Haitianos« genannten Grenzgänger haben etwas dagegen, fotografiert zu werden. Manche verlangen Geld, bevor sie sich ablichten lassen. Fragen ist allemal angesagt, um Stress zu vermeiden.

Die Grenzstadt Anse-à-Pitre

Umsicht beim Fotografieren sollte man auch beim Besuch der in Haiti liegenden Kleinstadt Anse-à-Pitre walten lassen. Einfach für Touristen, denn die dominikanischen Grenzschützer und auch die haitianischen Zollbeamten haben selten etwas dagegen, wenn Ausländer freundlich fragen, ob sie den nur Fußgängern und Motorradfahrern offenen Kontrollposten mit seiner schmalen Brücke passieren können. Vorsichtshalber sollte man jedoch Kleingeld in Pesos und US-Dollar sowie eine Kopie seines Reisepasses mitführen.

AUTORENTIPP!

DER DÄUMLING

Im Volksmund wird der Winzling »Zwergdrachen« genannt. Ein wirklicher Däumling, denn er misst gerade mal 1,6 Zentimeter, daumennagelgroß. Entdeckt hat den urzeitlich aussehenden Kugelfingergecko mit dem wissenschaftlichen Namen *Sphaerodactylus ariasae* oder *Sphaero Jaragua* ein Biologenteam aus Puerto Rico und den USA. Blair Hedges von der Pennsylvania State University und Richard Thomas von der Universidad de Puerto Rico wurden durch Zufall auf den Zwergdrachen im Hoyo de Pelempito aufmerksam und entdeckten damit das bisher kleinste Reptil der Dominikanischen Republik. Inzwischen wurden weitere Exemplare auf der an der dominikanischen Südwestküste gelegenen Insel Beata gefunden, allerdings ist der Drachenwinzling inzwischen vom Aussterben bedroht.
www.caribjsci.org

AUTORENTIPP!

ISLA BEATA

Die Insel Beata liegt sieben Kilometer südwestlich vom Cabo Beata, dem südlichsten Punkt der Insel Hispaniola. Auf dem relativ flachen Eiland aus Korallenkarst von 27 Quadratkilometern Fläche befinden sich eine kleine Marinestation der dominikanischen Küstenwache und ein provisorisches Dorf, in dem etwa 50 Fischer wohnen. Während der Trujillo-Diktatur gab es auf Beata ein Konzentrationslager, in dem zahlreiche Gegner des Präsidenten den Tod fanden. Allein die Anfahrt ist ein Erlebnis. Zuerst geht es etwa eine Stunde entlang der Bahía de las Aguilas bis zum Cabo Beata, die Strecke auf freier See dauert dann noch einmal so lang. Deshalb sollte man auch sehr frühzeitig starten, spätestens um sieben Uhr und sich mit ausreichend Wasser, Moskito- und Sonnenschutz ausrüsten.

Santiago, der Eigner des Restaurants in Cabo Rojo, bietet die Tour an. Preis circa 300 Euro für maximal vier Personen.

Ausladend ist die grüne Blätterkrone des Mangobaums.

DER SÜDWESTEN

Die rund 28 000 Einwohner der Stadt leben hauptsächlich vom Fischfang vor der Küste des Landes, vom Handel und der Holzindustrie. Jedoch ist dieser Industriezweig in »Ayiti« aufgrund der abgeholzten Gebirge in der Krise. Wer durch Anse-à-Pitre spaziert, fühlt sich nach seinem bisherigen Aufenthalt in der Dominikanischen Republik in einer anderen Welt, einem anderen Kontinent. Wer Glück hat und diese Kunst liebt, kann vielleicht bei den fliegenden Händlern aus alten Ölfässern kunstvoll hergestellte Eisenarbeiten erwerben. Ansonsten ist das für Touristen interessante Kaufangebot mehr als spärlich, aber der visuelle Eindruck entschädigt dafür.

Bauxit und Las Mercedes

Rund um Pedernales wurde früher von der Alcoa-Companie in großem Umfang Bauxit, der Rohstoff für die Aluminiumherstellung, abgebaut. Allerdings sind die Vorkommen soweit erschöpft, dass sich der Tagebau nicht mehr rentiert. Die Spuren und Hinterlassenschaften sieht man jedoch noch immer. Die von Alcoa gebaute schnurgerade Asphaltpiste in die Berge der Sierra de Baoruco, die knapp zwölf Kilometer hinter Pedernales auf der Straße nach Oviedo beginnt, führt nicht nur an dem alten Bauxittagebaugelände vorbei, sondern direkt ins heutige Naturschutzgebiet. Während rund um Pedernales die Temperaturen zur Mittagszeit bis auf 35 Grad klettern können, genießt man in der Bergregion angenehme 18 Grad. Nach etwa 27 Kilometern erreicht man Las Mercedes in rund 400 Metern Höhe über dem Meeresspiegel. Rund um das kleine, malerisch gelegene Bergdorf leben viele Vögel und deshalb ist das Örtchen bei Vogelbeobachtern bekannt und beliebt. In der Umgebung von Las Mercedes wird auch Travertin (*Lapis tiburtinus*) abgebaut. Der poröse, helle Kalkstein mit gelblicher bis bräunli-

Pedernales, Bahía de las Aguilas

Rundgang Grenztrip und Entdeckungsreise

Die Tour ist nur mit einem Allradantriebfahrzeug zu bewältigen, aber relativ einfach, weil es nur einen befahrbaren Weg gibt, der parallel zur Grenze zwischen der Dominikanischen Republik und Haiti im Westen verläuft. Die Fahrt dauert rund acht Stunden mit Aufenthalt. Man sollte früh aufbrechen, den Wagen vollgetankt haben und genügend Trinkwasser und Essen mitnehmen.

A Man verlässt Pedernales über die Hauptstraße Richtung Norden, die anfänglich genau am Río Pedernales entlangführt, in Richtung des Weilers El Banano. Eine kleinere Furt muss dabei durchquert werden.

B Am Abzweig in El Banano bleibt man jedoch auf dem Hauptfahrweg. Das Gebäude der Grenzwache aus schweren Steinen liegt wie ein Adlerhorst mit kilometerweit freiem, wunderbarem Blick auf die haitianische Landschaft zu Ihren Füßen. Dort muss man sich ausweisen. Am besten Kopien der Reisepässe und der Fahrzeugpapiere mitnehmen.

C Es geht weiter durch Waldgebiete, die von landwirtschaftlicher Nutzfläche an den Berghängen unterbrochen werden. Die meisten Arbeiter auf den Feldern kommen als Tagelöhner aus Haiti. Ab und an sieht man auch Maultierkarawanen, die Holz zur Holzkohleverarbeitung abtransportieren.

D Für diejenigen, die mit GPS arbeiten, liegt das Bergdorf Los Arroyos auf 18°15'00.0"N; 71°44'00.0"W. Der Weiler wird mehrheitlich von Bauern bewohnt, dazu kommen die Grenzgänger,

Rote Erde: In der Nähe von Pedernales wird der Aluminiumgrundstoff Bauxit abgebaut.

die aus der Region um die haitianische Kleinstadt Thiotte kommen, weil sie dort keine Arbeit finden.

E Der Weg windet sich nach Los Arroyos bis fast auf 2400 Meter Höhe hinauf. Nebelschwaden ziehen immer wieder am Wegesrand vorbei. Steile Terrassenfelder dominieren.

F In El Aguacate befindet sich eine kleine Garnison. Auch dort kontrollieren die Beamten der Grenzpolizei oft die Papiere.

G Hinter der letzten Grenzstation wird die Landschaft flacher, Felder dominieren, die Bewaldung wird dünner. Von El Aguacate gelangt man dann über El Naranjo und Puerto Escondido nach Duvergé, einer Kleinstadt am Südufer des Lago Enriquillo. Zum Übernachten muss man weiter nach Jimaní oder Barahona fahren.

DER SÜDWESTEN

Oben: Am Strand von Cabo Rojo trifft man selten andere Touristen.
Mitte: In der Savannenlandschaft rund um Pedernales wachsen zahlreiche Kakteenarten.
Unten: Riesenfrachter laden Bauxit, während die Fischer am Strand ihre Boote parken.

cher Einfärbung ist bei Innenarchitekten in der Dominikanischen Republik sehr beliebt zur Gestaltung von Wohnungen.

El Hoyo de Pelempito

Nach zwölf Kilometern erreicht man dann in etwa 1800 Metern Höhe das Besucherzentrum des Hoyo de Pelempito mitten im Parque Nacional Sierra de Baoruco. Hier kann man Wanderführer buchen, die einem die Gegend mit ihren Wanderpfaden zeigen. Das Loch von Pelempito, das man nach einem Fußweg von 15 Minuten erreicht, ist eine Bergsenke, die abrupt auf einer Länge von sieben Kilometern rund 700 Meter tief eingebrochen ist. Aufgrund von tektonischen Verschiebungen der Erdplatten findet man dort geologische Besonderheiten: Die Senke bietet drei verschiedene Klimazonen auf sehr kleinem Raum. Während auf dem Grund subtropische Temperaturen herrschen und ein Trockenwald mit Kakteen dominiert, wandeln sich Baumbestand und Flora mit zunehmender Höhe. Auf der Anhöhe findet man zum Teil Nebelwald.

Pinien, Baumratten und die Karibische Nachtigall

Am Hoyo de Pelempito wachsen neben Agaven, die hier auch im Schatten gedeihen, zartstämmige Palmen, die nur auf der Hispaniola-Insel vorkommen, ebenso wie die dominikanische Pinie. Von den registrierten 1434 Pflanzenarten findet man fast ein Drittel rund um die und in der Senke. Daneben leben hier die Stachelschweinen ähnlichen Jutías, sogenannte Baumratten, insektenfressende Schlitzrüssler (*Solenodon paradoxus*), der dominikanische, bunt gefiederte Barrancoli (*Todus subulatus*), Raben und die Karibische Nachtigall, die auch am Tage singt.

Pedernales, Bahía de las Aguilas

Cabo Rojo – das Rote Kap

Östlich von Pedernales am Strand liegt Cabo Rojo. Der Abzweig von der Carretera 44 liegt genau an der Kreuzung, deren Weg nach links in die Berge führt. Nach kurzer Fahrt passiert man zuerst die Rollbahn des kleinen Flughafens, wenig später den Hafen Cabo Rojo. Die Erde ist aufgrund ihres Bauxitgehalts rot gefärbt und geht langsam in das Weiß des Korallensandes über, der sich vom Hafen bis zum 3,5 Kilometer entfernten »Roten Kap« hinzieht. Die Gegend steht unter Naturschutz. Cabo Rojo ist im wahrsten Sinne das Tor zu der schönsten Badebucht des Landes.

Rechts das türkisfarbene Meer, das durch einen schmalen Wald von Strandtrauben- und -mandelbäumen verdeckt wird, linker Hand liegen karibisch-bunte Hütten für die knapp Hundert Bewohner des Weilers. Die Ansammlung von Häusern nennt sich La Cueva, denn bis 2007 wohnte die Mehrheit der Anwohner noch unter dem riesigen Felsüberhang. Mit der Umsiedlung aus dem gefährlichen Wohnort hat die Regierung den Fischern auch Lizenzen erteilt, um mit ihren Booten Touristen in die Naturschutzzone der Adlerbucht zu bringen. Die Ablegestelle befindet sich an dem Freiluftrestaurant Rancho Tipico Cueva de las Aguilas.

Die große Fechterschnecke

Die Mehrheit der Anwohner von La Cueva in Cabo Rojo lebt nach wie vor vom Fischfang. An der Küste finden sie nicht nur Fische, sondern auch Lambí, die sogenannte Große Fechterschnecke (*Lobatus gigas*). Für viele Gäste ein etwas gewöhnungsbedürftiger Gedanke, aber aus ihrem Fleisch wird in dominikanischen Haushalten ein köstliches Ragout gekocht, und Männer sagen dem leicht

AUTORENTIPP!

MELONENKAKTEEN UND STACHELGEWÄCHSE

Der Naturschutzpark Jaragua erstreckt sich nicht nur über den südwestlichen Zipfel der Dominikanischen Republik, sondern umfasst auch das gesamte Küstengebiet. Der Parque Nacional Jaragua ist 1536 Quadratkilometer groß, wovon rund 900 Quadratkilometer vor der Küste liegen. Geprägt ist der nach einem Kazikentum benannte Park von einer regenarmen Karstlandschaft, in der Pflanzen dominieren, die mit wenig Wasser auskommen. Besonders Kakteen und Dornensträucher haben sich mit den trockenen Bodenverhältnissen arrangiert. Bemerkenswert sind die Melonenkakteen, die es lieben, in Gruppen zu stehen. Die Provinzhauptstadt Pedernales hat den kugeligen Stachelgewächsen ihren lateinischen Namen gegeben: *Melocactus pedernalensis*. Im Naturschutzpark wurden auch die ältesten Beweise menschlicher Ansiedlungen (2590 v. Chr.) gefunden.

Grupo Jaragua. Centro Comunitario Amaury Villalba, Calle Paseo Mondesí 4, Oviedo, Pedernales,
Tel. 1809/472 10 36,
www.grupojaragua.org.do

Melonenkakteen schützen sich mit Stacheln gegen Tierfraß.

DER SÜDWESTEN

Oben: Die Bucht Bahía de las Àguilas gehört zum UNESCO-Weltkulturerbe.
Unten: Für Tagesbesucher ist der Zugang zur Adlerbucht auch mit dem Motorboot erlaubt.

zähen Fleisch aphrodisierende Wirkung nach. Die Schneckenhäuser, die zwischen 15 und 35 Zentimeter messen können, sind ein beliebtes Souvenir.

Die Traumbucht Bahía de las Aguilas

Von Cabo Rojo, das noch über einen Colmado (tagsüber Laden, abends Kneipe) und einen Souvenirstand verfügt, führt eine kleine Straße den Felsen hinauf, der Weg zur berühmten Bucht. Die Weiterfahrt mit einem vierradgetriebenen Fahrzeug ist zwar möglich und wird geduldet, gerne gesehen wird das jedoch nicht. Nach dem Wärterhaus der Umweltschutzbehörde liegt dann die von der UNESCO zum Weltnaturerbe erklärte Bahía de las Aguilas vor einem: ein Traum von einer Badebucht. Wie eine Mondsichel wölbt sie sich leicht nach rechts. Ein schmaler Strand, an dem es kaum Schatten gibt, dessen weißer Sand aber beeindruckt, zieht sich über fast zwölf Kilometer hin. Dahinter liegt die wesentlich kleinere, aber nur zu Fuß oder per Boot erreichbare Playa Blanca.

Das Naturjuwel verfügt über ein vorgelagertes Korallenriff, das heftige Dünung abhält, und das Wasser ist kristallklar und schimmert in verschiedenen Türkis- und Blautönen. Am Anfang der Bucht hat die Naturschutzbehörde einen Aussichtsturm und eine Anlegestelle errichten lassen. Das dient als weit sichtbarer Orientierungspunkt und Schattenspender für die Besucher zugleich. Attraktion in den Sommermonaten sind vor allem die Karett- (*Eretmochelys imbricata*) und Lederschildkröten (*Dermochelys coriacea*), die in die Bucht kommen, um ihre Eier abzulegen. Die Nester werden von der Umweltbehörde markiert und überwacht. Pro Nest findet man zwischen 100 und 200 tischtennisballgroße Eier, aus denen nach 57 bis 64 Tagen dann die Jungtiere schlüpfen.

Pedernales, Bahía de las Aguilas

Infos und Adressen

SEHENSWÜRDIGKEITEN
Hoyo de Pelempito. Besucherzentrum 8–16 Uhr, 100 RD$

ESSEN UND TRINKEN
Restaurante Bar El Padrino. La Bandera: Reis, Bohnen, Fleisch. Tägl. 8–23 Uhr, Avenida Libertad, Pedernales

Cafetería Comedor Perla Negra. Das schlichte Essensangebot kann man sich selbst am Büfett zusammenstellen. Mo–Sa 8–18 Uhr, Calle Central, Pedernales

Rancho Tipico Restaurante Cueva de las Aguilas. Fisch, Garnelen, Langusten und Lambí-Ragout sind die Spezialität. Cabo Rojo, Tel. 1809/753 80 58

Comedor Madre. Tagesmenü kann am Büfett zusammengestellt werden. Tägl. 8–22 Uhr, Calle Duarte 10, Pedernales, Tel. 1809/524 02 66

D'Oleo Mendez. Fische sind die Stärken des Hotelrestaurants im Patio. Tägl. 8–23 Uhr, Calle Antonio Duvergé, Pedernales, Tel. 1809/524 04 16

Eine der Spezialitäten in den Restaurants von Cabo Rojo ist pikant gewürztes Lambí-Ragout.

Jalicar. Einfacher Comedor: Reis, Bohnen, Fleisch. Calle Libertad, Einfahrt nach Pedernales, Tel. 1809/524 03 50

Doña Chava. Doña Chava bemuttert ihre Gäste mit exzellentem Essen. Calle 2da., Barrio Alcoa, Pedernales, Tel. 1809/524 03 32

ÜBERNACHTEN
D'Oleo Mendez. Die Zimmer sind um den Patio herum gruppiert. Calle Antonio Duvergé, Pedernales, Tel. 1809/524 04 16, www.hostaldoleo.blogspot.de

El Hostal Doña Chava. Geschmackvoll und bunt eingerichtetes Hotel. Calle Segunda 5, Barrio Alcoa, Pedernales, Tel. 1809/524 03 32

Hotel Pedernal. Funktional eingerichtete Zimmer. Calle Simón Bolívar 1, Pedernales, Tel. 1809/524 02 98

Hostel Adelaida. Sehr einfache Unterkunft. Calle Antonio Duvergé 6, Pdernales, Tel. 1809/524 03 86

Hotel Villas del Mar. Sogar einen Swimingpool gibt es im Patio. Calle Cacique Enriquille 2, Barrio Villas del Mar, Pedernales, Tel. 1809/524 04 48

INFORMATION
www.despiertapedernales.blogspot.de

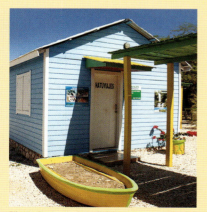

Für die Fischer in Cabo Rojo wurden neue Bewohnerhütten errichtet.

REISEINFOS

Dominikanische Republik von A bis Z 272

Anreise, Autofahren, Botschaften, Busreisen, Drogen, Einkaufen, Ein- und Ausreise, Feiertage, Fremdenverkehrsamt, Geld/Währung, Gesundheit, Inlandsflüge, Internet, Klima/Reisezeit, Notrufnummern, Öffentlicher Nahverkehr, Metro/U-Bahn, Mietwagen, Sprache, Strom, Taxi, Trinkgeld, Telefonieren/Rufnummern, Zoll

Dominikanische Republik für Kinder und Jugendliche 282

Kleiner Sprachführer 284

REISEINFOS

Anreise

Die internationalen Flughäfen sind La Romana (LRM), Puerto Plata (POP), Punta Cana (PUJ), Samaná (AZS), Cibao, Santiago (STI), Las Américas, Santo Domingo (SDQ) und La Isabela, Santo Domingo (JQB). Aus Deutschland (DUS, FRA, MUC) fliegen Condor und Air Berlin nach Puerto Plata (POP), Condor, Air Berlin und TUI von (TXL, DUS, FRA, HAM, MUC) nach Punta Cana (PUJ), Air Berlin, Condor und TUI für AIDA und TUI Cruises (DUS, FRA, MUC) nach La Romana (LRM). Aus der Schweiz von Zürich (ZRH) fliegt Edelweiß in der Wintersaison einmal wöchentlich nach Punta Cana (PUJ). Ebenso nur im Winter startet von Wien (VIE) Condor einmal in der Woche nach Punta Cana (PUJ). Aus dem Rheinland gut zu erreichen ist auch Jetairfly, die von Brüssel (BRU) aus nach Santo Domingo (SDQ) und Punta Cana (PUJ) fliegen. Busverbindungen von den Flughäfen gibt es nur für Pauschalurlauber, Individualreisende können jedoch Transferbusse in ihrem Reisebüro buchen, ansonsten sind sie auf Taxifahrer angewiesen.

Autofahren

Beim Autofahren ist besondere Vorsicht geboten. Abbieger zeigen selten diese Absicht mit dem Blinklicht an, bei manchen Fahrzeugen sind diese Sicherheitsstandards, weil beschädigt, noch nicht einmal vorhanden. Auch mit abrupten Fahrbahnwechseln muss man ständig rechnen. Es existiert zwar ein Rechtsfahrgebot, allerdings interessiert dies niemanden, es wird auch rechts überholt. Auf Nachtfahrten sollte man möglichst verzichten. Nicht wenige Fahrzeuge haben defekte Lichtanlagen, Lastwagen fahren auch nachts ohne Licht auf der Überholspur. Dazu kommen Motorradfahrer, die in Gegenrichtung über die Fahrbahn jagen

Vorangehende Doppelseite: Ein Fährschiff vor Santo Domingo
Oben: Kreuzfahrtschiffe nutzen den Anlegeplatz Sansouci.
Mitte: Der Botanische Garten von Santo Domingo.
Unten: Eigentlich verboten, so zu fahren.

Von A bis Z

oder diese kreuzen. Guaguas (Minibusse) halten plötzlich, weil sie einen Fahrgast erspäht haben, selten nutzen sie dafür die Standspur und fahren an den Straßenrand.

Botschaften

Deutsche Botschaft. Calle Gustavo Mejía Ricart 196, Ecke Avenida Abraham Lincoln, Torre Piantini, Ensanche Piantini, Santo Domingo, D.N., Tel. 1809/542 89 50, www.santo-domingo.diplo.de
Österreichisches Honorargeneralkonsulat. Autopista Duarte, km 11, gegenüber »Alfareria«, Santo Domingo, Tel. 1809/947 78 88, www.cdo-austria.org.do
Schweizer Botschaft. Avenida Jiménez Moya 71, Ecke Calle D. Arias, 2. Stock, Santo Domingo, Tel. 1809/533 37 81, www.eda.admin.ch/santodomingo

Busreisen

Fast alle Städte und Ortschaften des Landes sind mit privaten Überlandbussen zu erreichen, jedoch gibt es keinen zentralen Omnibusbahnhof, sondern die einzelnen Unternehmer betreiben ihren eigenen Autohof. In Santo Domingo findet man die meisten Abfahrtstellen der Busse rund um den Parque Enriquillo, zwischen der Avenida Duarte und der Calle San José.

Überregionale Linien mit modernen Reisebussen:
Caribe Tours. Avenida 27 de Febrero, Ecke Avenida Leópoldo Navarro, Ensanches Miraflores, Santo Domingo, Tel. 1809/221 44 22, www.caribetours.com.do.
Metro Autobuses. Avenida Winston Churchill, Ecke Calle Francisco Prats Ramirez, Ensanches Piantini, Santo Domingo, Tel. 1809/227 01 01, www.metroserviciosturisticos.com

Oben: Abends wird die erste Basilika von Amerika angeleuchtet.
Unten: Mit der Pferdekutsche lassen sich die kolonialen Straßen der Altstadt gut erkunden.

Oben: Das Dominikanische Kolleg der Ingenieure und Architekten (CODIA) ist in einem Jahrhunderte alten Kolonialhaus untergebracht.
Mitte: Die Touristenpolizei CESTUR schützt und informiert Besucher.
Unten: Ambulante Verkäufer bieten ihre Ware »frei Handtuch« an.

REISEINFOS

Drogen

Der Besitz von Drogen wird drakonisch, meist mit mehrjähriger Haft bestraft. Bei der Einreise und der Ausreise werden Koffer und Handgepäck intensiv auch mit Scannern untersucht. Vorsicht ist geboten, wenn Zufallsbekanntschaften um die Mitnahme von Paketen nach Deutschland bitten. Auch der Besitz von Drogen bei Straßenkontrollen zieht eine Festnahme nach sich.

Einkaufen

In den Touristengebieten haben die Geschäfte, vor allem Souvenirläden bis spät in die Nacht geöffnet. Supermärkte öffnen zwischen 8 und 9 und schließen um 20 bzw. 21 Uhr. Colmados, Tante-Emma-Läden, schließen oft erst gegen Mitternacht. In den Städten schließen die meisten Geschäfte gegen 20 Uhr. In den großen Supermärkten und Shopping Malls kann man meistens auch in Fremdwährung (Euro oder US-Dollar) oder mit Kreditkarte bezahlen. In fast allen größeren Supermärkten befinden sich auch Bankfilialen, die um 9 Uhr öffnen und gegen 19 Uhr schließen.

Ein- und Ausreise

Für die Einreise benötigt man einen bei der Ausreise noch sechs Monate gültigen Reisepass sowie ein Touristenvisum. Bei einigen Reiseveranstaltern ist diese Tarjeta de Turista bereits im Preis inbegriffen. Elektronisch kann man sie über www.dgii.gov.do/Tturistaweb bestellen und mit Visa- oder MasterCard-Kreditkarte bezahlen. Bei der Einreise kann sie vor der Passkontrolle für 10 US-Dollar oder 10 Euro gekauft werden. Sie ist maximal 60 Tage gültig. Bei Überschreiten des Zeitraums wird eine »Strafsteuer« bei der Ausreise fällig. Bei der Ausreise ist eine Flughafensteuer in

Von A bis Z

Höhe von 20 US-Dollar zu bezahlen. In den Pauschalreisen und bei vielen Fluggesellschaften ist diese Steuer bereits im Flugpreis enthalten.

Feiertage

1. Januar: *Año Nuevo*, Neujahr
6. Januar: *Los Reyes Magos*, Heilige Drei Könige
21. Januar: *Día de Nuestra Señora de la Altagracia*, Jungfrau der Hohen Gnade, Schutzpatronin des Landes
26. Januar: *Día de Duarte*, Geburtstag des Staatsgründers
27. Februar: *Día de la Independencia*, Unabhängigkeitstag
Viernes Santo, Karfreitag
1. Mai: *Día del Trabajo**
19. Juni: *Corpus Christi*, Fronleichnam
16. August: *Día de la Restauración*, Tag der Wiederherstellung der Unabhängigkeit
24. September: *Día de las Mercedes*, Tag der Barmherzigen Jungfrau Maria
6. November: *Día de la Constitución*, Tag der Verfassung*
25. Dezember: *Día de Navidad*, 1. Weihnachtsfeiertag
* *arbeitsfrei ist jeweils der folgende Montag*

Fremdenverkehrsamt

Das Fremdenverkehrsamt der Dominikanischen Republik ist für Deutschland, Österreich und die Schweiz zuständig. Hochstraße 54, D-60313 Frankfurt, Tel. 0049/69/91 39 78 78, domtur@aol.com, www.godominicanrepublic.com

Geld/Währung

Die offizielle Bezeichnung für die dominikanische Währung, den Peso, ist »DOP«. Preise werden nor-

Oben: Die Einrichtung des Alcazar de Colón besteht aus Antiquitäten aus dem 16. Jahrhundert.
Mitte: Karneval wird im gesamten Land im Februar gefeiert.
Unten: Der Jardín Botánico Rafael Moscoso lockt die Besucher mit Blütenpracht und Wasserspielen.

Oben: Das Zentrum der Heroen hat Diktator Trujillo erbauen lassen.
Mitte: Im Acuario Nacional zeigt sich die Unterwasserwelt der Dominikanischen Republik.
Unten: Palmenhut und Perico Ripiao: Straßenmusiker unterhalten die Besucher.

REISEINFOS

malerweise aber, auch auf Speisekarten, als »RD$« oder »$« ausgezeichnet. Es gibt 20-, 50-, 100-, 200-, 500-, 1000- und 2000-Peso-Scheine sowie 1-, 5-, 10-, 25-Peso-Münzen.

Der derzeitige Umrechnungskurs beträgt 1 US$ = 43,50 RD$, 1 € = 59 RD$. Der Wechselkurs in Banken und Wechselstuben (Cambio) für den Euro ist schlechter als für US-Dollar.

Mit der EC-Karte (ATM) bekommt man an Geldautomaten (*cajero automatico*) einen besseren Kurs. Die Banken daheim kassieren dafür rund 3,50 €, manche Banken berechnen zusätzlich eine Gebühr. Das Tagesmaximum beträgt 10 000 RD. Kreditkarten werden in größeren Hotels und Restaurants akzeptiert. Die Öffnungszeiten für offizielle Bankfilialen sind Mo–Fr 9–16 Uhr.

Gesundheit

In den Touristenzentren existieren hervorragend ausgerüstete Privatkliniken. Auch die Hotels haben eigene 24-Stunden-Krankenstationen. Das Auswärtige Amt veröffentlicht ständig aktualisierte Gesundheitshinweise für die Dominikanische Republik (www.auswaertiges-amt.de). Der Abschluss einer Auslandskrankenversicherung ist ratsam. Die Mehrheit der Privatkliniken akzeptiert Kreditkarten.

Inlandsflüge

Informationen über Inlandsflüge bietet Dominican Shuttle. Über das Portal www.dominican shuttles.com können auch Flüge direkt gebucht werden, Tel. 1809/931 40 73. Der Flug vom Flughafen Punta Cana (PUJ) nach Arroyo Barrill, Samaná wird täglich um 8 Uhr angeboten, Ankunft 8.45 Uhr und kostet derzeit 159 US-Dollar.

Von A bis Z

Internet

In vielen Restaurants und Bars in den Touristenzentren ist WLAN eine Selbstverständlichkeit. In den großen Hotels wird für den Zugang ins Internet jedoch eine manchmal sehr hohe Tagesrate kassiert. Nützliche Informationen findet man auf der Webseite: www.dominican-republic.de.
Die Dominikanische Fremdenverkehrszentrale bietet Reisenden eine eigene App an. »GoDominicanRepublic« kann aus dem App Store oder bei Google Play heruntergeladen und auch offline genutzt werden. Neben einem Reiseführer mit Infos zu allen Regionen bietet die App Informationen über Einkaufsmöglichkeiten, Hotels, Restaurants, Nachtleben und Veranstaltungen.

Klima/Reisezeit

Das Land verfügt über verschiedene Klimazonen, sodass sich generalisierende Aussagen nicht treffen lassen. Allerdings herrschen zwischen November und März die angenehmsten Temperaturen, in diesen Monaten sind auch im Durchschnitt die Regentage seltener, der Regen beschränkt sich ohnhin meist nur auf wenige Stunden am Tag. Von Anfang Juni bis November ist Hurrikansaison. In diesen Monaten kann es zu sehr stürmischen und orkanartigen Winden und Niederschlägen kommen. In den Hotels gibt es entsprechend si-

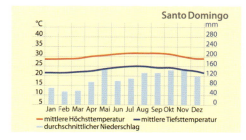

Oben: Feinkörniger Korallensand findet man in den meisten Buchten.
Mitte: Auf den Grund gehen: Taucherausflug vor der Küste von Bayahibe
Unten: Surferzentrum am Strand von Macao

Oben: Auf dem Rücken von Maultieren lässt sich Los Haïtises erkunden.
Mitte: Die Inselchen in Los Haïtises sind Brutstätten von Seevögelkolonien.
Unten: Wasserfälle sind sehr beliebte Ausflugsziele in der Republik.

chere Räumlichkeiten. Der Norden der Insel ist durch die quer verlaufenden Zentralkordilleren im Landesinnern jedoch wesentlich regenreicher als der Süden des Landes. Die durchschnittlichen Tagestemperaturen betragen in den Küstenregionen 27–30 °C, in den dominikanischen Alpen kann diese bis auf 15 °C, in den Wintermonaten sogar auf 0 °C in den hohen Lagen sinken.

Notrufnummern

Polizei/Notruf: 911
Feuerwehr/Rettungsdienst: 911
Sperrnotruf für alle Geldkarten: 11 61 16

Öffentlicher Nahverkehr

Lediglich in den städtischen Ballungsgebieten existiert so etwas wie ein öffentlicher Nahverkehr. Die grünen OMSA-Busse (Oficina Metropolitana de Servicios de Autobuses) verkehren hauptsächlich in Santo Domingo und Santiago auf festgelegten Routen mit festen Haltestellen (www.omsa.gob.do/Portals/0/images/mapa_corredores_metropolitanos.gif). Ansonsten gibt es sogenannte **Guaguas = Minibusse**, die bestimmte Routen durch die Stadt fahren. Abfahrtstelle und Zielpunkt ist meist in der Windschutzscheibe angezeigt, wird aber auch von dem **Cobrador = dem Kassierer**, permanent den potenziellen Kunden

Von A bis Z

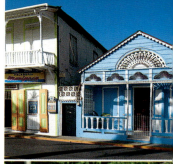

entgegengeschrien oder mit Handzeichen angezeigt. Außerdem gibt es **Carros públicos**, an den farbigen Dächern und Taxischildern ähnlichen Hinweisen erkennbar und für kleinere Strecken auch **Motoconchos = Taximotorräder**. In den Guaguas müssen in der viersitzigen Bank fünf Personen sitzen, in den Carros auf der Hinterbank vier, auf dem Beifahrersitz zwei Personen (Preis derzeit jeweils 25,- RD). Für Überlandstrecken gelten andere Tarife. An den Endhaltestellen fahren die einzelnen Busse erst los, wenn sie voll sind. Zeit muss man schon mitbringen, auch weil die Fahrzeuge langsam fahren und an jeder Ecke manchmal halten, um Passagiere neu aufzunehmen oder aussteigen zu lassen. Es gibt keine festen Haltestellen. Man gibt durch Handzeichen zu verstehen, dass man mitfahren möchte.

Metro/U-Bahn

Santo Domingo verfügt über das erste Metronetz in der Karibik. Die Linie 1 (16 Stationen) verkehrt zwischen dem Centro de los Heroes im Regierungsviertel und der nördlichen Vorstadt Villa Mella in Südnordrichtung. Sie wurde im Februar 2009 eingeweiht. Die zweite Line (14 Stationen) wurde im April 2013 in Betrieb genommen. Sie verkehrt in Ostwestrichtung. Ein Ticket kostet 20,- RD$.

Mietwagen

An allen Flughäfen haben die namhaften, international vertretenen Autovermieter ihre Büros und Standorte. Um ein Fahrzeug mieten zu können, muss man eine Kreditkarte und einen Führerschein vorlegen. Das Mindestalter für Autofahrer beträgt 25 Jahre. Sinnvoll, vor allem preiswerter ist es, sein Fahrzeug bereits vor der Reise per Internet zu buchen. Für die Mietzeit muss eine Kau-

Oben: Blau, grünblau, türkis: Dominikaner lieben bunte Häuser.
Unten: Bauern bringen ihre Produkte oft noch mit dem Esel zum Verbraucher.

REISEINFOS

Oben: Bonao liegt im Zentrum des Landes.
Mitte: Riesenseesterne sieht man im Naturschutzpark des Ostens auf dem Meeresgrund.
Unten: Romantisch unberührt ist das Dorf Boca de Yuma.

tion hinterlegt werden, die über die Kreditkarte abgesichert wird. Die großen Autovermietungen haben den Vorteil, dass sie Ersatzfahrzeuge bei Schäden stellen, bei kleineren Rent-a-cars sollte man sehr genau auf den verkehrssicheren Zustand und auf Karosserieschäden des Fahrzeuges achten.

Sprache

Die Landessprache ist Spanisch. In den Touristengebieten und Hotels ist Englisch durchaus üblich, in einigen gibt es auch deutschsprachige Mitarbeiter. Wörter, die mit einem Vokal, -n oder -s enden, werden meist auf der vorletzten Silbe betont. Worte mit -n-, -s- und Vokalendung, die dennoch auf der letzten Silbe betont werden, werden mit einem Akzent markiert.

Strom

Im normalen Stromnetz beträgt die Spannung 110–120 Volt bei normalerweise 60 Hertz. Die Steckdosen sind für Flachstecker ausgelegt. In einigen Hotels gibt es auch extra ausgezeichnete Steckdosen mit 220–240 Volt, einige sogar mit Rundsteckern. Die Adapter bringt man sich am besten selbst mit. In den Hotelshops gibt es oft auch einfache Adapter zu kaufen. Bei Reisen durchs Land muss man immer mit Stromausfällen oder Stromschwankungen rechnen.

Taxi

Vor den Hotels stehen Taxis, die jedoch saftige Preise verlangen. Auf jeden Fall sollte man vor dem Einsteigen über den Preis verhandeln, denn es gibt keine Taxameter. Zuverlässig sind in Puerto Plata und Santo Domingo Taxifahrergenossenschaften, bei denen man das Taxi telefonisch bestellen kann. Aber auch hier ist es ratsam, über

Von A bis Z

den Fahrpreis vorab zu reden. Apolo Taxi,
Tel. 1809/537 00 00 und Aero Taxi,
Tel. 1809/689 12 12

Trinkgeld

Auf der Restaurantrechnung wird neben 16 Prozent Steuern ITBIS (Impuesto a la Transferencia de Bienes Industrializados y Servicios) noch ein 10-prozentiges Bedienungsgeld erhoben. Zusätzlich sind noch einmal zehn Prozent Trinkgeld üblich. Gepäckträger erwarten pro Gepäckstück einen US-Dollar oder den umgerechneten Wert in Pesos. Die Zimmermädchen freuen sich auch über ein Trinkgeld. Etwas Trinkgeld im Voraus sichert guten Service.

Telefonieren/Rufnummern

Die Dominikanische Republik hat drei Ländervorwahlen +1809, +1829 und +1849, die vor der siebenstelligen Rufnummer gewählt werden müssen. Bei Telefonaten von der Dominikanischen Republik nach D, CH und A muss eine 011 vor der Ländervorwahl gewählt werden. Innerhalb einer dominikanischen Stadt kann die 1 vor der 809 bei Hausanschlüssen weggelassen werden, +1829 und +1849 sind meist Handyvorwahlnummern. Bei Auswärtsgesprächen und Anrufen zu Handys muss die 1809/1829/1849 vorgewählt werden. Telefonzellen, die funktionieren, sind sehr selten.

Zoll

Waren in Wert von 430 € dürfen ohne Verzollung aus dem Urlaub nach Deutschland und Österreich eingeführt werden, für Reisende aus der Schweiz beträgt der Freibetrag 300,- SFr. Zollfrei dürfen außerdem 200 Zigaretten, 50 Zigarren oder 1 Liter Rum mitgebracht werden.

Oben: Einfaches Feierabendvergnügen: eine Bude, ein Plastiktisch und ein Bier
Mitte: In Eichenfässern wird der Rum jahrelang veredelt.
Unten: Die Mehrheit der Bewohner von Bayahibe lebt von den Touristen, die zur Insel Saona fahren.

Dominikanische Republik für Kinder und Jugendliche

Allein mit Kind. Wer als Alleinerziehende(r) oder allein in Begleitung von Kindern unter 18 Jahren in die Dominikanische Republik einreist, muss vom anderen Elternteil eine schriftliche Einverständniserklärung, am besten in Spanisch, mindestens aber in Englisch, mitführen.

KINDERFREUNDLICHE HOTELANLAGEN

Fast alle Hotelanlagen im Land haben mehr oder minder kindergerechte Kinderklubs. Manche bieten sogar eigene Kindermädchen rund um die Uhr (gegen Aufpreis natürlich), altersgemäß abgestufte

Am Strand ist für Kinder immer viel Platz zum Toben.

Animationsprogramme und Veranstaltungen sowie separate Mahlzeiteneinnahme unter Aufsicht von Betreuerinnen an. Folgende All-Inclusive-Anlagen bieten spezielle Kinder- und Jugendklubs an: **Casa de Campo**, www.casadecampo.com.do; **Club Med**, www.clubmed.com; **Barceló Palace Deluxe**, www.barcelo.com, **Meliá Caribe Tropical**, www.melia.com

BEWEGEN

Santo Domingo. Platz zum Toben findet man in den meisten Parks der dominikanischen Hauptstadt. An Wochenenden finden die Kinder schnell Freunde auf dem Parque Colón. Playa Güibia ist ein Freizeitpark. Auf dem Kinderspielplatz gibt es Rutschen, Klettergerüste, ein Basketballfeld sowie Trimm-dich-Geräte. Das Baden am innerstädtischen Strand ist jedoch wegen der Verschmutzung des Wassers untersagt. An dem Strand selbst und knapp 100 Meter weiter westlich findet man im Sommer Schildkrötennester. Sie sind gesondert gekennzeichnet und bewacht. Tägl. geöffnet. Avenida George Washington, Ecke Avenida Máximo Gómez, Santo Domingo.

MUSEEN

Museo de Historia Natural. Was die Dominikanische Republik an Flora und Fauna zu bieten hat, erfahren die jugendlichen Besucher im Museum über die Geschichte der Natur. Di–So 10–17 Uhr, Eintritt Kinder 50 RD$, Erwachsene 100 RD$, Planetarium generell 30 RD$, Plaza de Cultura, Avendia Máximo Gómez, Santo Domingo, Tel. 1809/689 01 06, www.mnhn.gov.do

Museo Infantil Trampolín. Was passiert, wenn die Erde bebt? Wie wird Strom produziert? Wie sieht ein Mensch von innen aus? Das »Kindermuseum« Trampolin gibt praktische Antworten, zweisprachig in Spanisch und Englisch. Interaktiv werden die Kinder und Jugendlichen durch die Ausstellung geleitet. Der riesige Patio-Innenhof im Gebäude aus der Kolonialzeit bietet Raum zur Erholung für die ganze Familie. Di–Fr 9–17, Sa, So 9–19 Uhr, Kinder 50 RD$, Erwachsene 100 RD$, Casa Rodrigo de Bastidas, Calle Las Damas, Zona Colonial, Santo Domingo, Tel. 1809/685 55 51, www.trampolin.org.do

TIERE

Manatí Park. Delfine, Seelöwen, Krokodile, Leguane, Raubvögel und Pferde, dazu Gärten mit Orchideen und tropischen Pflanzen bietet der Tierpark in Punta Cana. Tägl. 9–18 Uhr, Kinder 20 US $, Erwachsene 35 US $, Carretera Arena Gorda, Bávaro, Tel. 1809/221 94 44, www.manatipark.com

Monkey Jungle. Ein Abenteuergelände für die Kleinen und die Großen mit einem Affendschungel,

Von A bis Z

einer Seilrutschenanlage von insgesamt 1,2 Kilometern, Kletterwänden und Höhlen. Die Überschüsse aus den Einnahmen kommen sozialen Projekten in der Umgebung von Sosúa und Haiti zugute. Tägl. 8–16 Uhr, Kinder 700 RD$, Erwachsene 1000 RD$, 12 km östl. von Sosúa, El Choco, Sosúa, Tel. 1829/649 45 55, www.monkeyjungledr.com

Ocean World Adventure Park. Schwimmen mit Delfinen, Seelöwen, Papageienshows und Volieren. Tägl. 8–18.30 Uhr, 4–12 Jahre 40 US$, ab 13 Jahren 55 US$, Playa Cofresí, 5 km westl. von Puerto Plata, Tel. 1809/291 11 11, www.oceanworld.net

Parque Zoológico. Das weitläufige Zoogelände lässt sich am besten mit dem Bimmelbähnchen erkunden, dessen Benutzung mit Ab- und Zusteigen im Preis inbegriffen ist. Einheimische Schlangen, bengalische Tiger, Affen, Bären und auch Exemplare der Spitzkrokodile gibt es zu sehen, die nur noch am Lago Enriquillo vorkommen. In der betretbaren Vogelvoliere kommt man mit den einheimischen Vögeln auf Tuchfühlung. Di–So 9–17 Uhr, 160 RD$, Kinder bis drei Jahre frei, Avenida La Vega Real, Arroyo Hondo, Santo Domingo, D.N., Tel. 1809/378 21 49, www.zoodom.gov.do

WASSERPARKS

Agua Splash Caribe. Das totale Wasservergnügen. Es geht durch Tunnelrutschen und künstliche Wasserfälle, dazu werden Plansch- und Schwimmbecken geboten. Do–So 11–19 Uhr, Kinder ab 250 RD$, Erwachsene ab 300 $, Avenida España, Santo Domingo, Tel. 1809/766 19 27, www.aguasplashrd.com

Los Delfines Water & Entertainment Park. 17 fulminante Achterbahnrutschen, Sprungtürme und unzählige Schwimmbecken, ein Wellenbad und eine »Magic Octopus«-Kinderschwimmarea mit entsprechenden Kleinrutschen. Mi–So 10–18 Uhr, Eintritt je nach gewähltem Programm 30–50 US $, Autovia Del Este, km 15, Guayacanes, Tel. 1809/475 11 24, www.losdelfinespark.com

Sirenis Aquagames Punta Cana. Das Sirenis-Hotel hält eine besondere Attraktion für seine Gäste und Besucher bereit, einen Wasserpark. Ausgangspunkt der Rutschen ist ein Zehn-Meter-Turm mit vier Speedrutschen über 100 Meter, Tunnel- und Achterbahnrutschen. Dazu gibt es für Kleinkinder (4–11 Jahre) Rutschen und auch Babybecken (2–4 Jahre). Tägl. 9–17 Uhr, Playa Ùvero Alto, Macao, Punta Cana, Tel. 1809/688 64 90, www.sirenisaquagames.com

Rutschfest: Der »Waterpark Los Delfines« bietet zahlreiche Kinderattraktionen.

Kleiner Sprachführer

ALLGEMEINES

Hallo hola
Guten Tag, bis 12 Uhr Buenos días
Guten Tag, ab 12 Uhr Buenos tardes
Auf Wiedersehen Adíos
Wie geht es Ihnen? ¿Cómo está?
ja sí
nein no
bitte por favor
danke gracias
gern con mucho gusto
Ich verstehe kein Spanisch. No entiendo Español.
Sprechen Sie Spanisch/Deutsch? ¿Habla Usted Español/Alemán?

UNTERWEGS

links a la izquierda
rechts a la derecha
geradeaus derecho
nah cerca
fern lejos
Entschuldigen Sie, wo ist ...? Perdón, ¿dónde está ...?
... eine Apotheke? ... una farmacia?
... ein Supermarkt? ... un supermercado?
... ein Restaurant? ... un restaurante?
... der Strand? ... la playa?
geöffnet abierto

geschlossen cerrado
Touristeninformation Información Turística
U-Bahn metro
Bushaltestelle parada de Autobús
Hafen puerto
Flughafen aeropuerto
Museum museo
Kirche iglesia
Hotel hotel
Polizei policía
Arzt médico

ÜBERNACHTEN

Ich habe ein Zimmer reserviert. Tengo una habitación reservada.
Haben Sie ein freies Zimmer? ¿Tiene una habitación libre?
Ich suche ein Zimmer für ... Personen. Estoy buscando una habitación para ... personas.
Einzelzimmer habitación individual
Doppelzimmer habitación doble
mit Bad con baño
mit Frühstück con desayuno
mit Vollpension todo incluido
für eine Nacht por una noche
für eine Woche por una semana
Gepäck equipaje

ESSEN UND TRINKEN

Haben Sie einen Tisch für ... Personen? ¿Hay una mesa para ... personas?
Reservieren Sie bitte für ... Uhr einen Tisch für ... Personen? Por favor, reserve una mesa para ... personas?
Ist dieser Tisch noch frei? ¿Está disponible esa mesa?
Herr Ober camarero
weibliche Bedienung camerera
Die Speisekarte, bitte. ¡El menú, por favor!
Ich möchte ... quiero ...
Guten Appetit! ¡Buen provecho!
Die Rechnung bitte! ¡La cuenta por favor!
Trinkgeld propina
Das Tagesmenü, bitte! ¡El menú del día, por favor!
Banane guineo
Bier cerveza
Brot pan
Butter mantequilla
Abendessen cena
Frühstück desayuno
Glas vaso
Messer cuchillo
Mittagessen almuerzo
Löffel cuchara
Teller plato
Flasche botella
Gabel tenedor

Hauptspeise plato principal
Nachspeise postre
Serviette servilleta
Tasse taza
Vorspeise entrada
Speiseeis helado
Eis hielo
Essig vinagre
Fisch pescado
Fleisch carne
Frittierte Kochbananen plátanos fritos
gebacken horneado
gegrillt a la parrilla
Huhn pollo
Kaffee café
Kalbfleisch ternera
Kartoffeln papas
Käse queso
Knoblauch ajo
Meeresfrüchte mariscos
Milch leche
Mineralwasser agua mineral
... mit Sprudel con Gas
... ohne Sprudel sin Gas
Obst fruta
Öl aceite
Orange naranja
Orangensaft jugo de naranja
Pfeffer pimienta
Reis arroz
Rind carne de res
Rotwein vino tinto
Rum ron
Blattsalat lechuga

Salz sal
Steak filete
Suppe sopa
Tee té
Thunfisch atún
Tintenfisch calamar
Wein vino
Weißwein vino blanco
Würstchen salsichas
Zitrone limón
Zitronensaft jugo de limón
Zucker azúcar
Zwiebel cebolla

EINKAUFEN

Geschäft tienda
Markt mercado
Supermarkt supermercado
Bäckerei panaderia
Fleischerei carnicería
Ich hätte gerne ... Me gustaría ...
Wie viel kostet ...? Cuánto cuesta ...?
Das gefällt mir (nicht). Me gusta/No me gusta.
Ich nehme es. Lo llevo.
teuer caro
billig barato
Größe tamaño
bezahlen pagar
Geld dinero
Kreditkarte tarjeta de crédito
Bank banco
Geldautomat ATM/Cajero automatico

WOCHENTAGE

Montag lunes
Dienstag martes
Mittwoch miercoles
Donnerstag jueves
Freitag viernes
Samstag sabado
Sonntag domingo

MONATE

Januar enero
Februar febrero
März marzo
April abril
Mai mayo
Juni junio
Juli julio
August agosto
September septiembre
Oktober octubre
November noviembre
Dezember diciembre

ZAHLEN

0 zero
1 uno
2 dos
3 tres
4 cuarto
5 cinco
6 seis
7 siete
8 ocho
9 nueve
10 diez
100 cien
1000 mil
10 000 diez mil
1/4 un cuarto
1/2 la mitad

REGISTER

Acuario Nacional 69
Alcazar de Colón 53
Altos de Chavón 104
Azua 242, 243

Bahía de las Aguilas 7, 20, 260, 268
Baní 242
Baoruco 7, 256, 258
Barahona 256
Bávaro 21, 134
Bayahibe 112
Boca Chica 17, 86
Boca de Yuma 108
Bonao 236

Cabarete 7, 14, 19, 184
Cabo Francés Viejo 181
Cabo Rojo 264, 267, 268
Cabral 252
Calle El Conde 41
Calle Las Damas 39, 45
Cap Cana 18, 133, 140
Casa de Tostado 54
Casas Reales 38
Catedral Primada 47, 49
Cayo Levantado 165
Ciudad Nueva 30
Cocolos 96
Constanza 216, 220
Corral de los Indios 245
Costa Azul 7, 20
Cueva de las Maravillas 98
Cueva Fun Fun 6, 15, 150

Dajabón 208, 212
Damajagua 7, 15
dominikanische Riviera 258
Drake, Francis 29, 48, 60
Duarte, Juan Pablo 24, 40
Duvergé 250, 265

El Batey 189, 191
El Cortecito 133
El Lago Dudú 183
El Limón, Wasserfall 158, 160
El Morro 7, 209, 212
Elias Piña 245
Enriquillo 22, 246

Faro a Colón 68, 70
Fortaleza de San Felipe 195, 197
Fortaleza Ozama 37
Fortaleza San Luis 234

Guayacanes 92, 94
Guerra, Juan Luis 84

Hacienda La Esmeralda Garcia Jiménez 239
Hato Mayor 150
Higüey 128
Hispaniola 8
Hoyo del Pelempito 266

Iglesia de San Estanislao 106
Isla Beata 264
Isla Cabritos 247
Isla Catalina 113
Isla Catalinita 125
Isla Cayo Arena 202, 206
Isla Paraiso 207
Isla Saona 21, 113, 120

Jarabacoa 14, 216
Jaragua 256
Jardin Botánico 32
Jimani 250
Juan Dolio 17, 92
Kayo Natural Aquarium 175

Kolumbus, Christoph 28, 71, 88, 209, 225

La Caleta 70
La Catedral Inmaculada Concepción 226
La Filipina 258
La Isabela 203
La Romana 100
La Vega 216, 224, 228
La Virgen de la Altagracia 128
Lago Enriquillo 20, 246, 265
Laguna Bávaro 134
Laguna de Oviedo 260
Laguna de Rincón 252
Laguna del Limón 133
Laguna Gri Gri 180
Larimar 258
Las Caritas de los Indios 248, 249
Las Galeras 18, 159, 174
Las Terrenas 18, 157, 159, 168
León, Ponce de 109
Los Arroyos 265
Los Charamicos 189
Los Haïtises 142, 146, 150
Los Patos 7, 260
Los Tres Ojos 68, 71, 72
Luperón 202

Macao 18
Malecón 30, 74
Manatis 205
Mano, Juan 121, 123, 124
Medina, Danielo 25
Mella, Matías Ramón 40
Merengue 82
Mi Corazón 6
Mirabal, Belgica Adela 238

286

Mirabal, Minerva, Patria und Maria Teresa 24, 238
Mirador del Este 68
Mirador del Sur 31
Monasterio de San Francisco 44
Montecristi 7, 208
Montesinos, Antonio de 45
Monumento a los Héroes de la Restauración 231
Museo Arqueológico Regional Altos de Chavón 106
Museo Casas Reales 60
Museo de Ambar 195
Museo de Arte Moderno 65, 66
Museo de Historia Natural 65, 66, 282
Museo de la Altagracia 129
Museo de la Cultura Fronteriza 245
Museo de la Familia Dominicana 55
Museo de la Porcelana 55
Museo del Hombre Dominicano 63, 65
Museo Histórico Fortaleza San Luis 235
Museo Infanti Trampolin 282
Museo Judio de Sosúa 191
Museo Máximo Gómez, Montecristi 213
Museo Ponce de León 108
Museo Bellaparte 32

Palacio Bellas Artes 32
Pantheon 48
Parque Arqueológico La Isabela 204

Parque Independencia 40
Parque Nacional Armando Bermúdez 218
Parque Nacional Arqueológico e Histórico La Vega 227
Parque Nacional del Este 112
Parque Nacional El Choco 186
Parque Nacional Isabela de Torres 199
Parque Nacional Jaragua 267
Parque Nacional José del Carmen Ramirez 218
Parque Nacional Lago Enriquillo 249
Parque Nacional Sierra de Baoruco 259
Parque Zoológico Nacional 33, 282
Pedernales 7, 262
Pereskeya Quisqueyano 114
Pico Duarte 9, 15, 216, 219
Pico Isabel de Torres 19
Playa Bonita 21, 172
Playa Cusón 21, 172
Playa Encuentro 7, 186
Playa Frontón 175
Playa Grande 181
Playa Las Ballenas 171, 172
Playa Punta Rusia 202
Playa Rincón 20, 175
Plaza Colón 38, 41
Plaza de la Cultura 62, 65
Plaza España 37, 38, 53
Polo 252
Puerto Plata 19, 194
Punta Cana 18, 21, 132, 138

Rio San Juan 180

Sabana de la Mar 142
Salcedo 238
Salinas Montecristi 213
Salto Jimenoa II 218
Samaná 6, 154
San Francisco de Macoris 239
San Juan de la Maguana 244
San Pedro de Macoris 96
San Rafael 7
Sánchez, Francisco del Rosario 24, 40
Santa Bárbara de Samaná 157, 159, 164
Santiago de los Caballeros 228, 232
Santo Cero 225
Santo Domingo 6, 9, 16, 28, 60
Sendero del Cacao 239
Sierra de Baoruco 264
Sosúa 19, 188
Synagoge 191

Taínos 22, 144
Tavárez Justo, Manuel 238
Teléferico 10, 199
Trujillo Molina, Rafael Léonides 12, 13, 24, 25, 61, 62, 75, 78, 87, 123, 238

Uvero Alto 133

Villa Mella 80

Yaque del Norte 14

Zona Colonial 17, 36, 74

IMPRESSUM

Verantwortlich: Ulrich Jahn
Redaktion: Annette Rose
Layout: graphitecture book & edition, Fabienne Lutz
Repro: Repro Ludwig
Kartografie: Heike Block
Herstellung: Bettina Schippel
Printed in Slovenia by Florjancic

Sind Sie mit diesem Titel zufrieden?
Dann würden wir uns über Ihre
Weiterempfehlung freuen.
Erzählen Sie es im Freundeskreis, berichten Sie
Ihrem Buchhändler, oder bewerten Sie bei Onlinekauf.
Und wenn Sie Kritik, Korrekturen, Aktualisierungen haben, freuen wir uns über Ihre Nachricht an Bruckmann Verlag,
Postfach 40 02 09, D-80702 München
oder per E-Mail an
lektorat@verlagshaus.de

Unser komplettes Programm finden
Sie unter

 www.bruckmann.de

Alle Angaben dieses Werkes wurden von den Autoren sorgfältig recherchiert und auf den neuesten Stand gebracht sowie vom Verlag geprüft. Für die Richtigkeit der Angaben kann jedoch keine Haftung übernommen werden.

Danksagung

Der Autor möchte sich herzlich bei Lisa Forster vom Reiseveranstalter Dom Rep Tours, www.domreptours.com, für die Unterstützung bei der Reiseplanung und Unterbringung bedanken. Ein besonderes Dankeschön gilt Ruby Berger für die tatkräftige Unterstützung bei den Recherchen vor Ort.

Bildnachweis: Alle Bilder im Innenteil und auf der Umschlagrückseite stammen von Rainer Hackenberg, außer: Bavaro Adventure Park: S. 135, 137 o.; BILLINI HOTEL: S. 36 m., 43; Carilat/G.F.: S. 82 u., 84 u.; Casa Sanchez Boutique Hotel: S. 37; Casas del XVI: S. 58; ChocoMuseo: S. 58; Cigar Country Tours: S. 22 o.; Convento de los Dominicos: S. 50, 51; Eden Roc at Cap Cana: S. 141 o.; El Arponero/snpestudio.com: S. 109; Falafel Zona Colonial: S. 85; Mit freundlicher Genehmigung des Büros des Ministeriums für Tourismus der Dominikanischen Republik: S. 5 o., 7o., 30, 56 u., 77, 80 u., 80 o., 101, 102, 103, 184 m., 185, 186 u., 186 m., 187, 221, 252 u., 270; La Alpargatería: S. 42; MI CORAZÓN: S. 6, 169; picture-alliance / DUMONT Bildarchiv: S. 83; Playa del Pescador: S. 95 m.; Shutterstock (www.shutterstock.com): S. 6 2. v. u. (Paul S. Wolf), 9 (Globe Turner), 18 u. (tropicdreams), 19 m. (AbElena), 80 m. (GOLFX), 84 o. (Salim October), 86 m. (Don Mammoser), 86 u. (Maria Bobrova), 94 m. (saaton), 104 u. (Kovnir Andrii), 107 u. (Kovnir Andrii), 117 (Jovana Milanko), 133 (Erik Zandboer), 134 m. (dean bertoncelj), 138 u. (piotreknik), 138 m. (Valentin Valkov), 139 (PRILL), 141 u. (dean bertoncelj), 146 (Frank Wasserfuehrer), 154 u. (TalyaPhoto), 155 (Ethan Daniels), 156 m. (Don Mammoser), 161 (nitrogenic.com), 170 (LianeM), 184 u. (Christophe Michot), 253 (ittipon Munmoh), 280 m. (Vilainecrevette); via Wikimedia Commons: S. 53 (von Soman [CC BY-SA 3.0 (http://creativecommons.org/licenses/by-sa/3.0)]); Zoëtry Agua Punta Cana: S. 136;

Umschlagvorderseite:
Oben: Detail aus Korallenriff (Vilainecrevette/shutterstock.com)
Mitte rechts: Junge mit Gitarre (Rainer Hackenberg)
Mitte links: Central Park in Puerto Plata (Paul McKinnon/shutterstock.com)
Unten: Playa Limon in El Cedro, Dominikanische Republik (Rainer Hackenberg)

Umschlagrückseite:
419/421 (rechts)
792 (links)
Rechts: Tauchen an den Küsten der Dominikanischen Republik (Las Galeras Divers)
Links: Festung San Felipe in Puerto Plata (Rainer Hackenberg)

Die Deutsche Nationalbibliothek verzeichnet diese Publikation in der Deutschen Nationalbibliografie; detaillierte bibliografische Daten sind im Internet über http://dnb.d-nb.de abrufbar

© 2015 Bruckmann Verlag GmbH
ISBN 978-3-7654-8214-4